QUINTILIEN,

DE L'INSTITUTION DE L'ORATEUR,

TRADUIT PAR M. L'ABBÉ GÉDOYN,
Des Académies Françoise, et des Inscriptions.

QUATRIÈME ÉDITION,

Revue, corrigée et augmentée des passages omis
par le Traducteur, d'après un Mémoire
manuscrit de M. CAPPERONNIER.

TOME II.

A PARIS,

Chez H. BARBOU, Imprimeur-Libraire,
rue des Mathurins.

1803.

TABLE DES CHAPITRES

Contenus dans le Tome II.

LIVRE QUATRIEME.

LIVRE CINQUIEME.

Tome II.

TABLE DES CHAPITRES.

LIVRE SIXIEME.

Fin de la Table des Chapitres.

DE

DE L'INSTITUTION

DE L'ORATEUR.

LIVRE QUATRIEME

AVANT-PROPOS.

JE venois d'achever mon troisieme Livre, et j'avois déjà fait peu-à-peu le
quart de l'ouvrage que je vous ai con-
sacré, Victorius, lorsqu'exposé tout-à-
coup aux yeux du public, je me suis
trouvé obligé à prendre encore plus de
soin que je ne faisois, de perfectionner
mon travail; et il ne m'a plus été permis de ne pas songer quel succès il pourroit avoir dans le monde. Car jusqu'ici
j'écrivois seulement pour vous et pour
moi; et renfermant ces instructions dans
notre domestique, quand elles n'auroient

pas été goûtées du public, je m'estimois trop heureux qu'elles pussent être utiles à votre fils et au mien.

Mais depuis que l'Empereur (Domitien) m'a chargé de l'éducation de ses neveux (1), seroit-ce faire le cas que je dois de l'approbation des Dieux, et connoître le prix de l'honneur que je viens de recevoir, que ne pas mesurer sur cela même, la grandeur de mon entreprise? En effet de quelque manière que je la regarde, soit du côté des mœurs, soit du côté des sciences, que ne dois-je point faire pour mériter l'estime d'un censeur, si juste, si éclairé, et d'un Prince qui n'est pas moins distingué par son éloquence, que par mille autres grandes qualités. Que si l'on n'est point surpris de voir les plus excellents poëtes, non-seulement invoquer les Muses au commencement de leur ouvrage, mais implorer de nouveau leur assistance, lorsque dans la suite il se présente quelqu'endroit qui semble surpasser leurs forces; à combien plus forte raison doit-on me

(1) Ils n'étoient pas proprement ses neveux, mais ses petits-neveux, petit-fils de sa sœur Domitilla, et fils de Flavia Domitilla et de Flavius Clémens. Le savant Père Hardouin a de la peine à accorder cela avec la suite de médailles que nous avons de cet Empereur.

pardonner, si ce que je n'ai pas fait d'abord, je le fais maintenant, d'appeller à mon secours tous les Dieux, particulierement celui (1), sous les auspices duquel j'écris désormais, et qui plus que tous les autres, préside aux études et aux sciences. Qu'il daigne donc m'être favorable, et proportionnant ses bontés à la haute idée qu'il a donnée de moi, par un choix si glorieux et si difficile à soutenir, qu'il m'inspire tout l'esprit dont j'ai besoin, et me rende tel qu'il a cru me trouver.

Ce n'est pas la seule raison qui me fait lui adresser ici mes vœux, quoiqu'il n'en faille point d'autre. C'est, de plus, que mon sujet croît en difficulté, et devient plus important, à mesure qu'il se développe. Car la suite de mon ouvrage veut présentement que j'enseigne l'ordre qu'il faut tenir dans les discours du barreau ; quelles sont les qualités de l'exorde ; quelle est la maniere de narrer ; qu'elle autorité doivent avoir nos preuves, soit qu'il s'agisse de confirmer ce que nous avons avancé, ou de réfuter ce que

(1) Rien ne fait mieux voir le peu que c'étoit que la vertu payenne. Quintilien avec toute sa vertu, honore comme un Dieu, un Prince qui, au rapport de tous les historiens, méritoit à peine le nom d'homme.

A 2

l'on nous objecte ; enfin quelle force et quel pathétique il faut mettre dans la péroraison , tantôt en reprenant en peu de mots tout ce qui s'est dit dans une cause, pour le faire envisager comme d'un coup-d'œil aux Juges ; tantôt en excitant les passions, ce qui est encore incomparablement plus efficace. Aussi quelques auteurs ont mieux aimé s'attacher séparément à quelqu'une de ces parties, comme s'ils avoient appréhendé de les entreprendre toutes ensemble. Il s'en trouve même qui nous ont donné plusieurs volumes sur une seule. Et moi qui ai eu la témérité de les comprendre toutes dans mon dessein, je commence à m'appercevoir que je me suis chargé d'un travail immense , dont la seule pensée m'accable. Mais puisque j'ai tant fait que de l'entreprendre, il faut continuer ; et si je manque de force , au moins ne faut-il pas manquer de courage.

CHAPITRE PREMIER.

De l'Exorde.

CE que nous appellons le commencement ou l'exorde, les Grecs l'appellent d'un nom qui est beaucoup plus

propre (1), et qui caractérise mieux ce qu'ils
veulent dire. Notre terme en effet est trop
général ; au lieu que le leur désigne assez clairement l'endroit de la piece, par
lequel on commence avant que d'entrer
en matiere. Car soit qu'ils aient emprunté leur mot de la Musique, et de
la maniere des joueurs d'instruments,
qui avant que de commencer un concert,
sont quelque temps à préluder pour se
faire faire silence, soit qu'ils entendent
seulement ce qui sert comme d'entrée au
discours ; suivant l'une et l'autre étymologie, leurs orateurs ont justement gardé
le même terme, pour signifier cette partie du discours, où l'on s'étudie à gagner les Juges, avant même que de leur
donner connoissance de l'affaire dont il
est question. Ainsi c'est une faute que l'on
fait aux écoles, de parler toujours dans
l'exorde, comme si le Juge étoit pleinement instruit de la cause. Cela vient de
ce qu'avant la déclamation, sans autre
préambule, on commence par exposer le
fait dont il s'agit ; sorte de début qui
peut avoir lieu quelquefois au barreau ;
mais seulement quand une cause dure

______

(1) προοίμιον ce mot peut venir d'οίμη *cantus* et
d'οίμα *via*. (Cette note est tirée du texte même de
Quintilien, mais il y a οἶμον, *via*.)

plusieurs audiences, et presque jamais autrement ; à moins que le Juge connoissant déjà le fait d'ailleurs, n'ait nullement besoin d'y être préparé.

L'exorde n'a nulle autre destination, que de disposer l'auditeur à nous écouter favorablement dans toute la suite du discours ; et la plupart des rhéteurs observent que l'on en vient à bout par trois moyens qui consistent à le rendre bien intentionné pour nous, attentif et docile. Non qu'il ne faille avoir égard à ces trois choses durant toute l'action ; mais parce qu'elles sont sur-tout nécessaires en cet endroit, où l'on doit songer particulierement à trouver une entrée dans l'esprit des Juges, afin de s'en rendre maîtres dans la suite.

On s'attire leur bienveillance par les réflexions qu'on leur fait faire, ou sur la nature et les circonstances de la cause, ou sur la condition des personnes qui y sont intéressées. Mais ces personnes ne doivent pas, comme plusieurs ont cru, se réduire à trois, qui sont celui qui intente procès, à sa partie, et au Juge ; n'étant pas extraordinaire que l'orateur y tienne son rang. En effet quoiqu'il doive parler fort peu de lui, et toujours modestement, il est pourtant d'une extrême

conséquence qu'il en donne bonne opinion, & qu'il soit réputé homme de bien ;
parce que quand on en aura cette idée,
on le regardera moins comme un avocat
habile et zélé, que comme un témoin
fidéle et irréprochable. Qu'il ait donc
soin sur-tout de persuader, que s'il entreprend cette cause, ce n'est que pour
satisfaire aux devoirs de la parenté, de
l'amitié, et s'il se peut, aux devoirs d'un
bon Citoyen, ou par quelqu'autre considération non moins importante. C'est
ce que les parties sont sans doute encore beaucoup plus obligées de pratiquer, en excusant toujours l'odieuse ex-
trémité où elles en viennent, par de
grandes et justes raisons, si elles ne peuvent prétexter une nécessité indispen-
sable. Mais comme rien ne donne tant
d'autorité à l'orateur, que de paroître
éloigné de tout motif d'avarice, de par-
tialité, d'ambition ou de haîne ; aussi la
maniere la plus adroite dont il se puisse
servir pour s'attirer la faveur des Juges,
c'est d'exagérer d'un côté la supériorité
de génie de son adversaire, de l'autre
sa propre foiblesse et son incapacité.
Ainsi en use Messala dans la plupart de
ses exordes. Car on se déclare naturellement pour les foibles et pour les oppri-

més. Outre qu'un Juge consciencieux écoute volontiers un avocat qu'il regarde comme incapable de surprendre sa religion, et dont il ne se défie pas. Delà le soin qu'avoient nos anciens de cacher leur talent, plutôt que d'en faire parade, si différent de la vanité des orateurs de notre siecle.

Que jamais on ne se permette ces termes injurieux que dicte un esprit de malignité, d'orgueil et de médisance ; et que l'on ne blesse ni particulier, ni aucun corps, bien moins ceux dont l'offense nous attireroit l'aversion des Juges. Car d'avertir qu'il ne faut pas être si mal avisé que de s'attaquer à leur propre personne, je ne dis pas ouvertement, mais de quelque maniere que ce soit ; ce seroit une folie à moi, si je n'étois pas obligé de le faire, parce que cela arrive quelquefois.

Souvent nous prendrons le sujet de notre exorde dans l'avocat de la partie adverse ; tantôt en parlant de lui avec honneur, lorsque nous feindrons d'être allarmés de son crédit et de son éloquence, afin de les rendre suspects aux Juges ; tantôt aussi par quelque trait de mépris, mais rarement. Par exemple, Asinius plaidant contre Labiénus pour les héritiers d'Urbinia, *Une preuve* , dit-il, *Messieurs, que la cause de notre partie adverse n'est pas fort bonne, c'est que Labiénus la défend.* Cornélius Celsus ne veut point recevoir tous ces exordes, parce qu'ils ne sont pas tirés du fond de la question. Pour moi je ne puis condamner tant de grands hommes qui s'en sont servis, et je crois que tout ce qui a du rapport à l'orateur, fait aussi à la cause; étant naturel qu'un Juge donne plus de créance à ceux qu'il écoute plus volontiers.

Quant à celui qui intente procès, sa personne peut se considérer sous bien des regards : on représente sa dignité, on expose son abandon et sa misere. Le récit de ses services peut même quelquefois trouver place ; ce qui pourtant siéra toujours mieux dans la bouche d'un autre que dans la sienne. Le sexe, la condition, l'âge ont aussi leurs droits dans les femmes, dans les pupilles, dans les vieillards, lorsqu'ils parlent pour leurs enfants, pour leurs proches, pour leurs maris. Car la seule pitié est capable de faire pencher le Juge le plus droit. On doit néanmoins toucher ces motifs fort légérement dans l'exorde, et non pas les épuiser.

D'un autre côté ceux contre qui nous

plaidons, pourront quelquefois nous donner prise par les mêmes endroits, mais considérés d'une maniere toute contraire. Puissants, on les expose à l'envie ; vils et abjects, il est aisé de les rendre méprisables ; diffamés ou criminels, ils ne méritent que de la haine : trois choses infiniment capables d'aliéner les Juges. Mais il ne suffit pas de les dire ; l'ignorant le peut comme le savant, puisqu'il les trouve dans son sujet : il faut les savoir exagérer ou diminuer selon qu'il est à propos, et c'est le fait de l'orateur.

On gagne encore la faveur du Juge, je ne dis pas seulement en le louant, ce qui se doit faire avec mesure, et ce qui est commun aux deux parties ; mais je dis en liant ses propres louanges avec nos intérêts. Par exemple, si nous parlons pour des personnes de considération, nous ferons valoir sa dignité ; pour des gens obscurs, sa justice ; pour des malheureux, sa compassion ; pour des opprimés, sa sévérité ; ainsi du reste. Je veux même que l'on étudie son caractere ; car selon qu'il sera d'une humeur douce ou violente, sévere ou facile, agréable ou sérieuse, il faudra tourner la cause du côté qu'elle cadre avec ses inclinations, et l'adoucir en même-temps du côté qu'elle les heurte et les révolte.

Il peut arriver aussi qu'il soit ou notre ennemi, ou ami particulier de celui contre qui nous plaidons. C'est une circonstance que les deux parties seront également obligées de traiter; et je ne sais même si ce n'est point à celui qu'il voudroit favoriser, à la traiter plus délicatement. Car un mauvais Juge affectera quelquefois de prononcer contre ses amis, ou en faveur de gens à qui dans le fond il ne veut pas de bien; et dans la crainte de paroître avoir fait une injustice, il sera réellement injuste. Mais que sera-ce, s'il est juge dans sa propre cause? J'ai lu dans les observations de Septimius, que Cicéron s'est trouvé chargé de pareilles causes; et moi j'ai plaidé pour la reine Bérénice, devant elle-même. Ce dernier inconvénient ne demande pas moins de précaution que le précédent. Car l'orateur qui plaide contre, ne manque pas de vanter le bon droit et la confiance de sa partie: et celui qui plaide pour, aura la pudeur et la délicatesse de son Juge à combattre.

Les Juges ont de plus leurs opinions, leurs préjugés, qu'il faut ou fortifier ou détruire selon le besoin. Tantôt il sera nécessaire de les rassurer, comme dans le jugement de Milon, ou Cicéron s'efforce de leur persuader que ces soldats en armes, ne sont-là que pour leur sûreté. Tantôt au contraire il faudra les intimider, comme fait le même orateur dans ses plaidoyers contre Verrès. Mais il y a deux manieres de s'y prendre ; l'une moins offensante et plus ordinaire, c'est de leur faire appréhender que le peuple Romain ne pense pas mal d'eux, ou que la cause ne soit évoquée ailleurs ; l'autre odieuse et plus rare, comme lorsqu'on les menace de les accuser eux-mêmes, s'ils se laissent corrompre ; ce qui me paroît hazardeux pour l'orateur, si ce n'est peut - être dans les grandes assemblées, où les mauvais Juges sont retenus par la crainte, et où les bons triomphent. Devant un seul Juge, je ne le conseillerois pas, à moins que tout ne manque à-la-fois. Si c'est une nécessité, ce n'est plus l'affaire de la rhétorique, non plus que d'appeller de leur Sentence, quoique cela puisse être utile quelquefois, ou de les accuser de prévarication, avant même qu'ils aient prononcé. Car de pousser la menace plus loin, et de les dénoncer, tout autre que l'orateur le peut faire comme lui.

Venons à la cause. Elle peut nous fournir aussi de quoi nous concilier les

Juges. Alors on prendra ce qu'elle a de plus favorable, pour le jetter dans l'exorde. Virginius se trompe quand il dit que le sentiment de Théodore, est que l'on y fasse un précis de toutes les questions qui doivent entrer dans le plaidoyer. Tout ce que ce rhéteur a voulu dire, c'est qu'il faut préparer les Juges aux principaux points que l'on a à traiter : précepte que je lui passerois, s'il ne l'avoit fait trop général ; bien qu'il soit incompatible avec certaines causes, et nullement nécessaire en d'autres. Car au moment que le demandeur entre en lice (1), quand le Juge ignore absolument le fait, comment donner un abrégé de toutes les questions ? Il faut bien lui donner auparavant quelque connoissance de l'affaire dont il s'agit. Que l'on touche quelques chefs, j'y consens ; la raison le veut quelquefois : mais de les parcourir tous, il vaut autant dire toute la cause ; cela se peut-il ? La narration se trouvera donc faite dès l'exorde ? Et que sera-ce, si comme il arrive, la cause est un peu fâcheuse ? Ne faudra-t-il point chercher d'autres endroits pour adoucir l'esprit de l'auditeur ; et sans se ménager, ira-t-on grossiere-

____

(1) *Ou plutôt :* Car dans le premier plaidoyer qui se fait pour le demandeur. *C.*

ment exposer à découvert tout ce que le procès a d'odieux ? S'il y avoit tant de sûreté à entamer ces questions dès-le commencement du discours, l'exorde seroit dès-là fort inutile. On se contentera donc de choisir celles qui sont les plus proches à prévenir les Juges en notre faveur.

Or ce qu'il y a d'avantageux dans une cause, n'a pas besoin d'être expliqué ici. L'orateur le connoîtra assez, lorsqu'il sera instruit de la nature du fait ; outre que dans une si grande diversité d'affaires que l'on apporte tous les jours au barreau, les exemples seroient infinis. Mais comme c'est de la cause même que nous devons apprendre à connoître ces endroits, et à nous en prévaloir ; c'est elle aussi qui bien méditée, nous indiquera ceux qui nous sont contraires, et la maniere ou de les détruire entierement, ou de les affoiblir. Elle pourra aussi quelquefois nous donner occasion d'exciter la piété des Juges ; soit que nous ayons souffert un tort considérable, ou que nous en soyons menacés. Car je ne suis point de l'opinion de ceux qui, pour distinguer l'exorde d'avec la péroraison, veulent que dans l'un on parle seulement des choses passées, et dans l'autre

des choses à venir. Ils different assez sans
cela ; et voici, selon moi, en quoi consiste cette différence. C'est que dans
l'exorde l'orateur est plus réservé, plus retenu ; il ne fait qu'effleurer ce sentiment
de compassion qu'il veut produire dans
l'ame des Juges ; au lieu que dans l'épilogue ou la péroraison, il ne ménage
plus rien ; il se livre tout entier aux
grands mouvements ; il introduit des personnes qui parlent, qui se plaignent par
sa bouche ; il ressuscite, s'il faut ainsi
dire, les morts, afin qu'ils viennent eux-
mêmes recommander aux Juges ce qu'ils
ont le plus chéri en ce monde. Et c'est
ce qui se pratique rarement dans l'exorde.
Mais comme on y ébauche une partie de ces choses, aussi faut-il en dissi-
per l'effet, au cas que notre adversaire
voulût s'en servir contre nous. Au reste
par la même raison que vous faites voir
le déplorable état, où vous mettroit la
perte de votre procès ; vous représentez
aussi l'orgueil et l'insolence de l'adverse
partie, si elle venoit à gagner.

L'exorde ne se tire pas seulement de
la cause, et des personnes qui y ont un
principal intérêt ; il se tire aussi de tout
ce qui a du rapport et à la cause et aux
personnes. Ainsi au sujet de celle-ci, on

parle, je ne dis pas seulement de leurs femmes, de leurs enfants, mais des liaisons qu'elles peuvent avoir, soit de parenté, soit d'amitié; quelquefois même des villes et des provinces entieres, qui par contre-coup souffriroient de leur malheur. A la cause on rapporte le temps, le lieu, la maniere, l'opinion commune, l'attente du public et la réputation des jugements. Delà les exordes des oraisons de Cicéron, pour Cœlius, pour Déjotarus, pour Milon, et contre Verrès. Car tout cela est hors de la cause, et ne laisse pas d'avoir une liaison naturelle avec elle. Théophraste ajoute une autre sorte d'exorde, prise du discours qui a précédé. Tel me paroît être l'exorde de Démosthène, dans la défense de Ctésiphon, lorsqu'il demande aux Juges qu'il lui soit permis de répliquer comme il voudra, et de ne pas suivre les regles que l'accusateur lui a prescrites.

Cet air de confiance que l'on remarque en quelques orateurs, passe aisément pour arrogance. Au contraire on plaît à l'auditeur par de certaines manieres, qui quoique communes, ne sont pas à négliger, quand ce ne seroit que pour empêcher la partie adverse de s'en servir; comme, par exemple, de faire des vœux et des protestations, de supplier, de témoigner sa peine et son embarras.

Le Juge en effet sera plus attentif, s'il peut croire qu'il s'agit d'un fait nouveau, important, extraordinaire, d'une chose atroce et criante; sur-tout si on lui persuade que le public et lui-même y sont intéressés. On mettra donc tout en usage pour exciter son attention; crainte, espérance, prieres, remontrances; on le prendra même par sa vanité, si l'on croit que cela puisse être utile. Un autre moyen de s'en faire écouter, c'est de promettre que l'on ne sera pas long, et qu'on se renfermera dans son sujet.

Il est hors de doute que la seule attention le rend docile. Mais il sera plus docile encore, si l'on sait clairement et en peu de mots lui faire le précis de l'affaire dont il doit connoître. C'est ce qu'Homère et Virgile font si bien au commencement de leurs poëmes. Car ce précis doit moins tenir de l'exposition (1), que de la simple proposition; et consiste non à dire comment chaque chose s'est passée, mais à indiquer seulement ce dont on veut parler. Je ne vois point d'orateur qui nous en ait donné un plus

____

(1) Par *propositio*, Quintilien entend ici la narration. C.

bel exemple que Ciceron, dans son oraison pour Cluentius. *J'ai remarqué, Messieurs, que tout le discours de l'accusateur est divisé en deux parties. Dans l'une, il triomphe sur l'envie qui se déchaîne depuis si long-temps contre le jugement rendu par Junius. Dans l'autre, seulement par coutume, et sans oser rien assurer, il parle d'empoisonnement, quoique ce soit proprement la question et le fait dont il s'agit.* Mais il faut avouer pourtant que cette maniere est meilleure pour celui qui réplique, que pour celui qui parle le premier ; parce que celui-ci ne fait, pour ainsi dire, qu'avertir les Juges, et que celui-là est obligé de les instruire plus à fond.

De célebres auteurs prétendent qu'il y a des occasions, où l'on peut se passer de rendre le Juge attentif et docile. Ce n'est pas mon sentiment ; non que j'ignore la raison qu'ils en donnent, à savoir que dans une mauvaise cause, il n'est pas à propos que le Juge voie si clair ; mais parce que cela même arrive moins par son inapplication et sa négligence, que par l'erreur où l'on le jette à dessein. En effet notre adversaire a déjà parlé, peut-être a-t-il déjà persuadé. Il est donc question de faire changer le Juge de sentiment. Et comment en venir à bout, qu'en le rendant attentif et docile ? Je conviens qu'il y a des choses qu'il faut dissimuler, pallier, et même laisser tomber, afin de divertir et d'éluder, s'il se peut, l'attention que fait encore le Juge aux raisons de la partie adverse. Ainsi en use Cicéron dans la défense de Ligarius. Car que prétend-il par cette agréable ironie, sinon de faire croire à César que le fait n'est point si surprenant, ni si digne de son attention ? et dans l'oraison pour Cœlius, quel est son dessein, si ce n'est de montrer que l'affaire dont il s'agit n'est pas de la conséquence que l'on s'imagine ? Mais il est clair aussi que les préceptes que je donne, doivent s'accommoder aux différentes causes que l'on traite.

Or on en distingue ordinairement de cinq sortes (1). Il y en a d'honnêtes ; il y en a de basses ; il y en a de douteuses ; il y en a d'extraordinaires, et il y en a d'obscures. Quelques-uns ajoutent encore une sixieme espece pour celles qui sont honteuses. Mais celles-ci se peuvent comprendre parmi les basses ou les extraordinaires ; et par extraordinaire on entend ce qui est contre l'attente et la commune

____

(1) ἔνδοξον, ἄδοξον, ἀμφίδοξον, παράδοξον, δυσπαρακολούθητον.

opinion des hommes. Dans les causes douteuses, on a sur-tout besoin de trouver les Juges favorables: dociles dans les obscures; dans celles qui sont basses, attentifs. Le grand et l'honnête se les concilie par lui-même. Quant à ce qui est extraordinaire ou honteux, il y faut du remede.

C'est pourquoi quelques-uns distinguent deux parties de l'exorde. L'une, qui est à proprement parler un début, un commencement; l'autre à laquelle ils donnent le nom d'insinuation. Dans la premiere, on prie ouvertement les Juges de nous accorder leur bienveillance et leur attention. Mais parce que ce n'est pas une demande à faire en certains cas, on s'insinue adroitement dans leur esprit, particulierement lorsque la cause a je ne sais quoi de choquant d'abord; soit qu'il s'y agisse de quelque chose de noir et d'atroce; soit que le public en ait conçu mauvaise opinion; soit enfin que nous ayons à surmonter la haine ou la confusion que nous attire la présence d'un protecteur qui nous a rendu service, et contre qui nous sommes obligés de plaider; ou d'un pere, ou d'un veillard pauvre et malheureux, ou d'un orphelin: tristes et pitoyables objets qui soulevent les entrailles des Juges contre nous. Quelques rhéteurs se tourmentent pour nous enseigner les moyens de remédier à ces inconvénients. Ils se forgent eux-mêmes des sujets qu'ils traitent à la maniere des actions du barreau. Mais comme ces actions naissent de véritables causes, dont il est impossible de parcourir toutes les especes, on seroit infini, si on ne les comprenoit toutes sous les mêmes préceptes. Ainsi quant au détail, on verra soi-même ce qu'il y aura à faire dans l'occasion.

Je recommanderai seulement en général de glisser sur ces endroits dangereux, pour appuyer sur ceux qui sont à notre avantage. Si c'est la cause qui nous fait de la peine, ayons recours à la personne. Si c'est la personne, ayons recours à la cause. Si tout nous abandonne, cherchons au moins de quoi nuire à notre adversaire. Car s'il est à souhaiter de plaire plus qu'un autre; cela manquant, il reste à souhaiter de déplaire moins. S'il y a des choses que nous ne puissions nier, diminuons-en l'horreur; excusons-les; disons qu'elles ne font rien à l'état de la question : faisons voir que l'intention n'étoit pas si criminelle, ou que c'est une faute que le repentir peut effacer, ou qu'elle a déja eté assez punie.

C'est pour cela que l'avocat a des facilités que son client n'a pas lui-même. Car parlant pour autrui, il peut louer sans se rendre odieux, et souvent même blâmer utilement. Quelquefois donc, à l'exemple de Cicéron, dans l'oraison pour Rabirius Posthumus, il fera semblant de donner le tort à sa partie, jusqu'à ce qu'il se soit insinué dans l'esprit des Juges, et qu'ils soient accoutumés à le regarder comme un homme vrai, afin qu'ils aient la même idée de lui, lorsque dans la suite il justifiera les mêmes choses qu'il avoit semblé condamner d'abord, ou qu'il viendra même à les nier. Il faut donc examiner avant tout, lequel est plus convenable de parler comme avocat, ou comme partie, supposé que l'un et l'autre se puissent également ; car autant qu'il est ordinaire, aux écoles, autant est-il rare au barreau, qu'une personne plaide sa propre cause avec bienséance. Pour le déclamateur, c'est à lui qu'il appartient de faire parler les parties, sur-tout dans les causes qui demandent de grands mouvements. Car c'est de quoi l'on ne se fie pas si bien à autrui, étant naturel qu'une passion qui est sentie, soit mieux exprimée que celle qui n'est que contrefaite.

L'insinuation n'est pas moins nécessaire, lorsque notre adversaire s'est emparé de l'esprit des Juges, ou que nous les trouvons déja fatigués d'un long plaidoyer. Le remede à l'un, c'est de vanter la force des preuves que nous avons à leur apporter, en même temps que nous éludons celle de la partie adverse; et à l'autre, c'est de faire espérer que l'on sera court, avec les autres moyens que j'ai donnés pour rendre l'auditeur attentif. Un trait agréable jetté à propos, est encore infiniment propre à délasser les esprits; et de quelque maniere que l'on sache faire du plaisir à l'auditeur, on le désennuie, on le soulage. Il ne sera pas inutile non plus de prévenir ce qui peut nous faire obstacle, à l'exemple de Cicéron, quand il dit : *Je n'ignore pas, Messieurs, que l'on trouvera étrange que moi, qui durant tant d'années ai fait profession de défendre tous ceux qui ont eu besoin de mon ministere, et qui ne me suis jamais porté pour accusateur contre personne, j'entreprenne aujourd'hui d'accuser Verrès.* Ensuite il fait voir que si d'un côté il accuse Verrès, de l'autre il prend la défense des alliés du peuple Romain. Mais parce que cela peut quelquefois être utile, nos déclamateurs l'emploient en toute occasion, et seroient bien fâchés de commencer autrement, que par combattre ce qu'ils s'imaginent être contre eux.

Apollodore et ceux qui l'ont suivi, ne sont pas contents des trois genres de préparation que je viens de traiter. Et combien n'en mettent-ils point à la place? Les mœurs du Juge [des questions qui sont hors de la cause. *C.*]; l'opinion que l'on a du fond de la cause; ses circonstances; tout cet assemblage qui compose une affaire civile, les personnes, les dits, les faits, les motifs, les temps, les lieux, les occasions. Tout cela est bon, je l'avoue. Mais ne revient-il point à nos trois genres? Car si je puis avoir mon juge favorable, attentif et docile, que me faut-il davantage? Puisque la crainte même, qui est ce qu'il peut y avoir de plus incompatible avec l'effet que nous en attendons, ne laisse pas d'exciter l'attention du Juge, et d'empêcher qu'il ne se déclare contre nous.

Ce n'est pas assez toutefois, d'avoir montré les choses qui font l'essence de l'exorde; il faut enseigner aussi la maniere la plus aisée de les mettre en œuvre. J'ajoute donc que l'orateur doit considérer quelle est l'affaire dont il parle; devant qui il parle, pour qui, contre qui; en quel temps, en quel lieu, en quelle conjoncture;

conjoncture; ce qu'en pense le public, ce qu'en pensent les Juges eux-mêmes avant que de nous entendre; enfin ce que nous avons à désirer, et ce que nous avons à craindre. Quiconque fera ces réflexions, n'aura pas besoin de maître pour savoir par où il doit commencer. Mais au temps où nous sommes, on n'y prend pas garde si près. Nos orateurs appellent exorde tout ce qui se présente à eux en premier lieu, et croient sur-tout avoir bien rencontré, lorsqu'ils débutent par quelque pensée éclatante. Je ne dirai point qu'il entre dans l'exorde, beaucoup de choses qui se tirent des autres parties du discours, ou du moins qui leur sont communes; car cela est clair. Mais rien ne se dit plus à propos en chacune d'elles, que ce qui ne sauroit se dire si bien nulle autre part.

L'exorde a beaucoup de grace encore, quand il est pris de l'action même qui a précédé. Comme il paroît que c'est le pur hazard, ou l'occasion qui inspire l'orateur, cette facilité apparente augmente encore l'idée que l'on avoit de son esprit. Le Juge, frappé de cet air de simplicité qu'il n'attendoit pas, cesse d'être en garde contre lui; et jugeant du reste, par le début qui évidemment n'a rien de médité, il n'aura pas de peine à croire que c'est un discours fait sur-le-champ, quoiqu'en effet il soit composé avec soin.

Mais d'ordinaire rien ne siéra mieux à l'exorde, qu'une grande modestie et dans l'air du visage et dans la voix, et dans les pensées et dans le tour de la composition ; jusques-là même qu'avec le genre de cause le plus indubitable, il ne faut jamais marquer trop de confiance. La sécurité est toujours odieuse dans un plaideur, et les Juges qui connoissent l'étendue de leur pouvoir, ne sont pas fâchés au fond de l'ame, que par un respect qui tient de la crainte, on rende une sorte d'hommage à leur autorité. Evitons aussi de leur devenir suspects, et pour cela bannissons de l'exorde, tout ce qui sent l'affectation et l'étude. C'est autant de piéges que le Juge s'imagine qu'on lui tend. Il faut donc que l'art se cache sous l'apparence du naturel, et cela même est le dernier effort de l'art. Cette maxime que les maîtres nous ont tant recommandée, et sans doute avec raison, ne laisse pas de se sentir un peu du malheur des temps. Car en certaines occasions, et surtout dans les causes capitales qui se plaident devant les Centumvirs (1), les Juges

____

(1) Autrefois les Centumvirs ne connoissoie

exigent eux-mêmes des discours étudiés.
Ils s'imaginent qu'on les méprise, si l'on
ne plaide avec tout le soin dont on est
capable. On a peu fait de les instruire, si
l'on ne sait leur plaire. J'avoue qu'il est
difficile de prescrire des bornes sur ce
point ; tout le tempérament que j'y
trouve, c'est de parler avec justesse,
avec exactitude, mais sans beaucoup d'artifice.

Un autre précepte que les anciens nous
donnent, c'est de ne se permettre dans
l'exorde, ni métaphore trop hardie, ni
mots extraordinaires, soit surannés, soit
nouveaux, soit poétiques ; car nous ne
sommes point encore admis, et l'auditeur
attentif nous observe de tous ses yeux,
nous écoute de toutes ses oreilles ; quand
une fois il aura pris quelque estime, quelque chaleur pour nous, cette liberté sera
plus pardonnable, sur-tout au milieu de
quelqu'un des lieux communs qui sont si
riches par eux-mêmes. Alors un terme un
peu hasardé, passera aisément à la faveur de mille beautés qui l'environnent,

que des causes privées, et de peu de conséquence. Mais du temps de Quintilien, comme ils
étoient partagés en quatre chambres, peut-être
que les quatre chambres s'assembloient pour des
causes publiques et capitales. Peut-être aussi
qu'au lieu de *Centumvirs*, il faut lire *Triumvirs*.

et qui le couvrent, pour ainsi dire, ‹
leur éclat.

Quant au style de l'exorde, c'est ‹
style particulier. Différent de celui de
narration, des lieux communs, et des a‹
guments, il ne doit ni être trop mince
ni trop léger, ni aussi toujours nombre‹
et périodique. J'aime qu'un orateur con‹
mence d'un air simple et naturel, sai
trop promettre, ni par sa contenance
ni par ses paroles. Un début modeste ‹
sans ostentation s'insinue mieux dans l'es‹
prit de l'auditeur. Tout cela néanmoin‹
doit se régler selon les sentiments qu‹
l'on veut inspirer aux Juges. Mais il n'es‹
nulle part moins permis de se troubler
ou de manquer de mémoire, ou de pa‹
roître interdit jusqu'à ne pouvoir articu‹
ler plusieurs mots de suite. Car un exord‹
qui n'est pas bien prononcé peut se com‹
parer à ces visages malades, ou disgraciés
qui font mal augurer de la personne; e‹
certainement il n'y a point de plus mau‹
vais pilote, que celui qui échoue en sor‹
tant du port.

A l'égard de son étendue, elle doit être
proportionnée à la nature de l'affaire don‹
il s'agit. Les causes qui sont simples de‹
mandent un exorde plus court. Celle‹
qui sont embarrassées, ou délicates, on‹

suspectes, en veulent un plus long. Mais je trouve ridicule de condamner tous les exordes qui ont plus de quatre périodes, comme font quelques auteurs. Ce qui est de certain, c'est qu'ils ne doivent pas être d'une grandeur démésurée; de crainte que ce qui est fait pour gagner l'auditeur, ne le rebute; et que l'ouvrage ne ressemble à ces monstres, dont la tête est plus grosse que le reste du corps.

Quelques-uns blâment aussi l'apostrophe dans l'exorde, et ne peuvent souffrir que l'on adresse la parole à d'autres qu'aux Juges. Je conviens qu'ils ont quelque sorte de raison; car il est plus naturel de commencer par entretenir ceux que nous voulons mettre dans nos intérêts. Cependant il est bon quelquefois d'animer un peu son exorde, et cette figure y est fort propre. Cela étant, de quel droit et par quelle superstition ne veut-on pas que nous nous en servions? Les maîtres le défendent. Est-ce à dire qu'il ne soit pas permis? Non; mais c'est qu'ils ne l'ont pas cru utile. Si donc l'utilité s'y trouve, par la même raison pour laquelle ils le défendent, nous le devons croire très-permis. En effet Démosthène n'adresse-t-il pas la parole à Eschine? Et Cicéron n'en use-t-il pas de même dans toutes les rencontres où bon lui semble ; mais principalement dans son oraison pour Ligarius ? Aussi, à dire vrai, tout autre tour eût rendu son exorde plus languissant. Il ne faut que se souvenir de ce bel endroit : *Vous avez donc, Tubéron, ce qui fait le comble des vœux d'un accusateur, un criminel qui confesse son crime.* Supposons qu'il adresse la parole aux Juges et qu'il dise : *Tubéron a donc, Messieurs, ce qui fait le comble des vœux d'un accusateur, etc.* Quelle différence ! Dans l'un il presse vivement son adversaire ; dans l'autre, il eût simplement indiqué la chose. Il en sera de même de l'exemple de Démosthène, si on lui donne un autre tour. Et Salluste n'apostrophet-il pas d'abord Cicéron, quand il dit, *Je serois vivement touché de la fureur avec laquelle vous vous déchaînez contre moi, Cicéron ? etc.* A-peu-près de même que Cicéron en avoit usé contre Catilina ; *Jusques à quand abuserez-vous de notre patience, Catilina.*

Mais pourquoi désapprouver si fort cette figure, lorsque nous voyons le même orateur dans la défense de Scaurus, accusé d'avoir brigué le Consulat (je parle du plaidoyer qui s'est trouvé parmi ses écrits, car il l'a défendu deux fois,) lorsque nous voyons, dis-je, cet orateur employer dès l'entrée de son discours la prosopopée; employer l'exemple dans la défense de Rabirius Posthumus, et dans celle du même Scaurus, accusé de concussion; enfin commencer par la division dans la cause de Cluentius, comme je l'ai déjà fait remarquer? A la vérité il ne s'ensuit pas que cela soit toujours bon à imiter, mais seulement dans les occasions où la raison l'emporte sur le précepte. Je dis la même chose de la similitude, pourvu qu'elle soit courte; de la métaphore, et des autres figures (1), que l'extrême circonspection de ces auteurs ne nous permet pas davantage; à moins que cette admirable ironie que j'ai citée de l'oraison pour Ligarius, n'ait le malheur de déplaire à quelqu'un.

Mais il y a de vrais défauts, que l'on peut reprendre avec justice dans l'exorde, comme de convenir à plusieurs sujets. Un exorde si trivial n'est pas ordinairement bien reçu. Cependant on s'en sert quelquefois utilement, et je vois que de

(1) M. Gédoyn confond presque toujours les Tropes avec les Figures, quoique Quintilien les distingue dans un chapitre exprès. Voyez l'excellent Traité des Tropes, par M. du Marsais, où ce Grammairien philosophe épuise heureusement la matière. C.

grands orateurs ne se sont pas mis en peine de l'éviter. Il y a des exordes que l'on appelle communs, parce qu'ils ne sont pas tellement faits pour nous, que la partie adverse ne s'en puisse servir ; d'autres, dont elle peut même tirer avantage, ce qui est encore pis. Il y en a de détachés qui n'ont nulle liaison avec la cause ; d'autres que l'on va chercher ailleurs que dans son sujet, et qui sont comme transplantés ; d'autres qui sont trop longs, ce qui est contre les regles ; défauts au reste qui se peuvent trouver dans toutes les parties du discours, comme dans le commencement.

Ce que j'ai dit jusqu'ici regarde les causes qui demandent un exorde ; mais toutes n'en demandent pas. Supposons que le Juge soit suffisamment préparé, ou que l'affaire n'ait nul besoin de ménagement ; l'exorde alors est superflu. Aristote croit même qu'il n'en faudroit jamais avec des Juges, sur les lumieres et l'intégrité desquels on pourroit compter. J'ajoute, moi, qu'il n'est pas toujours en notre pouvoir d'en user, comme lorsque le Juge est trop occupé, ou que le temps de l'audience est limité, ou qu'enfin une puissance supérieure nous oblige de venir d'abord au fait. Quelquefois au contraire, tout autre endroit du discours tient lieu d'exorde ; car assez souvent et dans la narration et dans les arguments , nous prions les Juges de nous accorder leur bienveillance et leur attention ; c'est par-là que Prodicus disoit qu'il falloit les réveiller de temps en temps, et c'est ainsi qu'en use Cicéron. Par exemple , *Ensuite C. Varenus, celui qui fut tué par les esclaves d'Ancharius. Ceci , Messieurs , mérite d'être écouté.* Si la cause est chargée d'incidents, chacun d'eux aura son avertissement. *Ecoutez, Messieurs , ce que j'ai à vous dire ,* ou bien, *Maintenant, Messieurs , je passe à un autre point ,* etc. Et de même des arguments. Les exemples en sont si communs , qu'il n'est pas besoin d'en rapporter. Il ne faut que lire les oraisons de Cicéron pour Cluentius et pour Muréna, et voir comment il s'excuse, toutes les fois qu'il est forcé de dire quelque chose de désagréable à des personnes qu'il respecte, ou qu'il a intérêt de ménager.

Mais si nous faisons un exorde dans les formes, soit que nous passions ensuite à la narration , ou tout d'un coup aux preuves, ce que j'ai à recommander , c'est de le finir de manière que ce qui suit soit lié avec ce qui précede, sans don-

B 5.

ner néanmoins dans la froide et puérile
affectation de nos déclamateurs ; de passer toujours de l'un à l'autre par quelque
jolie pensée qui déguise la transition, et
de chercher à plaire par ces gentillesses
étudiées, à-peu-près comme fait Ovide
dans ses Métamophoses ; avec cette différence pourtant, que le poëte qui vouloit faire un tout, de quantité de pieces
détachées et d'une bigarrure infinie, a la
nécessité pour excuse. Mais à l'égard de
l'orateur, qu'est-il besoin qu'il dérobe sa
marche aux Juges, et qu'il agisse mys-
térieusement avec eux ; puisqu'au contraire il doit expressément les avertir de
s'appliquer à bien remarquer l'ordre des
choses ? En effet, s'ils ne savent pas
que vous racontez le fait, n'est-il pas à
craindre qu'ils n'en perdent au moins le
commencement ? C'est pourquoi, comme
je ne veux point que l'on passe brusquement à la narration, aussi faut-il éviter
d'y entrer si subtilement que l'auditeur
ait peine à s'en appercevoir. Mais supposé
qu'elle doive être longue ou embarassée,
alors on ne fera pas mal d'y préparer
les Juges. C'est ce que Cicéron (*orat.*
pro Cluentio.) pratique en bien des rencontres, particulierement en celle - ci :
Je reprends l'affaire d'un peu loin, et je

vous prie, *Messieurs*, *de ne le pas trou-ver mauvais*, *parce que le principe bien entendu*, *vous en comprendrez mieux les suites*. Voilà ce que j'avois à dire touchant l'exorde.

CHAPITRE II.

De la Narration.

LE Juge ainsi préparé, rien n'est plus naturel que d'exposer l'affaire sur laquelle il doit porter son jugement, et c'est ce qui fait la narration. Quelques auteurs, par une division trop subtile et que je n'approuve pas, en distinguent de bien des sortes, dont je dirai seulement un mot en passant, et sans dessein de m'y arrêter. Non contents donc de l'exposition de la chose qui fait le fondement du procès, ils en admettent quantité d'autres ; celle de la personne, par exemple, *M. Acilius Palicanus*, *Picentin*, *homme de basse naissance*, *grand parleur plutôt qu'éloquent*, *etc.* Celle du lieu, comme *Lampsaque*, *Messieurs*, *est une ville sur l'Hellespont*, *etc.* Du temps, comme quand Virgile dit : *Aux premieres approches du printemps*, *lorsque les neiges commencent à fondre sur le sommet des montagnes*, *etc.*

Des motifs et des causes ; celle - ci est ordinaire aux historiens, quand ils racontent l'origine d'une sédition ou d'une calamité publique. De plus, les unes finies, les autres imparfaites. Qui ne sait pas cela ? Ils ajoutent qu'il y a des narrations pour le passé, et dont l'usage est plus fréquent ; d'autres pour le présent, comme celle où Cicéron (*dans l'oraison pour Roscius Amerinus,*) nous représente si bien l'inquiétude, et les mouvements que se donnoient les amis de Chrysogonus, pour l'avoir seulement ouï nommer : d'autres enfin qui regardent l'avenir, plus propres à ceux qui se mêlent de deviner, qu'aux orateurs ; car pour l'hypotipose, c'est une figure et non une espece de narration. Mais passons à des choses plus dignes de remarques.

La plupart s'imaginent qu'il faut toujours narrer, ce qui est néanmoins faux par plus d'une raison. Premierement, il y a des causes qui sont si courtes, qu'elles n'ont besoin que d'une simple proposition. Les deux parties sont quelquefois dans ce cas, soit qu'elles n'aient rien à exposer, ou que d'accord sur le fait, elles contestent seulement le droit ; comme lorsqu'on agite ces questions devant les Centumvirs : *Si c'est le fils ou le frere qu* doit hériter d'un homme mort sans tester ; si l'âge de puberté doit se régler sur la force du corps, ou sur le nombre des années. Secondement, il peut arriver que la narration ne soit pas hors de propos, et néanmoins qu'on la supprime ; les Juges ayant déjà connoissance de l'affaire, soit par eux-mêmes, soit par le rapport juste et fidele qui leur en a déjà été fait [par celui qui a parlé le premier pour la même cause. *C.*]

Quelquefois aussi il n'y aura qu'une des parties qui soit dans le cas de s'en tenir à la simple proposition, et plus souvent le demandeur, ou parce que cela lui suffit, ou parce que cela lui est plus avantageux. Par exemple, il lui suffira de dire, *Je demande telle somme qui m'est due par tel contrat* ; ou bien, *telle chose m'a été léguée par testament, je la demande aux héritiers.* C'est au défendeur à s'étendre davantage, et à exposer pourquoi ni cette somme, ni ce legs ne sont point dûs. En d'autres occasions non-seulement le demandeur pourra se contenter d'indiquer le fait, mais même il fera mieux de s'en tenir-là précisément. *Je dis, Messieurs, qu'Horace a tué sa sœur.* En effet la seule proposition fait connoître tout le crime ; et c'est plutôt au défendeur à expliquer comment cette action s'est passée, et quel en a été le motif. Mais supposé au contraire que le fait ne se puisse nier ni excuser, l'accusé alors doit s'attacher uniquement à la question de droit. Un homme a volé dans un Temple une somme d'argent qui y étoit en dépôt, et qui appartenoit à un particulier. On l'accuse de sacrilége ; il gagnera plus à confesser le fait, qu'à en faire le récit. Son Avocat pourra donc dire : *Nous ne nions pas, Messieurs, que cet argent n'ait été pris dans le Temple ; mais je soutiens que l'on n'en est pas plus en droit de nous accuser de sacrilége, puisque cet argent étant à un particulier, ne doit point se regarder comme sacré. C'est à vous, Messieurs, à décider, si cela doit s'appeller sacrilége.*

Cependant comme je conviens que dans ces cas, on peut quelquefois omettre la narration ; aussi ne suis-je point de l'avis de ceux qui la condamnent entierement, toutes les fois que l'accusé prend le parti de nier. C'est le sentiment de Cornélius Celsus, qui ne connoît de narration, que celle où l'on expose le fait dont il est question ; et qui pour cela l'interdit à la plupart des causes de meurtre, et à toutes celles de péculat (1), et de brigues dans

____

(1) M. Gédoyn confond souvent le *Péculat*, qui

la poursuite des dignités ou des charges.
Néanmoins il avoue lui-même que Cicéron a narré dans son oraison pour Rabirius
Posthumus, bien que cet orateur nie que
Rabirius ait profité des deniers dont on le
rend comptable, qui est le fait dont il s'a-
git; aussi la narration ne roule-t-elle point
sur le crime dont Rabirius étoit accusé.

Pour moi, fondé sur l'autorité de plusieurs bons auteurs, je distingue deux
sortes de narrations dans les affaires du
barreau ; l'une pour le fond de la cause,
l'autre pour ce qui n'en est qu'une suite
et une dépendance. *Je n'ai point commis
ce meurtre,* dites-vous. Voilà un désaveu
qui ne demande point de narration, il est
vrai, mais peut-être ne serez-vous pas
moins obligé d'en faire une, et même assez longue, sur les indices du crime; sur
la manière dont vous avez vécu jusqu'ici;
enfin sur tout ce qui peut servir à votre
justification, et à marquer aux Juges qu'il
n'est pas probable que vous ayiez fait une
action si noire. Car l'accusateur ne dit pas
seulement *vous avez fait ce meurtre,* il
expose les raisons qui le peuvent rendre
croyable. Ainsi dans les poëtes tragiques,

est un vol des deniers publics, avec la *concussion*
qui est une exaction et une levée d'impositions,
au delà de l'ordre du Gouvernement. C.

quand Teucer impute la mort d'Ajax à Ulysse, *On a trouvé Ulysse*, dit-il, *dans un lieu écarté, auprès du corps de son ennemi, avec son épée encore toute ensanglantée.* Que répond Ulysse? Il ne se contente pas de nier le crime; il proteste qu'il n'y avoit point d'inimitié entre lui et Ajax; qu'ils n'ont jamais combattu que pour la gloire: ensuite il raconte comment il est venu dans ce bois; comment il a trouvé Ajax blessé à mort et expirant; comment il a tiré de sa plaie le fer dont on l'avoit percé: et sur-tout cela il établit ses preuves. *On vous a vu dans le lieu même où votre ennemi a été tué*, dit l'accusateur : *Je le nie*, dites-vous. Est-ce assez? Non. Vous n'êtes pas dispensé pour cela de narrer; car il faut dire où vous étiez. D'où je conclus que les causes de péculat et autres semblables, non-seulement souffrent une narration, mais qu'elles en souffrent même plusieurs; par la raison quelle contiennent plus d'un chef d'accusation, et que de se tenir sur la négative, n'empêche point qu'il ne faille, par une exposition contraire à celle de la partie adverse, répondre tantôt en gros et tantôt en détail, à tout ce qu'elle allegue contre vous. Par exemple, un homme que l'on accuse d'être parvenu aux dignités par des brigues, fera-t-il mal de raconter les justes raisons qu'il avoit d'y prétendre par sa naissance, par sa conduite, par ses services ? De même un homme que l'on poursuit en justice, pour crime de concussion, ne sera-t-il pas reçu à faire voir combien il a toujours été éloigné de cet esprit d'avarice, et comment il a encouru la haine d'une province, ou de l'accusateur, ou des témoins qui déposent contre lui ? Cependant ce sont-là des narrations, ou celle que nous lisons dans l'oraison pour Cluentius, je dis même la premiere, n'en est pas une : car il n'y fait nulle mention d'empoisonnement, mais seulement des raisons pourquoi Cluentius étoit haï de sa propre mere.

Ce sont aussi des narrations qui ne sont pas essentielles à la cause, mais qui ne laissent pas d'y entrer, que celles dont on se sert ou pour citer un exemple aux Juges [comme dans l'oraison contre Verrès, la narration touchant L. Domitius, qui fit attacher à une croix un berger qui avoit tué un sanglier dont on avoit fait présent à Domitius, parce que ce berger convenoit qu'il l'avoit tué avec un épieu, *C.*] ou pour disculper l'accusé par quelque circonstance étrangere [comme dans l'oraison pour Rabirius Posthumus : lorsqu'on fut arrivé à Alexandrie auprès d'Aulétés, le roi proposa à Posthumus d'être comme son intendant, ce qui étoit l'unique moyen qu'avoit Posthumus de conserver son propre argent, *C.*], ou bien au contraire pour le rendre plus odieux; comme lorsque Cicéron décrit la marche de Verrès. Il y a encore des narrations où la fiction a plus de part que la vérité, et qui se font à dessein, tantôt d'irriter les Juges contre la partie adverse, et tantôt de les réjouir par quelque plaisanterie. [Comme dans l'oraison pour Cluentius contre les freres Cepasius. *C.*] Enfin il y en a qui sont de pures digressions pour servir d'ornement à la cause : telle est celle où Cicéron parle d'une statue de Proserpine, enlevée par Verrès, malgré la sainteté du lieu que Cérès avoit autrefois honoré de sa présence. Tout ce que je viens de dire fait assez voir, non-seulement qu'on peut narrer, encore qu'on nie le fait, mais que la narration peut même tomber précisément sur le fait que l'on nie.

Il ne faut pas même prendre simplement, et sans distinction ce que j'ai dit plus haut, qu'il est inutile de faire le récit d'une affaire dont le Juge a déja connoissance. Je ne l'entends ainsi qu'au cas qu'il sache non-seulement que telle chose s'est passée ; mais la maniere dont elle s'est passée, selon l'opinion que nous voulons qu'il en ait ; car le but de la narration n'est pas moins de persuader que d'instruire. Quand donc les Juges n'auroient nullement besoin d'instruction, si nous voulons les faire entrer dans nos sentiments, nous ne laisserons pas de narrer, mais avec certaines précautions. Nous dirons, par exemple, qu'ils savent l'affaire en gros, mais qu'il est bon qu'ils la sachent en détail ; et sur cela nous les prierons de souffrir que nous la leur racontions de point en point comme elle est. On pourra aussi prendre prétexte, tantôt de quelqu'un à qui l'on vient de donner séance parmi les Juges, tantôt de la nécessité de convaincre aussi toute l'assemblée, de la mauvaise foi de notre adversaire. Il est vrai que les redites et la répétition des choses que l'on sait déja, fatiguent l'auditeur ; mais on y peut remédier par des tours, et des figures qui rendent la narration plus vive et plus diversifiée. Par exemple, *Vous vous souvenez sans doute, Messieurs, etc.* ou bien, *Il seroit inutile de s'arrêter à vous dire, etc.* ou bien, *Qu'est-il besoin que je vous tienne plus long-temps, puisque vous avez encore présent à l'esprit, etc.* car de condamner la narration, parce que les Juges ont déja connoissance de l'affaire, c'est vouloir condamner tout le discours, qui par la même raison sembleroit n'être pas toujours fort nécessaire.

On demande en second lieu, si la narration doit venir immédiatement après l'exorde. Ceux qui le croient ainsi, paroissent assez bien fondés. Car d'un côté l'exorde étant institué pour disposer les Juges à nous écouter avec toute la bonne volonté, la docilité et l'attention que nous pouvons souhaiter; et de l'autre les preuves ne pouvant faire impression sur leur esprit, il s'ensuit qu'il ne faut différer à leur donner cette connoissance, que le moins qu'on peut. Cependant il faut avouer qu'il y a des causes qui demandent une autre conduite; à moins que l'on ne prétende en savoir plus que Cicéron, qui dans ce beau plaidoyer qu'il nous a laissé pour la défense de Milon, examine trois questions les unes après les autres, avant que d'en venir à la narration. Trouvera-t-on qu'il eût mieux fait de raconter d'abord comment Clodius avoit dressé des embûches à Milon, sans s'arrêter à prouver que pour confesser que l'on a tué un homme, il ne s'ensuit pas que l'on soit indigne de vivre; sans se mettre en peine aussi de faire revenir les Juges de l'opinion où ils étoient que le Sénat avoit déja préjugé et condamné sa partie, ni de les désabuser de la pensée qu'ils avoient que Pompée, en faisant garder toutes les avenues du Sénat par des soldats en armes, se déclaroit hautement contre Milon? On peut donc dire que ces préliminaires sont une suite de l'exorde, étant à même fin, qui est de préparer les Juges à des questions plus essentielles à la cause. Mais dans son oraison pour Varénus (1), la narration est encore plus reculée, et ne vient qu'après qu'il a refuté les objections de la partie adverse. Et l'on se servira utilement de cette méthode, toutes les fois qu'il s'agira non-seulement de détruire une accusation, mais de la rejetter sur un autre. Car alors on commence par se laver du crime dont on est accusé, et ensuite on narre pour insinuer que c'est un tel qui l'a commis. Il en est comme de faire des armes, où le soin de se mettre en défense et de parer, va devant celui d'attaquer.

(1) Il y a dans le texte, *pour Murena*; mais comme cela ne convient point à cette oraison, l'on soupçonne qu'il faut lire Varénus. (*Et on le lit dans plusieurs Manuscrits et dans quelques Editions.*)

Souvent ce n'est pas tant le crime dont il est question qui fait de la peine à l'Avocat, que quantité d'autres dont un homme est déja noirci. Que faire en ce cas, si ce n'est de détruire les idées du passé, afin que les Juges connoissent de l'affaire présente avec bonté et sans prévention ? Vous voulez défendre Célius accusé d'avoir empoisonné Clodia, mais si décrié d'ailleurs, qu'il passe dans le monde pour un homme qui s'est déshonoré par les débauches et les prostitutions les plus honteuses. Détruisez ces bruits, répondez à tous les reproches qu'on lui fait. Tombez insensiblement sur ses bonnes qualités, vous viendrez ensuite au point capital, vous entrerez dans le fond de la cause, et vous reconnoîtrez que Cicéron a pris le chemin qu'il falloit prendre. Au lieu de cela on se gouverne à la maniere de l'école, où l'on est guidé par certains points fixes qui ne varient jamais, et où il n'y a rien à réfuter que ce qui est précisément marqué. Delà vient que la narration suit toujours incontinent après l'exorde.

Et nos déclamateurs sont si amoureux de la narration, qu'ils se donnent la liberté de narrer une seconde fois pour la partie adverse (1). S'ils parlent pour le demandeur, ils exposent le fait, comme ayant à parler les premiers; et ensuite comme s'ils avoient à plaider pour le défendeur, ils narrent une seconde fois contradictoirement à la première, ce qui est très-mal. Car la déclamation étant faite pour disposer aux actions du barreau, pourquoi s'éloigner de l'usage qui est établi au barreau? Cependant peu instruits de cet usage, ils suivent toujours leur maniere, et devenus Avocats, ils n'agissent pas moins en déclamateurs. Encore sont-ils quelquefois obligés, même aux écoles, de se contenter de la simple proposition, au lieu de la narration. Par exemple, ils accuseront un mari jaloux d'avoir maltraité sa femme. Ils dénonceront aux censeurs un cynique, dont les mœurs corrompues sont d'une conséquence dangereuse, en tout cela qu'y a-t-il à raconter, puisque dans l'un et dans l'autre, il ne faut qu'un

---

(1) *Partis suæ*, c'est sa propre partie. Quintilien dit toujours *partis adversæ*, pour la partie adverse. Il falloit traduire : Delà vient que nos Déclamateurs se donnent la liberté de faire une narration, lors même qu'ils parlent en seconds pour leur partie (la même cause étoit plaidée par plusieurs Avocats)..... Ils réfutent aussi les instances de leur adversaire, comme s'il s'agissoit de lui faire une réplique. *C.*

mot pour mettre tout le crime en évidence.

Passons maintenant à la maniere de narrer. La narration est l'exposition d'une chose faite, ou supposée faite, et une exposition propre à persuader; ou comme la définit Apollodore, un discours instructif qui apprend à l'auditeur le point débattu d'une cause. La plupart des rhéteurs, particulierement ceux qui ont suivi Isocrate, veulent que la narration soit claire, brieve et vraisemblable. S'ils ne s'expriment dans ces termes, au moins est-ce le même sens. J'approuve fort aussi ces trois qualités, bien qu'Aristote soit d'un autre sentiment pour ce qui regarde la briéveté, dont il se moque; comme si la narration étoit nécessairement longue ou courte, et qu'il n'y eût point de milieu. Théodore pareillement, et ses disciples, ne reçoivent que la vraisemblance, parce que selon eux, les deux autres ne sont pas toujours fort utiles. C'est pourquoi nous ne ferons pas mal de distinguer les différents genres de narration, afin que l'on puisse mieux juger des conditions qu'ils demandent.

La narration est ou toute pour nous, ou toute pour notre adversaire; ou partie favorable, et partie contraire à l'un et à l'autre. Si elle est toute à notre avantage,

tage, contentons-nous de lui donner les qualités qui font qu'un Juge comprend mieux ce que nous lui disons, qu'il le retient mieux, et qu'il se laisse plus aisément persuader. Et que l'on ne s'étonne pas, si j'exige que cette sorte de narration qui est toute pour nous, et par conséquent vraie, soit aussi vraisemblable. Car il y a beaucoup de choses qui sont vraies, et qui pourtant ne sont nullement croyables; comme il y en a beaucoup de fausses, qui ne laissent pas d'être vraisemblables. Ainsi le vrai comme le faux a besoin de vraisemblance pour être cru. Ce n'est point à dire au reste que les trois qualités dont je viens de parler, doivent moins régner dans les autres parties du discours. Car en quelque endroit que ce soit, il n'est jamais permis d'être obscur, ni de passer certaines bornes, ni de rien dire qui ne soit pas vraisemblable. Mais il faut se le permettre encore moins dans la narration, que par-tout ailleurs; parce que cette partie étant destinée à instruire les Juges, s'il arrive qu'ils ne comprennent pas le fait, ou qu'ils ne le retiennent pas, ou qu'ils le trouvent hors de la vraisemblance, envain voudrons-nous réparer ces défauts dans la suite.

Tome II.   C

Or la narration sera claire et intel
gible, premierement, si l'orateur s'e
prime en termes propres et significatif
qui n'aient rien de bas, mais aussi ri
de recherché, ni hors de l'usage commu
En second lieu, s'il distingue netteme
les choses, les personnes, les temps,
lieux, les motifs; enfin si conformant
voix et son action à ce qu'il dit, il pr
nonce de maniere qu'il se fasse entend
sans aucune peine. C'est ce que la pl
part de nos orateurs ne connoissent p
Charmés des applaudissements d'une mu
titude souvent assemblée au hazard,
quelquefois même gagée pour se récri
à chaque mot, ils ne peuvent souffrir
silence judicieux d'un auditoire attenti
et ne jugent eux-mêmes de leur él
quence, que par le bruit et les clameu
qu'ils excitent. Expliquer simplement
fait leur paroît trop commun. Est-il beso
d'un orateur pour cela?

Cependant ce qu'ils méprisent comm
aisé, je ne sais si c'est faute de le vo
loir pratiquer, ou de le pouvoir. C
plus on aura d'expérience, plus on tro
vera que rien n'est si difficile que de di
ce qu'après nous avoir entendus, ch
cun croit qu'il eût dit aussi bien que nou
par la raison que ce que l'auditeur r

garde ainsi, ne lui paroît pas beau, mais seulement vrai. Or l'orateur ne parle jamais mieux, que lorsqu'il semble dire vrai. Mais la simplicité n'est pas du goût d'aujourd'hui. Un orateur se propose la narration comme un champ ouvert à son éloquence, et c'est-là particulierement qu'il veut briller. La voix, le geste, les pensées, l'expression, il outre tout. Qu'arrive-t-il ensuite ? Une chose que l'on peut appeller monstrueuse. L'auditeur applaudit à l'action, et n'entend pas la cause. Mais laissons ces réflexions, de crainte qu'on ne se sente moins obligé des conseils que je donne, que désobligé des défauts que je reprends. Je reviens donc à mon sujet.

La narration aura la briéveté qui lui convient, premièrement, si on la commence par ce qu'il importe de faire connoître aux Juges; secondement, si on se renferme dans ce qui fait la matiere du procès; troisiemement, si l'on en retranche tout ce qui s'en peut retrancher, sans rien ôter de ce qui est utile, soit pour la connoissance des faits, soit en général pour le bien de la cause; car il y a une certaine briéveté de parties, qui ne laisse pas de faire un tout fort long. *J'arrivai sur le port. J'apperçus un navire prêt à faire voile. Je demandai combien l'on prenoit des passagers. Je fis mon marché. Aussitôt je m'embarquai ; on leve l'ancre ; on met à la voile ; nous partons.* Il est difficile de faire un plus long détail en moins de paroles. Mais ne suffiroit-il pas de dire, *je m'embarquai?* En effet toutes les fois que par ce qui suit, on juge assez de ce qui précede, il faut se contenter de dire ce qui fait entendre le reste. Ainsi au lieu de dire, *Dans l'envie d'avoir des enfants je me suis marié ; j'ai eu un fils ; je l'ai élevé ; je l'ai conduit jusqu'à l'adolescence ; je dirois seulement : j'ai un fils qui a déja atteint l'âge d'adolescence.* C'est pourquoi, selon la remarque de quelques auteurs grecs, autre chose est une narration précise (συντομία.), autre chose une narration succinte. La premiere n'a rien d'inutile, et la seconde peut n'avoir pas tout ce qui est nécessaire. Pour moi, quand je recommande la briéveté, (ταυτολογίας, περιττολογίας.) je la fais consister non à dire moins qu'il ne faut, mais à dire précisément ce qu'il faut, et rien de plus. A l'égard des redites, des expressions synonimes, et des autres inutilités, je n'en parle point ici, parce qu'indépendemment de la briéveté, il ne faudroit pas moins les éviter.

Mais souvent à force de vouloir être court, on devient obscur ; et je crois qu'il vaut encore mieux donner à une narration trop d'étendue, que trop peu ; car si d'un côté ce qui est superflu ennuie les Juges, de l'autre, faute du nécessaire, la cause périclite. Je ne conseillerois donc point d'imiter la maniere de Salluste, quoiqu'elle tienne lieu de perfection en lui. Je veux croire qu'un style si concis et si serré ne dérobe rien à des yeux appliqués ; mais il échappe à l'oreille : outre que d'ordinaire un lecteur a du savoir, au lieu que nos chevaliers Romains souvent quittent leur charrue pour venir connoître des affaires ; et comment en connoîtront-ils, si elles ne leur sont clairement expliquées ? J'applique donc principalement à la narration une regle que je crois bonne partout, *autant qu'il faut, pas plus qu'il ne faut.*

Je ne veux pas dire pour cela qu'il faille se contenter d'instruire. La narration pour être courte, ne doit pas manquer de graces, autrement le défaut d'art se fait sentir ; ajoutez à cela que le plaisir est séduisant, et que plus une chose en donne, moins elle semble durer. C'est ainsi qu'un chemin riant et uni, bien qu'il soit plus long, fatigue moins qu'un plus court, qui seroit escarpé ou désagréable. Je ne suis donc point amateur de la briéveté, jusqu'à ne pouvoir souffrir que l'on mêle à un récit tout ce qui peut l'embellir, et le faire recevoir plus aisément. S'il est trop simple et trop coupé, c'est une confusion plutôt qu'un récit.

Il y a même des narrations qui par la nature de la cause sont nécessairement longues. J'ai déja dit qu'il y falloit préparer les Juges dès l'exorde. Ce que l'on doit faire ensuite, c'est d'user de toute son industrie pour diminuer ou de la longueur, ou du moins de l'ennui qui en est la suite ordinaire. On diminue de la longueur, en réservant pour un autre endroit, une partie des choses que naturellement la narration devroit comprendre, ce que l'on ne fera pourtant pas sans en avertir. Par exemple, *Les raisons qu'il a eues de commettre ce meurtre ; quels ont été ses complices ; de quelle maniere il s'y est pris ? C'est, Messieurs, ce que je dirai dans la preuve.*

Souvent aussi au lieu de raconter toute la suite d'une affaire, on passe plusieurs circonstances pour venir au point essentiel, comme fait Cicéron dans son oraison pour Cécinna. *Falcinius meurt ; car je vous épargnerai, Messieurs, un plus long* détail, *comme peu nécessaire à la cause.* On remédie à l'ennui, en partageant sa matiere. *Je dirai, Messieurs, ce qui s'est passé avant la conclusion du traité ; ce qui s'est passé dans le temps même qu'il a été conclu, et ce qui s'est passé depuis.* De cette sorte il paroît que c'est moins une longue narration, que trois d'une longueur médiocre. Il sera bon aussi quelquefois de distinguer chaque point par un mot d'avertissement. *Je vous ai dit, Messieurs, par où l'affaire a commencé ; écoutez maintenant quel en a été le progrès.* En effet l'auditeur verra par-là qu'il y a déja un point de fini, et s'encouragera de lui-même à donner encore son attention à celui qui suit, comme si c'étoit une nouvelle matiere. Mais si, malgré ces précautions, l'ordre des choses nous mene un peu loin, il ne sera pas inutile de finir chaque point par une sorte de récapitulation. Cicéron n'attend pas même cela pour s'en servir. *Jusqu'ici, César, on ne peut rien reprocher à Ligarius. Il est parti de chez lui, je ne dis pas sans dessein de faire la guerre, mais lorsqu'il n'y avoit encore nul bruit, nul soupçon de guerre.*

Le moyen de rendre la narration vraisemblable, c'est de se consulter soi même, et d'examiner si l'on ne dit rien qui choque le bon sens. C'est en second lieu de rapporter les causes et les motifs des principaux faits que l'on avance : c'est enfin de former des caracteres qui aient de la convenance avec ces faits. Vous accusez un homme de larcin, d'adultere, d'hommicide ? Représentez-le dominé par l'avarice, esclave de ses plaisirs, violent et prêt à tout entreprendre. Si vous le défendez, donnez-lui des mœurs toutes contraires. On prendra garde ensuite, si ces mêmes faits s'accordent avec les circonstances du temps, des lieux , etc.

Il y a de plus une certaine suite qui répand un air de vraisemblance sur tout le sujet, et qui fait que les choses paroissent amenées comme aux pieces dramatiques. Car l'une doit naturellement conduire à l'autre ; ensorte que la premiere bien racontée, l'auditeur devine ce qui va suivre. Il sera bon même de jetter quelquefois des naissances de preuves dans la narration. Mais on se souviendra qu'il s'agit de narrer, et non pas de prouver. On pourra néanmoins appuyer sa proposition de quelque argument, pourvu qu'il soit fort simple et fort court. Par exemple, s'il est question d'empoisonnement, on dira : *Il étoit en parfaite santé lorsqu'on lui présenta à boire ; il boit, un* moment après il tombe mort ; son corps enflé, et devient tout livide. C'est encore une sorte de préparation qui produit le même effet, quand on représente l'accusé avec main forte, bien armé, et soigneux de prendre ses avantages contre une personne foible, qui n'a aucune arme, et ne se défie de rien. Enfin tout ce que l'on doit approfondir dans la preuve, le caractère de la personne, le temps, le lieu, les motifs, l'occasion, les moyens, il faut l'effleurer dans la narration. Si tout cela nous manque, comme il peut arriver, nous dirons que le crime dont il s'agit paroîtra peu croyable, mais qu'il n'en est pas moins vrai ; que par-là même on peut juger combien il est atroce ; que nous ne savons ni pourquoi, ni comment il a été commis ; que nous sommes surpris de son énormité, aussi bien que les Juges ; mais que cependant nous le prouverons.

Mais de toutes les préparations, la meilleure est celle où il semble qu'il n'entre aucun dessein. Ainsi quoique Cicéron donne un tour infiniment avantageux à tout ce qu'il expose pour la défense de Milon, et pour faire connoître aux Juges que Clodius étoit l'aggresseur, et non pas Milon ; rien ne me paroît plus adroit que

cette description si simple en apparence ;.
Pour Milon, après avoir été ce jour-là au
Sénat, tant que dura la séance, il revint
chez lui ; il changea d'habit et de chaus-
sure ; il se reposa quelque temps, pendant
que sa femme se disposoit à partir. Que
Milon paroît tranquille ! et que cela est
éloigné d'un homme qui roule un assassinat
dans sa tête ! C'est la réflexion que Cicéron fait naître, non-seulement par la
lenteur qu'il met dans le départ de Milon, mais encore par ces expressions les
plus communes qu'il y ait, et par-là d'autant plus propres à couvrir son artifice.
S'il en avoit employé de plus recher-
chées, et de plus vives, elles eussent
infailliblement fait sortir et les Juges et
l'orateur de l'assiette où ils étoient. Ceci
paroîtra froid à plusieurs ; mais si ceux
qui lisent cette exposition n'en découvrent
pas la finesse, à combien plus forte raison les Juges s'y sont-ils laissé tromper ?
Voilà donc ce qui rend un récit vraisemblable. Car de ne rien dire dans la narration qui se contredise, ou se détruise
soi-même, si quelqu'un a besoin d'un pareil enseignement, il est inutile qu'il en
apprenne d'avantage. Cependant je connois des écrivains qui s'applaudissent de
ce précepte, comme d'une découverte
considérable.

A ces trois qualités que toute narration doit avoir, il y en a qui ajoutent la
grandeur et l'élévation, (μεγαλοπρεπειαν)
comme si toutes sortes de sujets en étoient
susceptibles ; comme si un récit pompeux
et magnifique étoit de saison dans la
plûpart des causes privées, lorsqu'il s'a-
git d'un prêt, ou d'un loyer de maison,
ou d'un marché, [d'un sequestre de
biens, ou des empêchemens de suivre
une affaire. C.] etc. Cette pompe seroit
même préjudiciable, comme il est aisé de
voir par l'exemple que je viens de rapporter de l'oraison pour Milon. Combien
d'occasions où il faut excuser le crime,
l'avouer de bonne-foi, user d'adresse et
de ménagement dans l'exposition du fait.
Quelle élévation peut-il y avoir à tout
cela ? Il n'est donc pas plus essentiel à la
narration d'être élevée, que d'exciter la
haine ou la pitié ; que d'être énoncée d'un
style grave ou doux, ou enjoué. Tous
ces caracteres sont bons, pourvu qu'ils
soient à leur place ; mais de croire qu'ils
sont affectés à la narration, c'est une
erreur. J'en dis autant d'une autre perfection, que Théodecte lui donne encore
en propre, bien qu'elle ne lui appartienne
pas plus, qu'à toute autre partie du discours ; je veux dire l'agrément et la dou-

ceur. Quelques-uns ajoutent l'évidence, et je ne dissimulerai pas que Cicéron va encore plus loin ; car il veut que la narration soit non-seulement claire, brieve, et vraisemblable, mais de plus évidente, convenable aux mœurs et au caractere des personnes, et soutenue d'une certaine dignité. Je tiens pour moi que cette convenance de mœurs doit régner dans tout le discours ; et pour ce qui est de la dignité, qu'il en faut mettre par-tout où l'on peut. A l'egard de l'évidence, je la crois fort nécessaire, quand il s'agit de rendre sensible un fait, qui d'ailleurs est avéré ; mais n'est-elle pas comprise dans la clarté ?

D'autres au contraire rejettent l'évidence, comme une chose qui peut nuire au lieu de servir ; parce qu'en certaines causes, disent-ils, il faut déguiser la vérité, bien loin de l'éclaircir. Sentiment ridicule à mon gré ; car celui qui déguise la vérité, met le faux à la place du vrai. Or il n'en est que plus soigneux de donner au mensonge toutes les couleurs du vrai.

Mais puisque le hazard, outre mon dessein particulier, nous a fait tomber sur le genre de narration le plus difficile, parlons-en. J'entends celui où le fait nit contre nous. Quelques rhéteurs nous conseillent en ce cas d'omettre la narration. Véritablement je ne sais point de conseil plus aisé à suivre, si ce n'est d'omettre aussi toute la cause. Mais supposé que de justes raisons nous obligent à l'entreprendre, trouve-t-on qu'il y ait bien de l'adresse à se condamner soi-même par son silence ? Car c'est avoir une merveilleuse confiance en la stupidité des Juges, que de croire qu'ils nous donneront gain de cause, sur des choses que nous n'avons pas voulu exposer à leur connoissance. Je ne disconviens pas que, dans une narration, comme on peut nier, ajouter, ou changer certaines circonstances, on ne puisse aussi en taire quelques-unes ; mais on ne doit taire que ce qu'il est libre de dire, ou de ne pas dire. C'est ce que l'on fait quelquefois pour éviter d'être long. Par exemple, *A cela, Messieurs, il répondit ce qu'il jugea à propos.*

Je distingue donc plusieurs genres de causes. Dans l'un, il n'est question que de la forme, et de savoir si l'action est bien intentée ; alors nous pouvons tout avouer. *Il a volé dans le Temple, mais c'étoit l'argent d'un particulier ; on ne doit pas l'accuser de sacrilége. Il a enlevé cette fille ; mais il ne s'ensuit pas que le père* ait la liberté d'opter. Ce jeune homme a été déshonoré, et pour ne point survivre à sa honte, il s'est défait lui-même. Le corrupteur ne doit pas pour cela être puni de mort ; qu'il subisse seulement la peine portée par la loi. On peut même en avouant le crime, l'exposer d'une maniere qui le rende plus supportable ; car à qui n'est-il pas permis d'excuser ses fautes, puisque nos esclaves même sont en possession de le faire ? Ainsi pour diminuer l'énormité de l'action, nous jetterons un mot comme en passant. *Non, Messieurs, malgré ce que l'on a voulu vous faire entendre, il n'est point venu dans le Temple avec intention d'y dérober. Ce n'étoit point un dessein prémédité ; c'est l'occasion, c'est le défaut de gardes, c'est la vue de ce trésor qui lui en ont fait naître la pensée. Et que ne peut point cette tentation sur la plupart des hommes ? Mais au fond, qu'importe ? Il n'est pas moins vrai qu'il a dérobé ; que sert-il d'excuser un crime, dont nous voulons bien subir la peine ?*

Tantôt comme si nous étions les premiers à condamner notre partie, nous lui adressons la parole. *Que voulez-vous que je dise ? Que le vin vous a fait faire cette faute ? Que les ténebres ont été cause de votre méprise ? tout cela peut être ; ce-*

pendant ce jeune homme ne s'en trouve pas
moins déshonoré. Payez donc les dix mille
sesterces à quoi la loi vous condamne.
Tantôt avant que de raconter le fait, on
prévient les Juges par une simple proposition, mais qui rend notre cause toute favorable, comme dans le cas que je vais
dire. Un pere a trois enfants qui conspirent de le tuer. Ils tirent au sort à qui
fera le coup. Celui sur qui le sort tombe,
entre la nuit dans la chambre de son
pere, avec un poignard, et en sort sans
avoir eu la force d'en venir à l'exécution. Le second et le troisieme en font
autant. Le pere s'éveille, ils confessent
leur attentat. Tout est contre eux ; en
vertu de la loi ils sont déchus de leurs
droits, et privés du bien de leur pere.
Si néanmoins le pere, qui n'a pas encore
partagé sa succession, veut les défendre,
il pourra commencer ainsi. *On accuse de
parricide, qui, Messieurs? des enfants, dont
le pere est plein de vie, des enfants qui
n'ont aujourd'hui que leur pere pour dé-
fenseur. On se prévaut donc contre eux
d'une loi qui ne les regarde pas? Mais si
vous attendez que je reconnoisse ma faute
devant vous, j'avouerai ingénuement que
j'en ai mal usé à leur égard, et que j'ai
été de ces peres qui ne peuvent se détacher*

de leur bien. Ensuite il dira qu'ils n'ont pas formé ce dessein d'eux-mêmes, qu'ils y ont été poussés par des jeunes - gens, dont les peres avoient plus d'indulgence ; que cependant l'événement a bien montré qu'ils n'étoient pas capables d'une action si dénaturée. En effet pourquoi cette précaution de s'y obliger par serment, s'ils n'y avoient point senti une extrême répugnance ? Pourquoi tirer au sort, si ce n'est parce que chacun d'eux refusoit de se noircir d'un tel crime ? Les raisons bonnes ou mauvaises pourront passer à la faveur de la premiere proposition, qui aura déjà calmé les esprits.

Dans l'autre genre de causes, on examine si le fait est, ou de quelle nature il est ; et alors quand tout nous seroit contraire, je ne vois pas comment on peut soustraire la narration, sans que la cause en souffre ; car notre adversaire a exposé le fait comme il a voulu ; il nous a chargés autant qu'il a pu ; il a envenimé tout ce qu'il a dit ; ensuite il a prouvé. A la preuve a succédé la péroraison, qui a achevé d'enflammer les Juges, et les a laissés pleins de colere et d'indignation. Il est naturel qu'ils veuillent nous entendre à notre tour. Ils attendent que nous les instruisions ; si nous ne le faisons pas, il faut bien qu'ils s'en tiennent à ce qu'on leur a dit. Quoi donc, faudra-t-il exposer les mêmes choses ? Je réponds que s'il est question de la qualité du crime, comme il arrive toutes les fois que le fait est avéré; je réponds, dis-je, qu'il faudra exposer les mêmes choses, mais non de la même maniere. On donnera d'autres raisons, d'autres motifs; il sera permis d'adoucir quelques endroits, et d'excuser certaines fautes. La gaieté, par exemple, passera pour jeunesse, l'avarice pour prévoyance, la négligence pour simplicité. Nous mettrons en usage le ton de la voix, l'air, le geste; enfin tout pour mériter la faveur des Juges, ou du moins leur compassion. Un humble aveu excitera même naturellement ce dernier sentiment dans leur ame.

Je demanderois volontiers à ceux qui sont d'une opinion contraire, s'ils prétendent défendre, ou non, ce qu'ils ne veulent point narrer; car s'ils ne veulent ni narrer ni défendre, ils trahissent leur propre cause; mais s'ils ont dessein de défendre, il me semble que l'on doit au moins proposer ce que l'on entreprend de soutenir. Pourquoi donc n'exposeroit-on pas ce que l'on peut réfuter ? car pour en venir à bout il est naturel de commencer par l'indiquer. En effet, quelle différence y a-t-il entre la preuve et la narration, si ce n'est que la narration annonce continuellement la preuve, et que la preuve réciproquement vérifie la narration?

Du reste, c'est à l'orateur de voir si cette exposition ne doit pas être un peu plus diffuse qu'à l'ordinaire, à cause de la préparation et des arguments qu'il est bon quelquefois d'y mêler. Je ne dis pas des raisonnements, je dis des arguments; et on les pourra soutenir d'un certain ton affirmatif qui a coutume d'imposer aux Juges. Par exemple, on leur dira qu'à une première exposition, il n'est pas possible de satisfaire à tout; qu'ils aient la bonté d'attendre, de suspendre leur jugement, et qu'assurément ils seront contents. Enfin il faut narrer tout ce qui se peut narrer, différemment de ce qui a été exposé par la partie adverse; ou bien il faut retrancher aussi l'exorde, qui particulierement dans ces sortes de causes ne sert qu'à disposer les Juges à prendre connoissance du fait dont il est question. Cependant on convient que l'exorde n'est jamais si nécessaire, que lorsqu'il s'agit de faire revenir les Juges, des préjugés qu'ils ont pu prendre contre nous.

A l'égard des causes dont l'état est de conjecture, c'est-à-dire, où le fait est douteux, la narration ne roule pas tant sur le point contesté, que sur les choses qui servent à l'éclaircir. Or comme d'un côté, l'accusateur donne à ces choses un tour artificieux et malin, et que de l'autre, l'accusé doit se mettre à couvert du soupçon, il s'ensuit qu'ils doivent narrer tout différemment l'un de l'autre. Mais dira-t-on, il y a des arguments qui n'ont de force, qu'autant qu'ils sont soutenus d'une foule d'autres, et qui détachés, comme ils sont dans la narration, deviennent si foibles, qu'ils ne peuvent faire aucune impression sur l'esprit des Juges. Je réponds que cela regarde la maniere de narrer, et non la question que nous examinons présentement, s'il faut narrer. En effet, qui empêche d'entasser arguments sur arguments dans l'exposition, si on le juge nécessaire? Qui empêche que du moins on ne promette de dire ailleurs, ce que l'on ne trouve pas à propos de dire ici? Qui empêche enfin de partager la narration en plusieurs parties; de prouver chacune d'elles à mesure qu'on la propose, et de passer ainsi de l'une à l'autre? car je ne suis point de l'avis de ceux qui croient qu'il faut toujours raconter les faits dans le même ordre qu'ils sont arrivés. La bonne maniere, selon moi, est celle qui convient le mieux au sujet que l'on traite. On y peut même employer plusieurs figures. Tantôt nous feignons qu'une chose nous est échappée, pour avoir lieu de la dire plus à propos. Nous assurons en même-temps les Juges que nous reprendrons le fil de notre discours, et que la cause en sera plus intelligible ; tantôt après avoir exposé toute l'affaire, nous revenons aux motifs qui en ont été le principe. Car encore une fois il ne faut pas croire que l'art de se défendre, soit renfermé dans une regle invariable et unique. Il faut s'accommoder à la nature de la cause et aux circonstances. Il en est comme d'une plaie, dont on hâte plus ou moins la cure, selon l'état et l'exigence du mal.

Je ne désapprouve pas même que l'on narre plusieurs fois. Cicéron l'a pratiqué dans l'oraison pour Cluentius, et je le crois non-seulement permis, mais quelquefois même nécessaire ; par exemple, dans les causes de péculat, et dans toutes celles qui sont composées. Car de pousser le scrupule jusqu'à vouloir s'assujettir aux préceptes contre le bien de la cause, c'est une folie. En effet, pourquoi la narration va-t-elle devant la preuve ? N'est-ce pas afin que les Juges sachent de quoi il est question ? Supposé donc que chaque point mérite d'être prouvé ou réfuté, pourquoi ne l'exposera-t-on pas auparavant ? Si l'on compte mon expérience pour quelque chose, je sais pour moi que j'en usois ainsi au barreau, et qu'en cela j'avois l'approbation non-seulement des Juges, mais de toutes les personnes éclairées. On sait même que lorsque nous travaillions plusieurs à une même cause, j'étois celui que l'on chargeoit ordinairement du soin d'établir l'état de la cause (1). Ceux de mon temps en peuvent rendre témoignage. Je ne disconviens pas néanmoins qu'il est souvent mieux de suivre l'ordre des faits. Il seroit quelquefois même ridicule de le changer, comme si en parlant d'un testament nous disions qu'il fut ouvert, et ensuite qu'il fut signé. C'est pourquoi en ces sortes de détails, si l'on a oublié ce qui doit aller devant, il n'y faut plus revenir.

Il y a aussi de certaines expositions qui sont fausses, et j'en remarque de deux sortes au barreau. Les unes sont appuyées sur des preuves que nous appellons extrin-

____

(1) Et par conséquent de la narration.

seques. Ainsi Clodius à la faveur des témoins qu'il avoit subornés, soutenoit qu'il étoit à Intéramne, la même nuit qu'on l'accusoit d'avoir commis un inceste à Rome. Les autres doivent leur vraisemblance à l'esprit et à l'industrie de l'orateur qui s'en sert tantôt pour colorer seulement certaines actions dont il est obligé de parler, tantôt aussi pour donner un tour favorable à l'affaire dont il s'agit; c'est pourquoi elles ont le nom de couleurs. Quelque usage que l'on en fasse, il faut avoir soin sur-tout que ce que l'on invente, soit de nature à pouvoir être en effet : secondement, qu'il convienne à la personne, au temps et au lieu; enfin qu'il impose par un certain enchaînement, et qu'il soit même lié à quelque chose de vrai, s'il est possible, ou du moins soutenu par des preuves tirées du fond de la cause. Car celles qui sont purement étrangeres se trahissent elles-mêmes, parce qu'il est aisé de supposer tout ce que l'on veut.

Il y a encore deux écueils à éviter, et contre lesquels on échoue souvent, quand on se permet de feindre quelques circonstances. L'un de se contredire soi-même; car il arrive que telle circonstance quadre parfaitement avec une partie du discours, laquelle ne quadre point du tout avec le discours entier. L'autre d'en allé-guer quelqu'une de contraire à ce qu'il y a de plus incontestable dans la cause. Aux écoles je ne voudrois pas que l'on cherchât jamais ces couleurs ailleurs que dans son sujet; mais soit dans les dé-clamations, soit au barreau, ce que l'o-rateur a pris une fois la liberté de sup-poser, qu'il s'en souvienne durant toute l'action; car rien n'échappe si aisément, et le proverbe est vrai, qui dit qu'un menteur doit avoir bonne mémoire. Ob-servez aussi que si c'est votre propre cause que vous défendez, il faut vous attacher à une seule supposition, pour la soutenir jusqu'au bout; au lieu que si c'est la cause d'un autre, vous pouvez jetter plusieurs soupçons dans l'esprit des Juges. [Cepend-ant dans certaines controverses ou dé-clamations des écoles, où l'on laisse la permission de ne pas répondre à toutes les choses sur lesquelles on est interrogé, on a aussi la permission de faire l'énuméra-tion de tout ce qu'on pourroit répon-dre. C.]

Mais n'allons pas dire de ces faussetés qui nous fassent pâlir à la vue d'un té-moin. Quelle sorte de choses peut-on donc supposer? Celles que nous prenons en nous‑mêmes, et dont il n'y a que nous qui sentions le faux; celles qui sont fondées sur le témoignage des morts; car ils ne sortiront pas de leurs tombeaux pour nous démentir; celles encore qui ne sont connues que des gens qui ont les mêmes intérêts que nous; car ils ne nous décéleront pas; ou qui ont des intérêts opposés, comme notre adversaire; car en vain nous accuseront-ils d'imposture, on ne les croira pas.

A l'égard de ces arguments que l'on tire des songes, et des superstitions semblables, ils ont perdu toute créance, par la facilité qu'il y a de recourir à de pareilles fraudes. Mais je le répete, que l'on ne donne point de fausses couleurs à la narration, si on ne veut les autoriser durant tout le cours de l'action. Cet avis est d'autant plus important, que l'on ne persuade certaines choses qu'à force de les opiniâtrer. Par exemple, ce parasite, qui voyant un jeune homme trois fois déshérité par un grand Seigneur, et toujours absous, s'avise de le réclamer comme son propre fils : il peut bien alléguer que la pauvreté l'a obligé d'exposer son fils; qu'ensuite pour avoir la commodité de le voir, il a fait le personnage de parasite chez ce grand Seigneur; que le

jeune

jeûne homme a été déshérité trois fois quoiqu'innocent, parce qu'en effet il n'est point
fils de celui qui le déshérite. Tout cela
est fort spécieux ; cependant si toutes ses
paroles n'expriment l'amour paternel le
plus tendre et le plus vif ; si elles ne font
sentir aux Juges la haine du grand Seigneur pour ce jeune homme, et le danger auquel il est exposé, dans une maison étrangere où il est si fort en aversion, il a beau faire, il sera toujours
suspect de fourberie.

Il arrive quelquefois que les deux parties usent du même artifice, et qu'elles
le soutiennent ensuite différemment ; ce
qui toutefois est plus ordinaire dans les
déclamations qu'au barreau, où je doute
même que cela se puisse rencontrer. Par
exemple, une femme déclare à son mari
que son beau-fils a voulu la séduire, et
qu'il lui a donné rendez-vous en un tel
lieu, à une telle heure. Le fils de son côté
accuse sa belle-mere, sans autre différence
que du temps et du lieu. Le pere trouve
son fils au rendez-vous que sa femme a
marqué. Il trouve aussi sa femme dans
le lieu dont son fils l'a averti. Il la ré-
pudie, elle le souffre sans rien dire ; il
déshérite son fils. On ne peut rien alléguer en faveur du fils, qui ne serve aussi

pour la belle-mere. Cependant tout ce qui est commun pour l'un et pour l'autre, l'orateur le dira. Mais ensuite la comparaison de la belle-mere avec le fils; l'ordre qu'ils ont gardé en s'entr'accusant; le silence de celle-là quand son mari l'a répudiée, ces considérations fourniront autant de preuves particulieres. Enfin il y a des choses qui ne peuvent recevoir aucune bonne couleur, et qu'il ne faut pas laisser de défendre; comme l'action de ce riche qui fit fustiger la statue d'un pauvre qu'il ne pouvoit souffrir. On ne peut nier que ce pauvre n'ait été outragé, et qu'il n'ait action contre le riche. Cependant celui-ci pourra échapper à la peine.

Venons maintenant à la troisieme sorte de narration, celle dont une partie est pour nous, et une partie contre. Je ne saurois dire s'il est à propos de mêler ces deux parties ensemble, ou de les séparer. C'est à la cause que nous avons entre les mains à nous l'apprendre. En effet, s'il y a plus de circonstances contre nous, qu'il n'y en a pour, celles-ci confondues avec les autres, en seront comme accablées. Je crois donc qu'en ce cas il sera mieux de les distinguer, d'exposer d'abord ce qui est à notre avantage, de l'appuyer de bonnes preuves; et pour le reste de recourir aux remedes dont il a été parlé. Si au contraire il y a plus de choses pour nous qu'il n'y en a contre, on pourra les joindre, afin que les dernieres étant placées au milieu comme troupes auxiliaires, elles en soient moins à craindre. Encore ne faudra-t-il pas les exposer toutes nues, ni les unes ni les autres ; mais de maniere que nous confirmions par quelque preuve celles qui sont à notre avantage, et que nous ôtions toute vraisemblance à celles qui nous sont contraires ; parce que si nous ne les distinguions pas, la contagion des unes pourroit nuire aux autres.

Voici quelques préceptes que l'on donne encore touchant la narration ; de ne se permettre jamais aucune digression ; de n'user ni d'apostrophe ni de ces figures remarquables comme la prosopopée, ni de ces raisonnements en forme, qui ont lieu dans la preuve ; quelques-uns ajoutent, ni de grands mouvements : préceptes qu'il faut ordinairement garder, et dont même on ne se doit jamais écarter sans une raison de nécessité, afin que la narration soit et plus claire et plus brieve.

Pour la digression, rarement se souffre-t elle ; encore doit-elle toujours être fort courte, et telle qu'il paroisse à l'auditeur que c'est la force de la passion qui nous emporte, et nous jette, pour ainsi dire, hors du droit chemin. Telle est en effet celle que nous lisons dans l'oraison pour Cluentius, ou Cicéron parlant de Sassia, qui contre toutes les loix divines et humaines, avoit porté son gendre à répudier sa femme, pour l'épouser ensuite elle-même, s'écrie de la sorte : *O crime jusqu'ici sans exemple, et que l'on ne pourroit jamais croire dans une femme, si on ne le voyoit ! Quelle incontinence, quelle fureur ! Mais quelle audace, de n'avoir pas appréhendé, sinon la colere des Dieux et l'indignation des hommes, du moins cette nuit même et ces flambeaux de l'hymen témoins de son impudicité ! de n'avoir pas rougi à la vue de cette chambre, de ce lit, de ces murs mêmes qui lui rappelloient le souvenir des chastes amours de sa fille !*

L'apostrophe est fort propre pour indiquer une chose en peu de paroles, et pour reprendre une personne avec vivacité. Ce que j'ai donc dit de cette figure au sujet de l'exorde, il faut l'appliquer à la narration, et de même ce que j'ai dit de la prosopopée. Non-seulement Servius Sulpitius s'est servi de celle-ci dans la cause d'Aufidia, *Est-ce assoupissement ou léthargie*, mais encore Cicéron dans un de ses plaidoyers contre Verrès. Car c'est aussi une exposition que cet entretien qu'il fait tenir à un officier de Verrès, avec la mere d'un malheureux qui étoit injustement détenu en prison : *Voulez-vous avoir la liberté de voir votre fils ? vous me donnerez tant*, etc. Dans la défense de Cluentius ne fait-il pas discourir Stalénus avec Bulbus ; et ne sentons-nous pas que cette conversation donne un air de vérité à tout ce qu'il raconte ? De crainte même qu'on ne l'accuse d'en avoir usé ainsi sans beaucoup de réflexion, ce qui pourtant n'est pas croyable d'un homme comme lui, voici comme il s'explique dans ses partitions. *Que la narration*, dit-il, *ait de la douceur ; qu'elle cause de la surprise ; qu'elle tienne l'esprit en suspens ; qu'elle soit mêlée de dialogues, et remplie de sentiments.*

Je l'ai déjà dit, nous n'argumenterons jamais en faisant un récit, mais nous ne laisserons pas d'y insérer quelque argument ; comme lorsque le même orateur parlant pour Ligarius, dit qu'il s'étoit comporté dans sa province, de maniere que la paix lui devoit être avantageuse. On pourra aussi à mesure que l'on expose un fait, en rendre raison ; et le justifier

D 3

en peu de mots ; car il ne faut pas raconter en témoin, mais en orateur. *Quintus Ligarius partit avec C. Considius pour l'Afrique.* Voilà simplement le fait. Comment Cicéron le tourne-t-il ? *Q. Ligarius, lorsqu'il n'y avoit encore nul soupçon de guerre, partit pour l'Afrique.* Et dans un autre endroit : *Q. Ligarius partit de Rome, je ne dis pas seulement sans dessein de faire la guerre, mais dans un temps où il n'y avoit pas le moindre bruit, pas la moindre apparence de guerre.* Un autre se seroit contenté de dire : *Ligarius ne voulut jamais entrer dans aucune intrigue.* Cicéron dit : *Ligarius soupirant après sa maison, et plein d'impatience de revoir les siens, ne voulut jamais, etc.* De cette sorte il rend plausible tout ce qu'il raconte, par les raisons qu'il en donne ; et il touche en même-temps par le sentiment qu'il y met.

C'est pourquoi j'admire ceux qui excluent de la narration toute passion, tout mouvement. Veulent-ils dire qu'il en faut user avec retenue, et tout autrement que dans la péroraison ? S'ils ne prétendent que cela, je suis de leur avis ; car il faut éviter les longueurs. Mais du reste je ne vois pas pourquoi en instruisant les Juges, je ne songerai pas à les toucher ;

ni pourquoi si je veux emporter quelque
chose à la fin du discours, je n'essaierai
pas d'en venir à bout dès le commencement ; vu principalement que les Juges
étant une fois imbus de mes sentiments,
je leur persuaderai plus aisément ce que
je voudrai dans la preuve. Cicéron décrit le supplice d'un citoyen Romain que
Verrès avoit eu la témérité de condamner
au fouet. Sans être long, quels sentiments n'excite-t-il pas dans l'ame des
Juges, lorsqu'il expose d'un côté le genre
de supplice ; de l'autre la circonstance du
lieu, la condition, le courage même du
patient, qui au milieu des coups, n'a
recours ni aux prieres ni aux larmes, et
ne fait entendre autre chose sinon qu'il
est citoyen Romain : parole qui redou-
ble la rage de Verrès, en même-temps
qu'elle lui fait sentir son injustice ? De
quels traits ne peint-il point encore la
cruauté que Verrès exerça sur Philoda-
mus ? Quel pathétique dans tout ce récit ! Et ne tire-t-il pas les larmes des yeux,
quand il fait voir aux Juges, car on n'entend pas seulement, on voit ; quand il
fait voir, dis-je, un pere et un fils im-
molés en présence l'un de l'autre à la fureur de ce monstre ; le pere déplorant le
malheur de son fils, le fils celui de son

D 4

pere? Y a-t-il péroraison qui ait rien de plus touchant? Véritablement d'attendre à la fin d'un discours, pour attirer la compassion sur des choses que l'on vous aura vu raconter d'un œil sec, c'est s'y prendre un peu tard. Le Juge qui n'a point été attendri au récit que vous en avez fait, n'en sera guere plus touché dans la péroraison. L'esprit s'y accoutume, et quand une fois il est tourné d'une maniere, on n'en change pas aisément la disposition.

Pour moi, car je dirai librement mon sentiment, bien qu'il soit plutôt fondé sur des exemples que sur aucun précepte; pour moi, dis-je, je crois que de toutes les parties du discours la narration est celle qui veut le plus de graces et de beauté. Mais il importe beaucoup de voir quelle est la nature des faits que l'on raconte. Car dans les causes de peu de conséquence, comme sont la plupart des causes privées, il faut des graces légeres et proportionnées à la médiocrité du sujet. Les expressions qui dans un lieu commun coulent avec rapidité, et sont comme étouffées par leur propre abondance, ici doivent être extrémement choisies. Pas un mot qui ne soit propre, et qui, comme dit Zénon, ne porte la teinture et le caractere de la chose dont on parle. Un style simple en apparence, mais plein d'élégance ; des figures qui n'aient rien de poétique, qui ne tiennent point de ces hardiesses qui choquent l'usage ordinaire, et qui ne se sauvent que par l'autorité de quelques anciens. Une diction aussi pure qu'il est possible, de plus infiniment variée, afin d'obvier à l'ennui, et de récréer l'esprit. Il faut éviter ces même chûtes, ces terminaisons semblables, ces membres compassés et d'un égal nombre de syllabes, pour s'en tenir uniquement à l'élégance et à la variété ; car dans ces petits sujets, la narration n'a nulle autre parure à espérer, et si elle n'est relevée par cet agrément, il faut qu'elle rampe. Cependant un Juge n'est nulle part plus attentif, et rien de ce qui est bien dit ne lui échappe. Il arrive même, je ne sais par quel mystere de l'amour-propre, que le plaisir entraîne la persuasion, et que ce que l'auditeur a trouvé agréable, d'ordinaire il le trouve vrai.

Mais lorsqu'il s'agira d'un crime ou d'un fait plus important, il sera permis aussi de donner plus de force au tableau. On excitera la colere, l'indignation, ou la pitié des Juges, selon que le sujet le

demandera , non pour finir ces grands
mouvements, mais pour les crayonner ,
s'il faut ainsi dire, et pour tracer d'abord
une image de la chose. Je ne blâme pas
même que de temps en temps, on réveille l'attention des Juges par quelque
pensée ingénieuse, mais courte, comme
est celle-ci dans l'oraison pour Milon ,
Les esclaves de Milon firent alors, Mes-
sieurs , ce que chacun de nous voudroit
que les siens fissent en pareille occasion.
Quelquefois aussi par un trait un peu
plus hardi, *On voit une belle mere épou-*
ser son gendre sans nuls auspices , sans
assemblée de parents ; malédictions ! pré-
sages funestes de tous côtés !

Si l'on en usoit ainsi dans ces temps
mêmes, où les jugements tenoient encore quelque chose de leur premiere
austérité, et où l'art oratoire avoit en
vue le bien de la cause, beaucoup plus
que l'ostentation ; à combien plus forte
raison cela se doit il pratiquer aujour-
d'hui, que l'amour du plaisir s'est débordé
jusques dans les causes les plus sérieuses, où il ne s'agit rien moins que de la
vie et de la fortune des hommes. Je dirai
ailleurs jusqu'à quel point on doit ménager le goût de notre siecle. Cependant
ayons pour lui quelque indulgence ; c'est
mon sentiment.

Il sert encore infiniment de savoir aider ce qu'il y a de vrai dans un récit,
par quelque image sensible qui mette la
chose devant les yeux, et semble en faire
plutôt un spectacle, qu'une narration.
Telle est cette peinture que Célius fait
d'Antoine : *Ils le trouverent, oserai-je dire*
en quel état ? Figurez - vous, Messieurs,
un homme ivre, plongé dans un profond
sommeil, qui par de sales soupirs exhale les
les vapeurs du vin dont il est suffoqué ; des
femmes livrées à ses débauches, les unes
couchées sur des lits avec la modestie qu'on
peut penser, les autres étendues çà et là,
comme le vin et le hazard ont voulu. Au
bruit et à l'approche des ennemis ces fem-
mes se réveillent, la peur les saisit, elles
sont plus mortes que vives. Toutes vont
chercher du secours auprès de leur héros.
L'une l'appelle par son nom, l'autre le tire
du lit ; celle-ci le flatte, celle-là lui fait de
la douleur. Enfin il s'éveille, il jette les
yeux sur ces femmes ; lui qui les devoit
si bien connoître, n'en distingue pas une ;
la plus proche reçoit ses embrassements et
ses caresses : on ne sait s'il dort ou s'il
veille. En cet état, Messieurs, il est porté
entre les mains des Centurions et de ses
concubines. Voilà des traits aussi natu-
rels, aussi marqués, aussi forts qu'il y
en ait. D 6

Je ne dois pas omettre que rien ne donne tant de créance à un récit, que l'autorité de celui qui le fait; et cette autorité nous la devons mériter certainement par des mœurs irréprochables, mais aussi par notre maniere de narrer. Plus elle sera grave et sérieuse, plus elle aura de poids. Evitons donc tout ce qui sent la duplicité. Les Juges toujours défiants, le sont particulierement ici. Qu'il ne paroisse rien d'inventé, rien d'affecté : que tout semble naître de la cause, plutôt que de notre artifice. Mais c'est à quoi l'on pense peu aujourd'hui; on s'imagine que l'art manque, s'il ne saute aux yeux. Pour moi au contraire, je tiens qu'il cesse, au moment qu'il devient si remarquable. Nous ne songeons le plus souvent qu'à satisfaire notre vanité, et tout se rapporte là; d'où il arrive qu'en voulant plaire à l'auditeur, nous devenons suspects aux Juges.

Il y a une exposition réitérée plus connue des déclamateurs, qu'elle ne l'est au barreau. C'est une seconde narration dont on se sert, pour conserver à la premiere sa briéveté, et cependant pour donner aux choses l'ornement et l'étendue qu'elles demandent, soit qu'on les veuille rendre plus lamentables ou plus odieuses. Je crois qu'il en faut user rarement, et qu'il n'est jamais à propos de redonner toute la suite d'une affaire : il suffit d'en reprendre quelques endroits; encore faut il que l'orateur n'ait fait que la proposer en gros, avec promesse de la raconter ailleurs plus au long.

Quelques rhéteurs conseillent de commencer la narration par un portrait de la personne; si nous sommes dans ses intérêts, de l'embellir; et si nous sommes contre, de le charger. J'avoue que cette maniere est très-ordinaire, parce qu'une affaire civile ou criminelle ne peut être qu'entre des personnes. Mais pourquoi ne pas s'attacher aux circonstances et aux accidents, si on le juge à propos ? *A. Cluentius, Messieurs, étoit pere de celui pour qui je plaide. On sait assez que c'étoit un homme, le plus considérable non-seulement de la ville de Larinum, mais de tout le pays et des environs, en naissance, en réputation, et en vertu.* Pourquoi ne pas commencer tout simplement ? *Q. Ligarius, dans un temps où il n'y avoit encore nulle disposition à la guerre, partit pour l'Afrique* Ou bien par le fait, *M. Tullius, a dans le canton de Tigur une terre qui a été possédée par ses peres, ect.* Ou par la circonstance du temps; *la guerre s'étant allumée contre les Phocéens,* etc.

On demande où doit finir la narration, et c'est un sujet de dispute avec ceux qui veulent, qu'on la conduise jusqu'au point contesté entre les parties; comme ici, *Les choses en cet état, Messieurs, le préteur Dolabella défendit les voies de fait à tous gens armés; l'arrêt portoit en général et sans nulle exception.* Quiconque aura usé de violence pour chasser quelqu'un du lieu où il étoit, qu'il ait premierement à l'y rétablir. *Cecinna a souffert cette violence; Ebutius dit l'avoir rétabli: l'un et l'autre ont consigné. Voilà, Messieurs, sur quoi vous devez porter votre jugement.* Je crois pour moi, que le demandeur peut toujours suivre cette méthode, mais non le défendeur.

CHAPITRE III.

De la Digression.

LA confirmation se présente d'elle-même après la narration, car on n'avance un fait que pour le prouver; cependant je vois que beaucoup d'orateurs en usent autrement. Ont-ils exposé l'ordre des choses, ils se jettent aussi-tôt dans un lieu commun, qu'ils traitent avec le plus de pompe et d'éloquence qu'il leur est pos-

sible : coutume qui a passé de la déclamation au barreau, depuis que nos orateurs se sont avisés de préférer leur propre gloire à l'intérêt des parties. Ils craignent, je m'imagine, que l'apreté des
preuves, succédant au style modeste et
serré de la narration, ne diffère trop long-
temps ce qui peut causer du plaisir à l'auditeur, et ne fasse languir le discours.

Le défaut que j'y trouve, c'est d'observer cette pratique, indifféremment en
toute sorte de causes, comme s'il étoit
toujours expédient ou même nécessaire.
En effet pour entasser ici pensées sur pensées, ils en détachent des autres endroits,
au hazard de se copier ailleurs, ou de
ne point dire les choses à leur place.
J'avoue que ces digressions, quand le
sujet les demande ou qu'il les souffre,
ne viennent pas mal à la suite non-seulement de la narration, mais aussi des
questions soit générales, soit particuliè-
res. J'y veux seulement une condition,
qu'elles naissent du sujet, qu'on ne les
y fasse pas entrer de force, et que loin
de rompre la liaison qu'il doit y avoir
entre deux parties qui se suivent, elles
en soient elles-mêmes le nœud. Rien en
effet ne suit si bien que la preuve après
la narration, à moins que ce petit écart

ne puisse être regardé, comme la fin de l'un et le commencement de l'autre. Il pourra donc avoir lieu quelquefois; par exemple, lorsque le récit d'un crime redoublant d'horreur sur la fin, nous en sortons par un mouvement d'indignation, qui nous échappe comme malgré nous; encore faut-il que le crime ne souffre aucun doute. Car avant que de le faire trouver énorme, il faut commencer par le faire trouver vrai; autrement son énormité même favorise le coupable, par la raison que tout crime extraordinaire fonde une présomption en faveur de l'accusé. Par exemple encore, si à l'occasion des services que vous avez rendus à votre adversaire, et dont vous n'avez pu vous dispenser de toucher quelque chose dans la narration, vous vous déchaînez contre son ingratitude; ou lorsqu'après avoir exposé quantité de mauvaises actions, vous faites voir combien les conséquences en sont dangereuses. Mais il faut revenir incontinent à son sujet; car le Juge si-tôt qu'il est instruit du fait, cherche la preuve, et brûle de savoir à quoi s'en tenir. Il est même à craindre, qu'occupé d'un nouvel objet, et fatigué par des longueurs inutiles, il ne perde l'affaire de vue, et n'ait de la peine à se la rappeller.

Mais comme la digression n'est pas toujours nécessaire après la narration, aussi est-il ordinairement très-utile de préparer les esprits, avant que d'entrer dans le fond d'une question; sur-tout si elle est de nature à les révolter d'abord contre nous; comme lorsque nous demandons le sang et la mort de quelqu'un, ou que nous soutenons une loi trop rigoureuse. Cette précaution est une espece de second exorde, qui sert à faire agréer nos preuves, et que l'on pourra pousser avec d'autant plus de véhémence et de liberté, que l'on parle à des personnes qui sont déjà instruites. Nous userons donc de cette précaution comme d'un lénitif, pour rendre plus supportable ce que nous avons à dire aux Juges, de crainte qu'ils ne se soulevent intérieurement contre la rigueur de notre droit; car nous avons beau faire, nous ne les persuaderons pas malgré qu'ils en aient. Mais on examinera auparavant quel est leur génie; s'ils sont amis de l'équité naturelle, ou rigides observateurs de la loi; parce que selon cette différence nous les ménagerons plus ou moins. La même chose au reste pourra servir aussi d'épilogue après chaque question.

Il y a, comme j'ai dit, plusieurs sortes

de digressions qui peuvent être différemment répandues dans une même piece ; par exemple, la louange des personnes, ou de certains lieux devenus célebres ; la description d'un pays ; le récit d'une aventure, soit vraie, soit fabuleuse. Tels sont dans les Verrines, cette agréable peinture de la Sicile, et l'enlévement de Proserpine. Tel encore dans la défense de L. Cornelius, ce bel éloge de Pompée, si capable de lui gagner les cœurs ; éloge où Cicéron, comme entraîné par le nom du grand Pompée, et forcé de suspendre son discours, va se perdre si heureusement, comme s'il eût plaidé, non pour Cornelius, mais pour Pompée même.

La digression, pour la définir, est, autant que j'en puis juger, une partie ajoutée contre l'ordre naturel du discours, laquelle traite un point étranger, mais néanmoins utile à la cause. C'est pourquoi je ne vois pas qu'il y ait plus de raison à lui assigner sa place immédiatement après la narration, qu'à vouloir déterminer son objet ; vu qu'il y a tant de manieres de s'écarter du droit chemin. En effet tout ce qui se dit hors des cinq parties qui composent un plaidoyer, est à proprement parler digression. Exciter la haine, l'indignation, la pitié ; s'excuser, flatter, s'insinuer, faire des reproches, ou répondre à ceux que l'on nous fait : tout ce qui sort de la question, exagérer, diminuer, toucher par quelque mouvement que ce soit, tout cela, dis je, est digression. Et beaucoup plus encore, ces lieux communs, qui font souvent le plus bel ornement d'une piece d'éloquence, lorsque nous discourons sur l'avarice, sur la débauche, sur la religion, sur les devoirs de la société ; bien que ces lieux par le rapport et la juste liaison qu'ils ont avec nos preuves, ne semblent pas sortir du sujet.

Mais combien de choses y insere-t-on, qui en sont entierement détachées, et dont la fin est de délasser, d'avertir, de flatter, de gagner les Juges ? Il y en a une infinité de cette nature ; les unes sont méditées, et le hazard fait naître les autres, quand il arrive quelque accident inopiné durant l'action, ou que l'on interrompt l'orateur, ou que l'audience est troublée par quelque désordre. C'est ainsi que dans la cause de Milon, Cicéron fut obligé de s'écarter dès l'exorde, comme il paroît par le plaidoyer qu'il prononça. Au reste la digression pourra durer plus long-temps, si on s'en sert à l'entrée d'une question, ou à la fin d'une preuve,

pour lui donner plus de force et d'autorité.
Mais si l'on s'échappe au milieu de l'une
ou de l'autre, il faut revenir aussi-tôt.

CHAPITRE IV.

De la Proposition.

IL y en a qui mettent la proposition
après la narration, comme une partie du
genre judiciaire, et c'est un sentiment
que nous avons déjà réfuté. Si l'on veut
savoir quel est le mien, je crois que la
proposition est ce qui fait le commencement de chaque preuve, non-seulement
quand on établit la question principale,
mais assez souvent dans chaque argument,
et sur-tout dans ceux que les Grecs appellent épichérèmes ou syllogismes. Nous
parlons présentement de celle qui ouvre
la question, je ne la crois pas toujours
nécessaire; car il y a des causes où in-
dépendamment de son secours, l'auditeur
voit si clairement ce qui est à prouver,
qu'il n'est pas besoin qu'on le lui fasse
remarquer ; sur-tout si la narration finit
où commence la question. Nous voyons
même que la narration est quelquefois
suivie d'une petite récapitulation, qui ramasse tout l'exposé en peu de mots ;

comme il se pratique à la fin des preuves. *L'affaire s'est passée, comme je vous l'ai dit, Messieurs ; celui qui avoit tendu le piége y a péri ; la force a été repoussée par la force, ou plutôt la valeur a triomphé de la témérité.*

Mais si la proposition n'est pas toujours nécessaire, il faut avouer qu'elle est quelquefois très-utile, particulierement lorsque le fait ne peut s'excuser, et que l'on prend le parti de défendre le Droit (1). Par exemple, si vous plaidez pour un homme qui ait volé le dépôt d'un particulier dans un temple, vous direz, *On nous accuse de sacrilége ; c'est à vous, Messieurs, de voir si nous sommes dans le cas.* Par là vous faites comprendre aux Juges qu'il s'agit de savoir si l'on est bien fondé à vous accuser de sacrilége, et que c'est le seul point qu'ils aient à examiner. On en usera de même dans les causes obscures ou chargées d'incidents ; non-seulement pour rendre l'affaire plus claire, mais pour déterminer les Juges. Et vous les déterminerez, si vous appuyez votre proposition de quelque chose de convainquant. *La loi porte*

______

(1) M. Gédoyn a lu avec les Editeurs, *variorum, de jure*, mais il faut lire *de fine*, et traduire : et que la question est de savoir quel nom on donnera à un crime. *C.*

en termes exprès, que tout étranger qui monte sur les murs de la Ville, est digne de mort. Il est certain que vous êtes étranger. Or que vous ayez monté sur le mur de la Ville, le fait est si notoire, qu'il ne tombe seulement pas en question. Que reste-t-il donc qu'à vous faire votre procès ? En effet cette maniere ôte tout faux-fuyant à l'accusé. Elle presse les Juges et décide la question en même temps qu'elle la propose.

Comme il y a des propositions qui sont simples, il y en a de composées, et même de bien des sortes. Tantôt on propose plusieurs chefs d'accusation ensemble, comme lorsque Socrate fut accusé de corrompre la jeunesse, et d'introduire de nouvelles superstitions. Tantôt en détaillant une même accusation, on la multiplie. Ainsi Eschine, à qui l'on reprochoit d'avoir prévariqué dans son ambassade, est accusé par Démosthene de mensonge et d'imposture; de n'avoir rien fait de ce qui lui étoit prescrit; d'avoir différé son retour contre les ordres de la République; enfin de s'être laissé corrompre par Philippe. Le défendeur de son côté pourra suivre aussi la même méthode. Par exemple, à un homme qui le poursuivra en justice pour une dette, il dira : *C'est à tort que vous me demandez cette somme ; car premierement vous n'avez pu recevoir procuration de ma partie, ni elle n'a pu vous la donner. En second lieu, vous n'êtes point héritier de celui de qui vous dites que j'ai emprunté. Troisiemement, je ne lui devois rien.* On peut multiplier ces propositions tant que l'on veut, mais il suffit de celles qui expliquent le fait. Si chacune d'elles est énoncée séparément, et que la preuve suive aussi-tôt, ce seront plusieurs propositions ; et si on les rassemble, ce sera une division qui partagera le plaidoyer en autant de points.

Il y a des propositions qui sont pour ainsi dire toutes nues. Elles ont lieu principalement dans les affaires de conjectures. *J'accuse un tel de meurtre, de larcin, etc.* Il y en a d'autres qui joignent la preuve au fait : par exemple, *Je dis, Messieurs, que Cornélius a blessé la majesté de sa charge, en ce qu'étant Tribun du peuple, lui-même* (1) *a lu en pleine assemblée, la loi qu'il vouloit établir.* Tantôt la proposition se fait en notre nom ; *Je dis, Messieurs, qu'un tel est coupable d'adultere :* tantôt au nom de la partie adverse, *On m'accuse d'adultere ;* et tantôt au nom

____

(1) C'étoit au Crieur public à lire la loi, et non au Tribun.

des deux, *Nous plaidons un tel et moi au sujet d'une succession : il s'agit qui de nous deux étoit plus proche parent d'un tel qui est mort sans tester.* Quelquefois aussi on oppose l'un à l'autre : *L'adverse partie dit que, etc. et moi je soutiens que,* etc. Enfin il y a une sorte de proposition que l'on peut appeller tacite, parce que ce n'est pas une proposition dans les formes, et qu'elle a néanmoins la même force ; comme, lorsqu'après avoir exposé une affaire, on finit de la sorte ; *Sur quoi, vous avez à prononcer.* Car ces mots sont comme un trait qui frappe le Juge, qui le réveille, et lui fait sentir que l'orateur étant sur le point d'entrer dans le fond des preuves, a besoin d'un renouvellement d'attention.

CHAPITRE V.

De la Division.

La division est un assemblage de propositions disposées avec méthode, soit les nôtres, soit celles de la partie adverse, soit les unes et les autres ensemble. Quelques-uns croient qu'il s'en faut toujours servir, parce que la cause en est plus claire, et le Juge non-seulement

plus

plus attentif, mais plus docile, lorsqu'il sait et de quoi on lui parle, et de quoi on lui doit parler ensuite. D'autres au contraire soutiennent que l'usage en est dangereux pour deux raisons ; la premiere que l'on ne se souvient pas toujours des choses que l'on a promis de traiter ; la seconde qu'il s'en peut présenter d'autres ausquelles on n'a pas pensé dans la division. Pour moi je crois que cela ne peut arriver qu'à un homme, ou qui est entierement dépourvu d'esprit, ou qui a la témérité de plaider sur-le-champ, et sans aucune préparation. Pour tout autre, je ne vois rien qui éclaircisse une matiere comme une division bien juste. C'est un moyen que la nature nous suggere elle-même ; en sorte que rien n'aide tant la mémoire que de ne point quitter la route que l'on s'est proposé de tenir en parlant. C'est pourquoi je ne puis approuver ceux qui trouvent à redire que l'on partage un discours en plus de trois points. Il est vrai que quand on les multiplie trop, ils échappent à la mémoire des Juges, et troublent leur attention. Mais aussi ne faut-il pas nous assujettir au nombre de trois, comme si c'étoit une regle inviolable, sans considérer que la cause en demande quelquefois davantage.

Tome II.   E

Cependant il y a des raisons encore plus fortes pour ne pas toujours user de la division; car un discours qui paroît ne rien avoir d'étudié, fait souvent plus de plaisir à l'auditeur; et c'est ce que n'a point la division, qui sent toujours l'étude et le cabinet. De-là vient que ces figures sont si bien reçues. *J'oubliois, Messieurs, à vous dire, etc. Je ne songeois pas que, etc. Vous m'avertissez fort à propos, etc.* Au contraire si vous annoncez vos preuves, vous leur ôtez toute la grace de la nouveauté. En second lieu, la ruse est quelquefois nécessaire. Nous sommes obligés de tromper les Juges, et de leur mettre un bandeau sur les yeux pour empêcher qu'ils ne découvrent notre dessein; car il y a des propositions qui leur semblent dures. D'aussi loin qu'ils les voient venir, ils s'allarment et souffrent à-peu-près comme un malade à qui l'on doit faire une opération, et qui apperçoit le fer dont on se va servir; au lieu que si vous ne leur donnez pas le temps de se reconnoître, vous emportez leurs suffrages d'emblée, s'il faut ainsi dire. Troisiemement, il y a des occasions où l'on doit éviter non - seulement de distinguer les questions, mais même de les traiter; alors un beau désordre est préférable à l'arrangement. Il faut jetter le trouble dans l'ame de l'auditeur par le moyen des passions, et distraire les Juges de leur attention.

Ne sait-on pas en effet que si le devoir de l'orateur est d'instruire, le dernier effort de l'éloquence est de toucher? Or il n'est rien qui y soit si contraire, que cette exacte et scrupuleuse anatomie des parties d'un discours, dans le temps qu'il faut comme aveugler les Juges, et leur ôter toute présence d'esprit. Ajoutez que bien des choses sont foibles d'elles-mêmes, qui deviennent considérables par le nombre et la multitude. Ainsi loin de les diviser, il faut les ramasser à l'exemple d'un général qui fait irruption avec toutes ses troupes : maniere toutefois dont il se faut servir rarement et seulement dans la nécessité, lorsque par raison nous sommes obligés d'agir en quelque façon contre la raison. Enfin dans une division il y a toujours un point qui est plus fort et plus digne de considération que les autres. Le Juge l'a-t-il entendu ? À peine daigne-t-il écouter le reste. Et c'est encore un inconvénient à quoi il faut prendre garde.

Pour conclusion, quand nous aurons plusieurs crimes à objecter ou à réfuter, la division sera non-seulement utile, mais agréable ; parce que l'auditeur est bien aise alors de voir l'ordre que nous devons tenir. Mais où il ne s'agit que d'un seul chef, bien qu'il y ait différentes manieres de le traiter, je crois la division inutile ; par exemple, celle-ci, *Je vous montrerai, Messieurs, premierement, que celui pour qui je parle n'est pas capable d'avoir tué un homme ; secondement, qu'il n'a eu nulle raison de le tuer : troisiemement, je vous ferai voir que dans le temps que ce meurtre est arrivé, ma partie étoit de-là la mer.* En effet tout ce que vous direz avant le troisieme point doit paroître inutile. Le Juge pressé de vous voir venir à ce qu'il y a de plus important, s'il est honnête et patient, se contentera de murmurer intérieurement contre vous, comme si vous ne teniez pas ce que vous lui avez promis ; et s'il n'a pas de temps à perdre, ou que sa dignité le mette au-dessus des ménagements, ou qu'il soit d'une humeur chagrine, il vous obligera de venir à la difficulté, et vous y obligera d'une maniere désagréable.

C'est pourquoi on a critiqué cette division de Cicéron dans l'oraison pour Cluentius : *Je me propose, Messieurs, de vous montrer en premier lieu, que jamais homme n'a été accusé de crimes si énormes qu'Oppianicus, ni par des témoins si dignes de foi : secondement, que les préjugés que l'on a contre lui, sont de telle nature, qu'il n'y a point de juges qui le puissent absoudre* (1) *: troisiemement enfin, que si les Juges ont été sollicités de se laisser corrompre, ce n'a point été par Cluentius, mais contre Cluentius.* Aussi à dire le vrai, il n'étoit pas besoin des deux premieres propositions, si l'orateur avoit des preuves de la troisieme. Mais si cette division n'est pas bonne, il faut avouer que celle dont il se sert dans la cause de Muréna est parfaitement juste, lorsqu'il partage ainsi son discours : *Il me paroît, Messieurs, que tout ce que l'on vous a dit contre ma partie, se réduit à trois chefs : On a attaqué Murena, premierement sur ses mœurs ; secondement, sur la charge qu'il a été obligé de disputer avec ses concurrents : troisiemement, sur la brigue qu'on l'accuse d'avoir faite pour obtenir cette charge. C'est, Messieurs, à quoi je vais répondre.* De cette maniere l'orateur explique nettement toute la cause, et on ne peut pas dire qu'un point soit rendu inutile par l'autre.

(1) *C'est :* les préjugés *ou* les jugements préliminaires ont été rendus par les mêmes juges, qui l'ont condamné définitivement, *ou* par un arrêt définitif. *C.*

E 3

Voici une autre sorte de division qui n'est pas du goût de bien des gens. *Si je l'ai tué, je n'ai rien fait que je n'aie pu faire ; mais je ne l'ai pas tué.* A quoi sert, disent-ils, la première proposition, si la seconde est vraie ? Ne se nuisent-elles pas l'une à l'autre ? Et qui les avance toutes deux ne mérite-t-il pas de n'être cru ni en l'une ni en l'autre ? Ils ont quelque raison ; et supposé que la derniere proposition soit indubitable, il faut s'en contenter. Mais si la plus sûre ne l'est pas tellement que nous n'ayons lieu de craindre pour elle, on ne fera pas mal de les employer toutes deux. Celle qui n'aura pas touché un Juge, pourra toucher l'autre. Tel croira le fait, qui nous excusera sur le droit ; et tel nous condamnera sur le droit, qui peut-être nous fera grace sur le fait. Ainsi à un homme qui a la main bonne, un seul trait suffit pour frapper le but ; et qui ne l'a pas sûre, aura besoin d'en jetter plusieurs, afin que le hazard s'en mêle. Cicéron s'y prend encore mieux dans la défense de Milon, lorsqu'il établit en premier lieu que Clodius a été l'agresseur ; et ensuite que quand même cela ne seroit pas, il ne pourroit être que glorieux à Milon d'avoir délivré Rome d'un si méchant citoyen ; ce qu'il ajoute comme par surabondance de droit.

Cè n'est pas que je blâme la premiere de ces deux manieres. En présentant d'abord ce qu'il y a de plus difficile à persuader, au moins sert-elle à faire passer plus aisément ce qui suit. Et ce n'est pas sans raison que l'on dit communément, qu'il faut demander plus que justice, pour avoir ce qui est de justice.

Que l'on ne s'imagine pas néanmoins qu'il soit permis de tout entreprendre. Les rhéteurs Grecs nous donnent un précepte fort sage, de ne jamais tenter l'impossible. Mais toutes les fois que l'on emploiera la sorte de division dont je parle, il faut se conduire de maniere, que la premiere partie dispose l'auditeur à la seconde, et que celle-ci soit rendue plus croyable par celle-là. Ainsi qui pourroit confesser un crime en toute sureté, ne sera pas soupçonné de mensonge en le niant. Mais si l'orateur s'apperçoit que les Juges desirent une autre preuve que celle qu'il traite, il ne doit pas manquer de les assurer qu'ils seront bientôt pleinement satisfaits, sur-tout s'il s'agit de ces choses dont naturellement on a honte de parler. Car souvent une cause est toute juste, qui n'en est pas moins odieuse. Les Juges alors ne prêtent leur attention qu'à regret. Il faut donc les avertir sans cesse que l'on répondra à tout ; que l'accusé n'a rien fait ni contre la justice ni contre l'honneur ; qu'ils se donnent un moment de patience, et qu'ils en seront eux-mêmes convaincus.

Tantôt l'orateur feindra que s'il dit certaines choses, c'est contre la volonté des personnes pour qui il parle, à l'exemple de Cicéron dans l'oraison pour Cluentius. [Touchant la loi portée par Sempronius sur les devoirs des Juges. *C.*] Tantôt comme si elles - mêmes l'interrompoient, il s'arrêtera et changera de discours. Quelquefois il leur adressera la parole, et les priera de trouver bon qu'il dise tout ce qu'il jugera à propos pour leur défense. Par-là il s'insinuera dans l'esprit des Juges, et l'espérance qu'ils auront que l'on mettra à couvert l'honneur de l'accusé, les rendra plus traitables sur le point essentiel. Ce point une fois emporté, ce qui regarde l'honneur passera aussi plus aisément. De la sorte ces deux parties s'aideront mutuellement l'une l'autre. Le Juge rassuré sur le point d'honneur, sera plus attentif à la question de droit ; et le droit bien établi, le disposera à penser mieux du fait, qu'il croyoit du moins peu honorable à l'accusé.

Comme donc la division n'est pas toujours nécessaire, et qu'elle est même quelquefois très inutile, aussi en tire-t-on de grands avantages, quand on s'en sert à propos. Non-seulement elle contribue à la clarté du discours, par le secret qu'elle a de démêler les principales questions, pour en faire tout l'objet de l'attention des Juges ; mais elle délasse encore l'auditeur par la fin déterminée de chacune de ses parties. C'est ainsi qu'un voyageur respire et se sent soulagé à mesure qu'il trouve sur sa route ces bornes (1) qui servent à marquer nos lieues. Car il n'y a personne qui ne prenne un secret plaisir à mesurer la fatigue qu'il a essuyée, et qui ne soit animé d'un nouveau courage, lorsqu'il sait au juste celle qui lui reste encore à essuyer ; par la raison que rien de tout ce qui a une fin certaine, ne doit paroître excessivement long. C'est donc avec justice que l'on a su gré à Hortensius d'être fort soigneux de la division ; bien que sa maniere de compter les points de son discours par ses doigts,

____

(1) C'est pour cela que nous lisons dans les Historiens *ad primum ab urbe lapidem ; ad secundum, ad tertium*, etc.

E 5

ait plus d'une fois donné matiere de rire à Cicéron. En effet il faut tenir un milieu, et l'on doit sur-tout éviter ces divisions qui coupent un discours en tant d'articles ; ce n'est plus en distinguer les parties, c'est le mettre en pieces et l'affoiblir. Un orateur qui cherche à plaire par-là, pour faire paroître plus d'esprit et de subtilité, a souvent recours à des distinctions frivoles, et divise ce qui de soi est un et indivisible. Il ne multiplie pas tant les objets qu'il les appetisse ; et à force de diviser sa matiere, il retombe dans la même obscurité dont la division le devoit garantir.

Toute division, quand on jugera à propos de s'en servir doit premierement être claire et intelligible. Car je ne vois rien de moins pardonnable que d'être obscur dans la partie même du discours, destinée à répandre du jour et de la clarté sur le reste de l'ouvrage. En second lieu, il faut qu'elle soit courte, et qu'elle ne soit chargée d'aucun mot inutile. Il ne s'agit pas ici d'entrer dans le fond des choses, mais seulement de les indiquer. Il faut enfin que la division n'ait ni plus ni moins d'étendue qu'elle n'en doit avoir. Elle péche par en avoir trop, lorsqu'elle embrasse l'espece, pouvant se borner au genre ; ou lorsqu'ayant désigné le genre, elle vient ensuite à l'espece : Par exemple, *Je vous parlerai, Messieurs, de la Vertu, de la Justice, et de la Tempérance.* Je dis que cette division est vicieuse, parce que la Justice et la Tempérance sont des especes, par rapport à la vertu qui est le genre. La division la plus naturelle est celle-ci, *ce qu'il y a de certain et ce qu'il y de douteux dans la cause. Sur le premier chef, ce qui est avoué de nous, et ce qui est avoué de la partie adverse. Sur le second, quelles sont nos raisons, et quelles sont celles de l'adversaire ?* Mais je dois faire observer que c'est une faute des plus lourdes, que de ne pas exécuter son dessein dans le même ordre qu'il a été proposé.

LIVRE CINQUIEME.

AVANT-PROPOS.

De célebres auteurs ont cru que le seul devoir de l'orateur étoit d'instruire, et que tout ce qui s'appelle sentiment et passion devoit lui être interdit pour deux raisons : la premiere, parce que tout ce qui trouble l'ame est vice et désordre ; la seconde, parce qu'il n'est pas permis de jetter les Juges hors des voies de la justice et de la vérité, par l'impression de la crainte, de la pitié, de la colere, ou de mouvements semblables ; et que c'est une chose non-seulement inutile, mais même indigne de l'homme, que de s'embarasser du soin de plaire, où il n'est question que d'avoir gain de cause. D'autres, et en plus grand nombre sans doute, bien éloignés de vouloir ôter à l'orateur ces deux avantages, ont néanmoins regardé comme son principal devoir, de bien établir ce qu'il avance, et de réfuter les raisons contraires.

Quoi qu'il en soit de ces deux senti-ments, car il ne s'agit pas maintenant d'en décider, ce livre-ci sera dans l'un et dans l'autre, jugé infailliblement très-nécessaire, puisqu'il est uniquement des-tiné à traiter de la preuve et de la réfu-tation. A quoi même se doit rapporter tout ce que j'ai dit des actions du barreau dans les livres précédents. Car ni l'exorde ni la narration n'ont d'autre usage, que de préparer les Juges à la preuve. En vain aussi aura-t-on fait ses réflexions sur l'état de la cause et sur les autres points dont j'ai parlé, si ce n'est en vue de prou-ver solidement sa proposition. En un mot, des cinq parties que j'ai dit qui compo-sent un plaidoyer, nulle autre n'est telle-ment essentielle, que l'on ne s'en puisse quelquefois passer. Celle-ci seule tient in-dispensablement sa place, parce que tout procès a besoin de preuves. Parlons donc de cette importante partie, et pour le faire avec ordre, commençons par les pré-ceptes généraux : nous viendrons ensuite à ceux qui regardent chaque genre de causes en particulier.

CHAPITRE I.

Des différentes sortes de preuves.

ARISTOTE distingue en premier lieu deux sortes de preuves, en quoi il a été suivi presque généralement de tous ceux qui ont écrit après lui. Il dit donc qu'il y a des preuves que l'orateur prend hors de son sujet, et même hors de la rhétorique; d'autres qu'il tire de son sujet, ou pour mieux dire de son propre fond; c'est pourquoi il appelle celles-ci des preuves artificielles, et celles-là des preuves sans art ou indépendantes de l'art. Du nombre de ces dernieres sont les préjugés, les bruits, la question que l'on donne aux criminels, les pieces, le serment, et les témoins; (ἐντέχνυς, ἀτέχνυς.) toutes choses qui font la matiere de la plupart des procès.

Mais quoique ces preuves par elles-mêmes ne tiennent rien de l'art, souvent pourtant on est obligé de les combattre, ou de les soutenir avec toutes les forces de l'éloquence. D'où l'on peut juger si l'on a raison de dire qu'elles n'ont pas besoin de préceptes. Ce n'est pas que j'aie dessein d'embrasser ici tout ce que l'on peut alléguer pour et contre ces preuves. Ce sont des lieux communs dont je n'ai pas prétendu grossir mon ouvrage. Je ne veux qu'enseigner la maniere de les traiter, afin que chacun travaille ensuite de lui-même, non-seulement en suivant dans l'exécution les regles que je propose ; mais en tâchant de s'en faire d'autres sur le même modele, selon que la qualité des affaires le demandera ; car il n'est pas possible de faire mention de toutes les causes, même de celles dont nous avons connoissance, pour ne rien dire de tant d'autres qui se peuvent encore présenter.

CHAPITRE II.

Des Préjugés.

Il y a trois sortes de préjugés : les uns sont fondés sur des choses qui ont déja été réglées en des cas tout pareils, comme des testaments de peres contre les enfants, lesquels testaments ont été confirmés ou cassés ; et alors j'aimerois mieux les appeller des exemples que des préjugés : les autres sur des jugements qui ont précédé, et qui ont du rapport à la cause présente, d'où vient proprement le mot de préjugé. Tels étoient les préjugés contre Oppianicus, desquels il est parlé dans l'oraison de Cicéron pour Cluentius : tels encore ceux dont les ennemis de Milon se prévaloient contre lui, en disant que le Sénat l'avoit déja condamné. Les troisiemes viennent d'une sentence qui aura été rendue sur la même affaire, comme dans les causes qui se jugent par appel. [Dans les accusés que l'on condamne à être déportés ; dans les seconds jugements qui interviennent au sujet de la liberté qu'on conteste à quelqu'un ; dans quelques-unes des causes centumvirales qui sont distribuées en deux chambres, où il y avoit une pique, symbole de l'autorité des centumvirs. *C.*]

L'orateur donnera du poids aux préjugés, en faisant considérer particulierement deux choses : l'autorité de ceux qui ont prononcé, et la conformité de l'affaire qui est à juger, avec celle sur laquelle ils ont prononcé. De même il les combattra par des réflexions contraires ; mais rarement par des invectives contre les Juges, à moins qu'ils ne soient manifestement en faute. Car il est naturel qu'un Juge confirme ce qu'un autre a jugé avant lui, et qu'il ne donne pas volontiers un exemple qui pourroit retomber sur lui-même. C'est pourquoi il vaut mieux

recourir à la différence qu'il peut y avoir
entre l'une et l'autre cause. Et véritablement il est difficile d'en trouver deux qui
soient parfaitement semblables. Que si c'est
même question, même exemple, alors
on prétextera la négligence des avocats;
la foiblesse des personnes qui ont été con-
damnées; le crédit de la partie adverse qui
a suborné les témoins; la passion, l'ignorance et l'erreur qui ont tant de part à
toutes les affaires humaines; enfin quelque circonstance qui sera survenue depuis, et qui aura changé l'état de la cause.
Si rien de tout cela ne peut s'alléguer, il
sera du moins permis de représenter que
de tout temps on a rendu de mauvais Jugemens. D'un côté (1) Rutilius condamné,
de l'autre (2) Catilina et (3) Clodius

(1) Rutilius étoit un des plus grands personnages
de son temps. Il gouverna l'Asie avec toute l'intégrité possible; mais pour n'avoir pu souffrir les
rapines et les concussions des gens d'affaires, il s'at-
tira leur haine, et fut ensuite sacrifié à leur ressentiment par les chevaliers Romains, qui furent Juges
dans sa cause.

(2) Catilina après avoir été préteur en Afrique,
fut accusé de concussion. Son crédit et ses amis qui
étoient puissants le tirerent d'affaire.

(3) Clodius ennemi juré de Cicéron, après avoir
traversé inutilement son retour, se porta à beaucoup
de violences contre lui. C'étoit un juste sujet d'accusation. Milon ami de Cicéron et ami chaud, ne

absous, en sont des preuves. On priera aussi les Juges d'examiner l'affaire par eux-mêmes, plutôt que d'en juger sur la foi d'autrui.

Pour ce qui est des décrets du Sénat, ou des arrêts du Prince, et des Juges Souverains, je n'y vois point de remede ; si ce n'est de prouver que le cas est différent, ou qu'il y a eu un décret postérieur et de même force, qui déroge au premier ; sans quoi il faut se résoudre à passer condamnation.

CHAPITRE III.

Des bruits et de la renommée.

C'EST une preuve dont on exagere, ou l'on diminue le prix comme on veut ; car l'un dira que la renommée est le consentement universel, et comme le témoignage public de toute une ville, de tout un royaume ; l'autre au contraire dira que c'est toujours un bruit incertain, et souvent répandu sans fondement, qui doit sa naissance à la malignité des uns, et son progrès à la crédulité des autres ; que

manqua pas l'occasion ; mais Clodius ayant été fait Edile par la faction opposée à celle de Cicéron, sa charge le mit à couvert des poursuites de Milon.

l'homme le plus sage est exposé tous les jours à ces mauvais bruits, par l'artifice de ses ennemis, ou de ses envieux à qui le mensonge ne coûte rien; et les exemples ne manqueront pas de part et d'autre.

CHAPITRE IV.

De la question.

Il en est de même de la question, s'il y a des raisons qui l'appuient, il y en a bien aussi qui la combattent. Vous dites que c'est un moyen sûr pour tirer la vérité de la bouche des criminels; et moi je dis que c'est souvent un moyen de les faire accuser faux; en ce qu'aux uns la patience rend le mensonge aisé, et qu'aux autres la foiblesse le rend comme nécessaire. Je ne m'étendrai pas davantage là-dessus. C'est un lieu commun que les anciens et les modernes ont traité à fond. Il y a néanmoins quelques réflexions particulieres que l'on pourra faire selon l'occasion; car s'il s'agit de donner la question, il sera de conséquence d'examiner qui l'exige, contre qui, pour quel sujet, et quel est le criminel que l'on offre ou que l'on demande. Et si la question a déja été donnée au coupable, on examinera quel il est, et quel genre de supplice on lui a fait souffrir ; si ce qu'il a déclaré est vraisemblable ; s'il ne s'est point contredit ; s'il a toujours persisté dans sa premiere déclaration, ou si la force du mal l'a fait changer ; si c'est au commencement de la question qu'il a avoué quelque chose, ou bien à mesure que les tourments ont augmenté ; enfin quel est le Juge qui a présidé à cette épreuve : circonstances qui sont aussi diverses que la nature des choses mêmes et des affaires.

CHAPITRE V.

Des pieces.

Les pieces sont une autre source de contestation : non-seulement on peut les combattre, mais même les accuser de faux. Comme il peut y avoir de l'ignorance, ou de la mauvaise foi de la part de ceux qui ont signé (1), il vaut mieux n'y supposer que de l'ignorance, parce qu'il y a moins de gens enveloppés dans l'accusation ; mais

(1) Par le mot de *pieces*, *tabula*, on entend les contrats, les billets, les obligations, les testaments, etc. Ces pieces devoient être faites en présence de plusieurs témoins qui les attestoient par leur signature. Un testament devoit être signé de sept personnes.

cela même dépend de la nature de la cause, et des pieces que l'on a en main. Il faut donc examiner si ce qu'elles contiennent n'est point contre toute vraisemblance, ou s'il ne se peut pas détruire par quelque autre preuve de même espece, comme il arrive souvent; si l'une des personnes que l'on dit avoir signé, ou celui contre qui elles ont signé, n'étoit point mort ou absent; si les temps et les dates se rapportent; si ce qui est articulé dans ces pieces n'est point démenti par les événements qui ont précédé ou suivi. Souvent même la seule inspection suffit pour y faire découvrir un caractere de supposition et de fausseté.

CHAPITRE VI.

Du serment.

Les personnes qui plaident peuvent offrir leur serment, ou ne pas recevoir celui d'autrui qui leur est offert, ou exiger celui de leur partie, ou refuser le leur propre. Offrir le sien sans exiger celui de la partie adverse, est presque toujours odieux. Quiconque cependant le voudra faire, doit au moins se couvrir du manteau de la Religion, ou de sa réputation, qui fasse présumer qu'il n'est pas capable de se parjurer. Mais il se rendra bien plus digne de foi, s'il ne témoigne ni empressement ni répugnance à donner son serment; ou si la cause est telle que l'on ne puisse pas croire que pour un si léger intérêt, il voulût attirer sur lui la colere des Dieux : ou enfin si pouvant gagner sa cause par beaucoup d'autres moyens, il ajoute encore celui-là, comme le témoignage éclatant d'une bonne conscience.

Celui qui ne voudra pas recevoir un homme à serment, dira que bien des gens ne font pas une affaire de se parjurer : Ne s'est-il pas trouvé des philosophes qui nioient la Providence ? Il ajoutera que d'offrir légerement et sans nécessité d'affirmer une chose en Justice, doit paroître fort suspect; que c'est montrer combien on fait peu de cas d'une action si religieuse, et vouloir en même temps se rendre Juge dans sa propre cause.

Il semble donc qu'il vaudroit mieux déférer le serment à la partie adverse. En effet on ne peut guere en user plus généreusement, que de la faire arbitre du différent que l'on a avec elle. On fait aussi plaisir aux Juges, qui par-là sont affranchis de la crainte de se tromper. C'est pour cela même que le refus en devient d'autant plus difficile à l'adversaire, à moins que ce ne soit une chose dont il est à croire qu'il n'a pas lui-même connoissance. Si cette excuse lui manque, il n'a qu'une ressource, qui est de dire que sa partie cherche à lui attirer la haine des juges, et que ne pouvant gagner son procès, elle veut au moins avoir lieu de se plaindre : que pour lui, s'il n'étoit aussi homme d'honneur qu'il l'est, il accepteroit sans peine le parti qu'on lui offre ; mais qu'il aime beaucoup mieux prouver ce qu'il avance, que de donner occasion à qui que ce soit, de le soupçonner de parjure.

Toutefois je me souviens que dans ma jeunesse, quand nous commencions à fréquenter le barreau, nos anciens nous recommandoient cette maxime, de ne jamais déférer le serment à la partie adverse ; de même quil ne falloit jamais lui abandonner le choix des juges, ni en prendre du nombre de ses avocats. Et véritablement, si un avocat n'a pas bonne grace de rien dire qui puisse préjudicier à sa partie, à plus forte raison doit-on croire qu'il ne prononcera pas contre elle.

CHAPITRE VII.

Des Témoins.

RIEN n'embarasse tant un avocat que les dépositions des témoins. Les unes se font de vive voix, les autres par écrit, et celles-ci sont les plus aisées à combattre; car on peut croire qu'un homme a eu moins de peine à trahir la vérité, quand il n'a été retenu que par la présence d'un petit nombre de gens qui étoient-là pour signer avec lui (1). On peut dire aussi qu'il a ses raisons pour ne pas comparoître en justice, et que c'est qu'il se défie de lui-même. Que si sa personne est à couvert du blâme, au moins peut-on décrier ceux qui ont appuyé son témoignage par leur signature. Certainement une chose parle contre eux tous, en ce que personne ne donne jamais son témoignage par écrit, si ce n'est de son propre mouvement. Et quiconque le donne, ne déclare-t-il pas par-là qu'il ne veut pas de bien à celui qu'il a chargé par sa déposition ?

Mais d'un autre côté l'accusateur ne se

(1) Ceux qui donnoient leur témoignage par écrit, le donnoient en présence de plusieurs personnes qui signoient au bas de leur déposition.

rendra

rendra pas à ces raisons ; il soutiendra que l'ami qui parle pour son ami, et l'ennemi qui dépose contre son ennemi, peuvent dire vrai l'un et l'autre, s'ils sont de bonne-foi. Et ceci deviendra un lieu commun que l'on pourra traiter pour et contre.

A l'égard des témoins qui affirment de vive voix, l'embarras est plus grand. C'est pourquoi on dresse, s'il faut ainsi dire, deux batteries, soit pour les combattre, soit pour les soutenir. Je veux dire qu'on s'y prend de deux manieres, par un discours suivi, ou par un interrogatoire. Si c'est un discours suivi, tantôt on parle en général, ou pour ou contre les témoins ; ce qui devient encore un lieu commun, l'une des parties s'efforçant de montrer qu'il n'y a point de preuve plus solide, que celle qui est fondée sur la certitude des hommes ; et l'autre faisant voir au contraire combien cette prétendue certitude est sujette à erreur. Tantôt on s'attache à l'espece de témoins qui se présente, et un avocat ne fait pas difficulté d'en attaquer plusieurs à-la-fois ; car ne sait-on pas que de célebres orateurs se sont mocqués du témoignage d'une nation entiere, et de tout un genre de témoins ; je parle de ceux qui déposent sur un simple *ouï-dire.* En effet on peut alléguer qu'ils ne sont pas témoins par eux-mêmes, et qu'ils ne font que rapporter ce qu'ils ont appris de gens qui n'avoient pas fait serment de dire la vérité. Ainsi dans les causes du péculat, quiconque témoigne qu'il a compté de l'argent à l'accusé, on dira qu'il se rend partie et non pas témoin. Quelquefois aussi on réfute chaque témoin en particulier, et alors c'est une invective qui, dans les plaidoyers, se trouve mêlée avec la défense des parties, ou qui fait un discours à part, comme celui que Cicéron prononça contre Vatinius.

Traitons ce point plus exactement, puisque j'ai entrepris d'instruire l'orateur à fond; car autrement il suffiroit de lire les deux livres qu'en a écrits Domitius Afer, que j'ai connu dans ma premiere jeunesse, et à qui je m'étois attaché, comme le méritoit un homme de son âge et de sa réputation. Non-seulement j'ai lu ce qu'il a écrit sur cette matiere, mais j'en ai appris de lui-même une bonne partie. Il a raison de dire qu'ici le premier devoir d'un avocat, est de connoître ce qu'il y a de plus secret dans la cause dont il est chargé. Cela est sans doute d'une extrême conséquence pour tout, et j'en ferai un chapitre exprès, au douzieme livre de mon ouvrage. C'est en effet cette connoissance qui donne matiere aux interrogations; qui nous met des armes à la main pour combattre ou pour défendre un témoin, et qui nous apprend dans quelle disposition d'esprit il faut que nous mettions les juges à son égard. Car l'orateur doit par son discours lui attirer l'estime ou le mépris des juges; parce que nous déférons au témoignage d'autrui, selon que nous sommes disposés à croire ou à ne croire pas. Mais comme il y a deux sortes de témoins, les uns volontaires, dont les deux parties se servent également; les autres forcés que l'on cite en justice dans les causes publiques, et qui ne s'accordent qu'à l'accusateur; distinguons les uns d'avec les autres, et celui qui produit un témoin d'avec celui qui le réfute.

Si vous produisez un témoin qui dépose volontairement, vous pouvez savoir ce qu'il dira, et par conséquent il vous est aisé de l'interroger. Cependant cela même a besoin d'adresse et de prévoyance; car ce témoin peut être imprudent, timide, incertain. L'avocat de la partie adverse fera tout ce qu'il pourra pour le troubler; il lui tendra des piéges, et s'il y tombe, son indiscrétion et sa timidité vous nuiront plus que toute la prudence

F 2

et la fermeté d'un autre ne vous eussent servi. Il faut donc bien l'éprouver auparavant, et lui faire mille questions comme feroit l'adversaire même. De la sorte il sera ferme et constant dans ses dépositions, ou s'il vient à chanceler, d'un mot vous le remettrez.

Mais de la part même de ceux qui paroissent plus assurés, il y a des piéges dont il faut se donner de garde ; car souvent ce sont des témoins supposés, qui après avoir tout promis, disent tout le contraire ; d'autant plus dangereux qu'ils ont toute l'autorité que donne un aveu sincere. Il faut donc bien examiner quel motif les porte à se déclarer contre la partie adverse. Il ne suffit pas qu'ils aient été ses ennemis, il faut voir s'ils n'ont point cessé de l'être, et s'ils ne cherchent point à se réconcilier à vos dépens ; s'ils se sont laissé corrompre, et si le repentir ne les a point fait changer. Voilà les réflexions qu'il faut faire, lors même qu'il s'agit de choses que les témoins savent être vraies ; à plus forte raison quand ils s'engagent à parler contre la vérité. Car en ce dernier cas ils sont encore plus sujets au repentir, plus perfides dans leurs promesses ; ou s'ils tiennent parole, plus exposés à se trahir eux-mêmes et à se déconcerter.

A l'égard des témoins qui comparoissent en justice, ils sont ou favorables à l'accusé ou contraires. Et l'accusateur peut tirer leurs dispositions, comme il peut les ignorer. Supposons qu'il les sache, quoiqu'en l'un et en l'autre cas, il faille également user de précaution. En effet si vous interrogez un témoin qui soit porté de mauvaise volonté contre l'accusé, il est à craindre qu'il ne témoigne trop ses sentiments; ce qu'il ne manquera pas de faire, si vous le mettez d'abord sur le point dont on veut être éclairci. Il faut donc l'y conduire pas à pas, et prendre même un chemin détourné, afin que les choses qu'il a le plus envie de dire, semblent lui être arrachées. Evitez aussi de lui faire question sur question, de crainte que l'empressement qu'il auroit de répondre à tout, ne le rende suspect aux Juges. Mais contentez-vous de savoir de lui, ce que l'on peut raisonnablement espérer d'un seul témoin.

Que si au contraire, il est dans les intérêts de la partie adverse, le plus grand bonheur qu'il vous puisse arriver, c'est de lui faire dire ce qu'il ne vouloit pas dire. Et pour cela il faudra prendre l'interrogatoire de loin; car il vous donnera des réponses qu'il croira indifférentes. Mais à force de le questionner, vous tirerez enfin quelque chose dont vous pourrez vous prévaloir contre lui. Comme dans un plaidoyer nous rassemblons plusieurs arguments, qui détachés les uns des autres ont peu de force, et qui joints ensemble conspirent à déterminer l'esprit; de même en interrogeant ce témoin sur quantité de circonstances du temps, du lieu, de la personne, sur ce qui a précédé, sur ce qui a suivi, ect. vous arracherez enfin quelque réponse qui le mettra dans la nécessité, ou de déclarer ce que vous vouliez savoir, ou de se contredire lui-même. S'il est tellement sur ses gardes, que ni l'un ni l'autre n'arrive, il sera manifeste qu'il ne veut rien avouer. Alors ce qui vous reste à faire, c'est de le transporter hors de la cause, pour voir si par des détours dont il ignore la fin, il ne se laissera point surprendre. Et vous le tiendrez le plus long-temps que vous pourrez, afin que par son affectation à justifier l'accusé, il s'ôte lui-même toute créance. Car il ne lui fera pas moins de tort par-là, que s'il avoit dit de bonne-foi, ce qu'il en sait.

Supposons maintenant que l'accusateur ne connoisse pas la disposition des témoins; suivant la remarque que nous avons faite

en second lieu, il tâchera de s'en assurer, et par diverses interrogations comme
par degrés, il les menera insensiblement
à son but. Mais parce qu'ils ont quelquefois cet artifice, de répondre d'abord con-
formément à ce que l'on souhaite, pour
dire ensuite avec plus d'autorité tout ce
qu'il leur plaît; si l'orateur s'en défie,
il sera de son habileté de profiter du moment, et de ne leur pas donner le temps
de nuire.

Quant à l'avocat qui défend, l'interrogation est pour lui d'un côté plus aisée,
d'un autre côté aussi plus difficile : plus
aisée, en ce qu'il sait les dépositions des
témoins, quand ce vient à lui à les interroger: plus difficile, en ce qu'avant que
de plaider la cause, rarement peut-il savoir ce qu'ils déposeront. C'est pourquoi
il doit soigneusement examiner quel est
leur caractere, et quel sujet ils ont de
vouloir du mal à sa partie : réflexions sur
lesquelles il insistera dans son plaidoyer,
afin que les Juges connoissant ces témoins pour gens que la haine ou l'envie, la
complaisance ou l'intérêt gouvernent, ils
les regardent comme suspects. Si l'adverse
partie n'a pas le nombre de témoins suffisant, il s'en prévaudra; si elle en a plus
qu'il ne faut, cette foule sera traitée de

F 4

cabale. Produit-elle des géns obscurs? l'argent leur fait tout faire: des gens puissants? c'est que notre partie veut nous opprimer par son crédit. Cependant il fera mieux de s'en tenir aux raisons que ces témoins ont de perdre l'accusé; et ces raisons sont différentes, selon la nature des affaires et la condition des personnes. Car il ne faut pas croire que votre adversaire soit fort en peine de répondre aux reproches vagues que vous lui faites sur le nombre, ou sur la qualité de ses témoins. Il en produit peu? c'est qu'il se contente de ceux qui savent le fait. Il prend des gens obscurs? il les prend comme ils sont, en cela triomphe sa bonne-foi; et s'ils sont en grand nombre, ou que ce soient des personnes de considération, il lui sera d'autant plus aisé de donner du poids à leur témoignage.

Mais comme on fait quelquefois l'éloge des témoins, à mesure qu'on les appelle, ou qu'on lit leurs dépositions, de même on peut les noircir et les décrier. Ce qui étoit encore plus facile et plus ordinaire autrefois, lorsque la coutume étoit de ne les interroger qu'après que la cause avoit été plaidée de part et d'autre. Quant à ce que l'on peut dire contre chacun d'eux en particulier, c'est de leur propre personne qu'il le faut tirer, et non d'ailleurs.

Venons enfin à l'interrogatoire, qui est l'autre maniere de s'y prendre. Pour y réussir, le principal est de bien connoître les témoins : car l'un est craintif, il faut l'intimider ; l'autre de peu d'esprit, il faut le faire donner dans le piége ; celui-ci vif et emporté, il faut l'irriter ; celui-là présomptueux et vain, il faut le louer. Mais si vous avez à faire à un homme sage, et qui se posséde, passez incontinent à un autre ; traitez-le d'opiniâtre ou d'ennemi déclaré de votre partie. Ne vous amusez point à l'interroger dans les formes, contentez-vous de le réfuter en deux mots. Si vous avez l'occasion de le tourner en ridicule par quelque bon mot, ne la manquez pas ; ou s'il vous donne prise du côté de ses mœurs, attaquez-le par-là, et couvrez-le d'infamie. Il y a des témoins qui sont naturellement honnêtes gens, et qui craignent de faire de la peine, il faut les traiter doucement ; car souvent tel se cabre contre des manieres dures et hautaines, que la douceur et l'honnêteté désarment.

Tout interrogatoire se renferme dans la cause, ou il s'étend au-delà. Si vous le renfermez dans la cause, prenez-le d'un peu loin, aussi bien que l'accusateur, afin de mieux couvrir votre marche ; sui-

F 5

vez les réponses que l'on vous donne, voyez si elles s'accordent entr'elles; il en échappera peut-être quelqu'une, dont vous pourrez tirer avantage. C'est une de ces choses qui ne s'apprennent point aux écoles, et qui dépendent plus de l'esprit et de l'expérience d'un orateur, que de tous les préceptes. Si pourtant on veut que j'en apporte un exemple qui serve de modele, je proposerai particulierement celui des dialogues de Platon, et des autres philosophes qui ont imité la maniere de Socrate. Dans ces dialogues, les interrogations sont si détournées et si subtiles, qu'un homme en satisfaisant à la plupart, se voit néanmoins forcé de conclure tout le contraire de ce qu'il vouloit. Il peut arriver par bonne fortune, qu'un témoin ne s'accorde pas avec lui-même, plus souvent encore, qu'il ne s'accorde pas avec les autres témoins. Mais si vous savez l'interroger adroitement, l'art vous aidera aussi, et vous conduira presque infailliblement, à ce qui autrement ne seroit qu'un pur effet du hazard.

Hors de la cause, il y a pareillement bien des questions à faire, qui vous peuvent beaucoup servir. On interroge un témoin sur ses vie et mœurs, sur la conduite de ceux qui déposent avec lui; on

examine si ce ne sont point des gens diffamés, ou de trop basse condition; s'ils
sont liés d'amitié avec l'accusateur, ou s'ils
ont des inimitiés avec l'accusé. Vous pres-
serez ces témoins sur tous ces chefs, pour
leur faire dire quelque chose dont vous
puissiez profiter, ou pour les surprendre
en mensonge, ou enfin pour leur donner
lieu de faire éclater l'envie qu'ils ont de
nuire à votre partie.

Mais soyez sur-tout fort circonspect
dans votre maniere d'interroger. Car un
témoin plaisante quelquefois agréablement un avocat, et pour l'ordinaire ses
plaisanteries sont bien reçues. Servez-
vous des termes les plus simples et les
plus communs, afin que celui que vous
questionnez, qui souvent est un ignorant,
vous entende sans peine; ou de crainte
qu'il ne fasse semblant de ne vous pas
entendre, ce qui vous tourneroit en ridicule.

Quant à ces mauvaises finesses, de su-
borner un témoin et de le faire passer du
côté de la partie adverse, à dessein qu'il
lui fasse plus de tort; soit qu'en venant
à se lever tout-à-coup, il dépose contre
elle, après avoir paru assis à ses côtés;
soit qu'il parle en sa faveur, et qu'ensuite il fasse paroître une joie puérile et

immodérée, qui détruise et son propre témoignage et celui des autres ; je n'en dois parler que pour recommander qu'on les évite.

Souvent les informations et les témoins ne s'accordent pas, et de cette opposition naît un autre lieu commun qui se traite aussi pour et contre ; car les témoins s'appuient de leur serment, et les informations se soutiennent par le consentement unanime de ceux qui les ont signées.

Même dispute arrive encore au sujet des témoins et des arguments. D'un côté l'orateur vantera dans les témoins la certitude de leurs dépositions, la religion des serments, et fera voir que les arguments ne sont qu'un ouvrage de l'esprit humain. Mais de l'autre on lui répondra que ces témoins sont sujets à se laisser corrompre ; que souvent la faveur, ou la crainte, ou l'avarice, ou l'amitié, ou la haine, ou l'ambition les fait parler, au lieu que les arguments se tirent de la nature des choses ; qu'un Juge qui s'en fie aux témoins, croit sur la foi d'autrui ; au lieu que celui qui se détermine sur de bonnes preuves, n'en croit qu'à lui-même. Ces questions sont communes à un grand nombre de causes ; de tout temps on les a agitées, et on les agitera toujours.

Il n'est pas extraordinaire non plus que chacune des parties ait ses témoins. Et alors il y a trois réflexions à faire; l'une prise des témoins mêmes, lesquels d'entr'eux sont plus gens de bien; l'autre de leurs dépositions, lesquels ont dit des choses plus vraisemblables; et la troisieme des parties, laquelle des deux a plus de crédit et de faveur.

A tout ce que j'ai dit dans ce chapitre, on peut ajouter encore ce que nous appellons des témoignages du ciel. J'entends les réponses qui ont quelque chose de surnaturel, les oracles, les présages. Mais il faut savoir qu'il y a deux manieres de les traiter. L'une générale, sur laquelle il y a un combat éternel entre les Epicuriens et les Stoïciens, ceux-ci voulant que le monde soit gouverné par une Providence, ceux-là non. L'autre particuliere, qui s'attache à chaque espece de témoignage du ciel, ou de divination, selon qu'elle tombe en question. Car on n'établit ni on ne renverse point la foi des oracles, comme on feroit celle des augures, ou des aruspices, ou des interpretes de songes, ou des astrologues, parce que ce sont autant d'especes différentes.

Ajoutons enfin à tout ceci les paroles

qui échappent dans le vin, dans la démence, ou durant le sommeil, et les indices qui sont fondés sur la révélation des enfants : sorte de témoignage qui fournit une nouvelle matiere de contestation aux deux avocats, lorsque l'un montre que dans l'innocence de ces témoins, il n'entre ni fraude ni artifice; et que l'autre oppose à cela qu'il n'entre non plus ni raison, ni discernement.

Au reste tout ce genre de preuves qui se tire de l'autorité des témoins, est si important, que non-seulement nous nous en servons avec avantage, mais que nous pouvons même l'exiger; quand il manque à la partie adverse. *Vous avez payé? qui a reçu votre argent? en présence de qui l'avez-vous compté? d'où l'avez-vous eu? J'ai,* dites-vous, *empoisonné un tel: qui m'a donné du poison? où l'ai-je pris?* [combien l'ai-je acheté? C.] *de qui me suis-je servi? qui sont mes complices?* toutes circonstances que Cicéron ne manque pas de discuter, lorsqu'il plaide pour Cluentius accusé d'empoisonnement. Que cela suffise pour les preuves qui subsistent indépendemment de l'art.

CHAPITRE VIII.

Des preuves artificielles.

CET autre genre de preuves, qui est purement artificiel, et n'est composé que de ce qui sert à convaincre l'esprit et à persuader, est d'ordinaire ou tout-à-fait négligé, ou fort superficiellement traité par ceux qui, fuyant les arguments comme des endroits épineux et âpres, font leurs délices des lieux communs, qui leur semblent bien plus agréables et plus riants. On peut comparer ces orateurs à ces malheureux compagnons d'Ulysse, qui, à ce que nous disent les poëtes (1), charmés du chant des Syrenes, et de la douceur d'un certain fruit, dont ils avoient goûté au pays des Lotophages (2), aimerent mieux périr, que de renoncer à ces funestes plaisirs. Aussi ce qui leur arrive, c'est qu'en courant après de vaines louanges, ils se laissent ravir la victoire, qui

(1) Homere en parle au neuvieme Livre de l'O-dyssée.

(2) Peuple ainsi nommé, parce qu'il se nourrissoit de Lotos, espece de fruit fort agréable qui, suivant le témoignage de Polybe rapporté par Athénée, avoit le goût de la Figue et des Dattes.

est pourtant l'objet et le but de leurs travaux.

En effet ces lieux communs qui entrent dans un discours, sont faits pour servir de parure, ou même d'appui aux arguments; mais les arguments en sont, à proprement parler, les nerfs; et tout le reste, pour me servir d'une comparaison tirée du corps humain, ne doit faire qu'ajouter de la couleur et de l'embonpoint. Par exemple, si l'orateur dit qu'une action s'est faite par colere, par crainte ou par avarice, il peut s'étendre un peu sur la nature et sur les effets de cette passion. Il en use de même, quand son sujet lui donne occasion de louer ou de blâmer quelqu'un; de grossir un objet, ou de le diminuer; de faire une description, de plaindre, de consoler, d'exhorter; mais il faut que tous ces traits tombent sur des choses dont nous ayons prouvé la certitude et la vérité. Je ne disconviens pas qu'il ne faille s'étudier à plaire, et encore plus à toucher; mais on fera l'un et l'autre avec bien plus de succès, lorsque l'on aura instruit et convaincu les juges; à quoi on ne peut parvenir que par la force du raisonnement, et des autres moyens qui servent à établir la créance.

Or avant que de donner toutes les especes de preuves artificielles en détail, je crois devoir faire observer ce qu'elles ont de commun entr'elles. Car il n'y a point de question qui ne concerne ou une chose ou une personne; et les lieux qui fournissent aux arguments, ne sauroient être que dans ce qui survient à l'une ou à l'autre. Les arguments se peuvent considérer ou en eux mêmes, ou par rapport à quelque autre chose. Et il ne peut y avoir de preuve qui ne se prenne ou de ce qui précede, ou de ce qui suit, ou des contraires; et toutes ces choses se tirent nécessairement ou du passé, ou du présent, ou de l'avenir.

On remarquera aussi qu'une chose ne se peut prouver que par une autre; et cette autre, il faut qu'elle soit ou plus grande, ou moindre, ou égale. A l'égard des arguments, ils naissent ou des questions prises en général, et sans rapport ni aux personnes ni aux choses; ou de la cause même, lorsqu'elle nous fournit quelque raison particuliere, et tirée de l'affaire dont il s'agit. On peut dire aussi que toutes les preuves sont ou certaines, ou vraisemblables; ou seulement de nature à n'avoir rien qui répugne. J'ajoute enfin qu'elles reviennent toutes à l'une des quatre sortes qui suivent. De ce qu'une chose est, on conclut qu'une autre n'est pas. *Il est jour, donc il n'est pas nuit;* ou de ce qu'une chose est, on conclut qu'une autre est aussi, *le Soleil est sur l'horison, donc il fait jour;* ou de ce qu'une chose n'est pas, on infere qu'une autre est, *Il n'est pas nuit, donc il est jour;* ou enfin de ce qu'une chose n'est pas, on infere qu'une autre n'est pas non plus, *Il n'y a point d'animal raisonnable, donc il n'y a point d'homme.* Ceci dit en général, je passe à un plus grand détail.

CHAPITRE IX.

Des signes.

Toute preuve artificielle est composée de signes, ou d'arguments, ou d'exemples. Je sais que bien des gens confondent les signes avec les arguments. Pour moi je les distingue pour deux raisons. La premiere est, que les signes ressemblent assez aux preuves qui ne dépendent point de l'art; car un habit ensanglanté, des cris, des meurtrissures sont, à peu-près, de la même nature que des pieces d'écriture, que les testaments, les bruits publics et les témoins : ils ne sont point de l'invention de l'orateur; mais ils passent à lui avec la cause qu'on lui met entre les mains. La seconde est, que les signes, s'ils sont certains, ne sauroient être des arguments, puisque où est cette sorte de signes, il n'y a plus de contestation, et que l'argument pourtant tombe toujours sur quelque contestation ; et s'ils sont douteux, ils ne peuvent pas non plus avoir le nom d'arguments, ayant besoin d'arguments eux-mêmes.

Ils se divisent donc premierement en ces deux especes ; les uns étant, comme j'ai dit, nécessaires ou certains ; les autres non nécessaires ou douteux. Quant aux premiers, comme ils ont une liaison nécessaire avec ce qu'ils signifient, il me semble qu'ils n'ont pas besoin de précepte. Car par-tout où il se trouve un signe infaillible, il ne peut y avoir de dispute ; ce qui arrive lorsqu'il est absolument nécessaire qu'une chose soit, ou qu'elle ait été ; ou bien au contraire qu'elle ne soit pas, et qu'elle n'ait pas été. Supposé donc un tel signe, il ne sauroit plus y avoir de dispute que sur le fait ; et cela se doit examiner par tous les temps. Car, par exemple, il faut nécessairement qu'une femme qui a accouché, ait eu commerce avec un homme, ce qui est du temps passé ; et qu'il y ait des flots sur la mer,

quand il fait un grand vent, ce qui est
du temps présent; et que celui-là meure,
qui a le cœur blessé, ce qui est du temps
futur. De même il est impossible que l'on
fasse la moisson où l'on n'a pas semé; et
qu'une personne soit à Rome, dans le temps
qu'elle est à Athenes; et qu'un homme ait
été dangereusement blessé d'un coup d'é-
pée, s'il n'en a ni marque ni cicatrice.

Il y a des choses qui sont des signes
réciproques l'une de l'autre, comme, vivre
et respirer; d'autres qui ne sont point
signes réciproques, comme, être en mouvement et marcher. Ainsi, parce qu'une
femme a eu commerce avec un homme,
il ne s'ensuit pas qu'elle ait accouché; ni
qu'il fasse du vent sur la mer, parce qu'il
y a des flots; ni qu'une personne ait le
cœur blessé, parce qu'elle expire. Pareillement il peut arriver que l'on ait semé,
où l'on n'a point recueilli; qu'un homme
ait été à Rome et à Athenes; qu'il ait
une cicatrice, sans qu'il ait reçu de coup
d'épée.

Les signes de la seconde espece étant,
comme j'ai dit, simplement probables, ou
non nécessaires, ils ne suffisent pas pour
ôter le doute; mais joints à d'autres preuves, ils ne laissent pas d'avoir beaucoup
de force. Ces signes, que l'on nomme

autrement des marques, des indices, consistent en une certaine chose qui sert à
en désigner une autre; par exemple, du
sang répandu qui fait découvrir un meurtre. Cependant comme ce sang peut venir
d'une victime que l'on aura égorgée en
ce lieu, ou d'un saignement de nez, on
ne conclura pas qu'un homme a fait un
meurtre, parce qu'il a son habit ensanglanté. Mais cet indice, tout foible qu'il
est par lui-même, portera un puissant
témoignage contre l'accusé, s'il peut être
appuyé de certaines circonstances. Par
exemple, si l'on prouve qu'il étoit ennemi de celui qui a été tué; qu'il l'avoit
menacé, qu'il s'est trouvé dans l'endroit
où le meurtre a été commis. Car ce sang
répandu, joint à toutes ces circonstances,
fait que ce qui de soi étoit douteux, paroît convaincant et certain.

Parmi ces signes il y en a dont les
deux parties se peuvent également prévaloir; par exemple, l'enflure et des
taches sur le corps. Car on peut les regarder comme de marques de poison, et
aussi comme des marques de crudité et
d'indigestion. Il en est de même d'un coup
de poignard dans le sein. L'un dira que
c'est une marque que cet homme a été
assassiné, et l'autre pourra dire que c'est

une marque qu'il s'est défait lui-même. Ces preuves sont égales pour tous les deux, et ne déterminent qu'autant qu'elles se trouvent fortement appuyées d'ailleurs.

Hermagore met encore au nombre des signes non nécessaires l'exemple suivant, qu'Atalante n'avoit pas sa virginité, parce qu'elle se plaisoit à courir sans cesse dans les bois avec des jeunes-gens. Mais s'il faut recevoir cela pour un signe, je crains que nous n'allions trop loin, et qu'il ne faille aussi donner ce nom à toutes les conséquences que l'on tire d'un fait; et, à dire vrai, l'orateur les traite de la même façon. Car les Juges de l'Aréopage, quand ils condamnerent à mort un enfant qui faisoit son divertissement d'arracher les yeux à des cailles, que jugègerent-ils, sinon que c'étoit le signe d'un très - méchant naturel, et dont il y avoit tout à craindre, si on laissoit croître cet enfant? Et les largesses extraordinaires de Sp. Melius et de M. Manlius, ne furent-elles par regardées comme un signe d'une ambition démesurée, qui les faisoit aspirer à la royauté?

Mais encore une fois, ce raisonnement nous meneroit trop loin, et multiplieroit les signes à l'infini. Car si c'est un signe d'adultere dans une femme que de se baigner avec des hommes, c'en sera un aussi en elle, de manger souvent avec des jeunes-gens. C'en sera un autre d'être liée d'une étroite amitié avec quelqu'un. Et par la même raison on pourra dire qu'une propreté trop recherchée, une démarche molle, des habits traînants comme ceux d'une femme, sont dans un homme des signes d'un efféminé. Mais il reste à examiner si tout cela désigne la dépravation des mœurs, de la même maniere que du sang répandu désigne un meurtre qui a été commis; le signe étant, pour le bien définir, une chose qui par la connexité qu'elle a avec une autre, la découvre et la met, pour ainsi dire, sous les yeux.

Il y a encore des choses auxquelles on donne le nom de signes, parce que de tout temps on a observé qu'elles en présageoient d'autres (1). Ainsi quand la lune est rouge, c'est, selon Virgile, un pronostic de vent; et selon le meme poëte, le croassement de la corneille nous annonce la pluie. je consens pour moi que ces pronostics soient appelés des signes; pourvu qu'ils tirent leur cause de quelque secrette disposition du ciel. Car s'il

____

(1) ————*Vento semper rubet aurea Phœbe...*
Tum cornix plena pluviam vocat improba voce.
1. Georg.

est vrai que la lune soit rouge, toutes les fois qu'il doit faire du vent; cette rougeur sera un signe de vent. Et si, comme veut le même poëte, l'air condensé ou raréfié est ce qui fait dans les oiseaux la diversité de leur gazouillement et de leur chant, cette qualité de l'air deviendra un signe pour nous. Sur quoi il est à remarquer que les plus petites choses présagent quelquefois des événements considérables, comme cette même corneille de Virgile. A l'égard des grandes, il n'est pas étonnant que l'on en tire des signes et des conséquences pour les petites.

CHAPITRE X.

Des Arguments.

VENONS présentement aux arguments. Sous ce nom je comprends tout ce qui s'appelle enthymême, épichérême et démonstration; différents noms dont la signification n'est pas fort différente.

L'enthymême, pour me servir du terme grec, puisque nous n'en avons point, qui l'exprime nettement en notre langue, peut signifier trois choses. Premièrement, toute conception de l'esprit, auquel sens il ne se prend point ici : secondement,

secondement, toute proposition avec la raison que l'on en donne : troisiememement enfin, une certaine conclusion, tirée ou de ce qui suit nécessairement ou des contraires. Car les rhéteurs ne sont pas d'accord là-dessus ; [Car il y en a qui donnent le nom d'épichérême à la premiere espece, (à celle où la conclusion est tirée des conséquences.) *C.*] plusieurs ne reconnoissant pour véritable enthymême, que celui qui est fondé sur une opposition, et à cause de cela Cornificius l'appelle par excellence, l'argument des contraires. On le nomme encore le syllogisme de la rhétorique, ou le syllogisme imparfait, parce qu'il n'a ni autant de parties, ni des parties aussi distinctes que le syllogisme des philosophes, comme en effet on ne l'exige pas de l'orateur.

L'épichérême est, selon Valgius, une raison que l'on apporte pour preuve. Et au sentiment de Celsus, c'est moins un effet de notre invention, que la matiere même que nous saisissons, dans le dessein de nous en servir à prouver une chose ; bien que l'expression ne la développe point encore, et que nous ne l'ayons que dans l'idée. Les autres au contraire veulent que ce soit non un argument médité, mais un argument en forme, et

Tome II.   G

qni a toute sa perfection. [Et qui appartient à la derniere classe de ce qu'on appelle catégorie, l'espece. *C.*] C'est pourquoi dans l'usage ordinaire, il se prend pour une preuve renfermée en trois propositions, comme en trois parties, qui la composent. Quelques uns pourtant ont simplement nommé l'épichérême une raison. Cicéron l'appelle un raisonnement ; et je crois que c'est mieux dit, bien que ce nom convienne au syllogisme ; car il appelle lui-même la forme du syllogisme (1) une maniere de raisonner, et il s'explique par des exemples qui sentent plus la philosophie que la rhétorique. Cependant comme il y a quelque ressemblance entre le syllogisme et l'épichérême, il est excusable de n'avoir pas fort distingué l'un d'avec l'autre.

La démonstration est une preuve évidente. De là les démonstrations géométriques qui se font par le moyen des lettres (2). Cécilius croit que la démonstration ne differe de l'épichérême, que par la maniere de conclure [et que la démonstration n'est qu'un épichérême imparfait, par la même raison qu'on dit que l'en-

---

(1) *C'est :* l'état oratoire qu'on nomme syllogistique. *C.*

(2) *Il faut :* des lignes γραμμικαι et non γραμματικαι, faute de l'édition de Londres, 1641. *C.*

thymême est différent du syllogisme dont il fait partie. Quelques auteurs croient que la démonstration est renfermée dans l'épichérême, et qu'elle est la partie qui en fait la preuve. *C.*] Quoi qu'il en soit, du moins s'accorde-t-on à définir l'un et l'autre, une maniere de prouver les choses douteuses par le moyen de celles qui sont claires et certaines; ce qui est commun à tout argument. Car il n'est pas possible qu'une chose soit rendue certaine, par une autre qui ne l'est pas elle-même. Les Grecs comprennent tous ces différents arguments dans un terme général, πίςεις, qui ne peut guere être exprimé en notre langue, que par celui de motif de crédibilité (1).

Mais le mot d'argument a encore d'autres significations; car on l'emploie pour dire une fable, ou une fiction accommodée au théâtre : et Pédianus expliquant le sujet des oraisons de Cicéron, *l'argument*, dit il, *est tel.* [Cicéron lui-même écrit ainsi à Brutus, *craignant peut-être que par-là nous ne fassions tomber quelque reproche sur Caton, quoique le genre de cause soit très-différent. C.*] Ce qui fait voir que

____

(1) *C'est :* Et quoiqu'en suivant le sens propre nous puissions l'appeller *fides*, nous traduirons plus clairement encore par le mot *probatio. C.*

toute matiere dont on fait choix pour écrire, peut être ainsi appellée. [Cela n'est pas surprenant, puisque les ouvriers ou artisans se servent eux mêmes de ce mot. Ce qui fait dire à Virgile : *argumentum ingens*, et on appelle même *argumentosum*, un ouvrage d'une étendue assez considérable. *C.*] Mais ici j'entends par argument ce que Celsus entend par preuve, par indice, par motif de persuasion. [Et par ce qu'on appelle *aggressio*, (qui est l'épichérême, selon Valgius.) *C.*] Car il confond tous ces noms qu'il faut pourtant distinguer, si je ne me trompe. En effet, la preuve et la persuasion ne viennent pas seulement du raisonnement, mais elles viennent aussi des signes, qui ne dépendent point de l'art oratoire ; et j'ai déja montré que ces signes [qu'il appelle *indicium*, indice. *C.*] ne devoient pas être mis au nombre des arguments (1).

L'argument étant donc une maniere de prouver l'un par l'autre, et qui assure ce qui est douteux par ce qui ne l'est pas, il faut nécessairement que dans chaque cause, il y ait un point fixe, qui n'ait

______

(1) Le traducteur confond *inartificialia*, les motifs de crédibilité qui sont indépendants de l'art, avec *signa*, les signes. Quintilien y met quelque différence, quoiqu'il reconnoisse ailleurs, qu'il y a du rapport entre eux.

besoin de preuve : car s'il n'y avoit
rien de certain, ni qui fût tenu pour
tel, l'orateur seroit dans l'impossibilité de prouver quoi que ce soit. Or les
choses qui passent pour certaines, les
sont premièrement celles qui tombent
sous les sens, comme : *Ce que nous
voyons, ce que nous entendons.* En second lieu, les choses dont la plupart des
hommes conviennent; par exemple, *Qu'il
y a des dieux; qu'il faut honorer ses pères.*
Troisiemement, celles qui sont prescrites
par les loix, [quoiqu'elles ne regardent
pas tous les hommes, elles regardent tous
ceux d'une même ville, ou d'un même
pays. C.], ou que l'usage et le sentiment
autorise. C'est ainsi que dans le droit, la
coutume a force de loi en bien des rencontres. Enfin, s'il y a quelque point dont
les deux parties demeurent d'accord, ou
qui ait déja été prouvé, ou qui ne soit
point contredit par la partie adverse, on
le doit tenir aussi pour certain: voici donc,
par exemple, comme on peut argumenter. *Puisque les dieux mêmes prennent soin
du gouvernement du monde, pourquoi ne
seroit-il pas permis au sage de se mêler des
affaires de la République?* Car de ce que le
monde est gouverné par la Providence,

G 3

on infere avec raison, qu'il est juste de prendre soin de la République.

Mais pour bien manier les arguments, il faut de plus que l'orateur ait étudié la nature de chaque chose, et les effets qu'elle a coutume de produire. Delà naît la connoissance du vraisemblable, que je divise en trois espèces, selon les trois degrés de certitude qu'il peut avoir. Le premier est fort sûr, et trouve créance dans tous les esprits; par exemple, *qu'un pere aime ses enfants.* Le second est moins sûr, mais néanmoins fort croyable, par exemple, *qu'un homme qui se porte bien aujourd'hui, sera demain en vie.* Le troisieme est le plus foible de tous, et se contente de n'avoir rien qui répugne; par exemple, *Qu'un vol fait dans une maison, s'est fait par quelqu'un de la maison.*

C'est pour cela qu'Aristote, dans le second livre de sa rhétorique, a été si soigneux d'observer ce qui affecte d'ordinaire et les personnes et les choses: quelle convenance ou quelle opposition la nature a mise elle-même entre certaines et entre certaines personnes: qui sont ceux que l'avarice domine, ou la superstition: quel est le caractere d'un homme de bien, et quel est celui d'un méchant homme: quelles sont les inclinations d'un homme de guerre, et quelles sont celles d'un homme qui vit à la campagne : enfin par quel moyen on recherche, ou l'on évite ce que l'on regarde comme un bien ou comme un mal. Pour moi, je laisse ces réflexions, parce qu'elles sont infinies, outre qu'il n'y a personne qui ne les puisse faire de soi-même. Si pourtant on les trouve à dire ici, on peut consulter l'ouvrage que j'ai cité.

Mais pour donner une idée générale du vraisemblable, qui certainement fait la plus grande partie des arguments, en voici encore quelques exemples, qui sont comme la source des autres : *S'il est croyable qu'un fils ait tué son pere, ou qu'un pere ait commis un inceste avec sa fille. Et au contraire, si ce n'est pas avec raison que l'on soupçonne une marâtre d'empoisonnement, et un débauché d'adultere. S'il est probable qu'un tel ait commis un crime énorme à la vue de tout le monde, ou qu'il ait porté faux témoignage pour une récompense.* La raison du plus ou du moins de probabilité qui se trouve en tous ces exemples, c'est que chaque personne dont il y est parlé, a son caractere et ses mœurs, selon lesquels elle agit ; je dis ordinairement, non pas toujours, car autrement ce seroient choses indubitables, et non plus des arguments.

Voyons maintenant quels sont les lieux d'où l'on tire les arguments; bien que ces exemples mêmes paroissent tels à quelques-uns, je n'entends point ici par *lieux*, ce que l'on entend d'ordinaire, c'est-à-dire, ces lieux communs dont j'ai parlé, et qui roulent, par exemple, sur la débauche, sur l'adultere, etc. j'entends certains fonds qui sont comme des magasins d'où l'on tire les arguments. Car de même que toutes les terres ne sont pas propres à porter toutes sortes de fruits; qu'envain nous chercherions certaines especes d'oiseaux et d'animaux en certains pays, et qu'il ne se trouve pas toutes sortes de poissons dans nos mers; aussi il n'y a pas d'apparence qu'une même matiere fournisse toute sorte d'arguments. C'est pourquoi il ne les faut pas chercher indifféremment par-tout. Ce seroit s'exposer à de continuelles méprises; et quelque peine que l'orateur se donne, il n'y aura que le hazard qui lui puisse faire rencontrer ce qu'il cherchera en aveugle, sans ordre et sans regle. Au lieu que s'il connoît la source d'où coule chaque argument, lorsqu'il tombera sur quel-

qu'un de ces lieux, d'un coup d'œil il verra
tout ce qu'il en peut tirer.

Or les questions ne pouvant concer-
ner, comme j'ai dit, que les personnes ou
les choses, et tout le reste, je veux dire,
les motifs, le temps, le lieu, l'occasion,
les moyens, la maniere, étant seulement
des accidents qui surviennent aux choses,
il s'ensuit que les arguments naissent principalement de la considération de la personne. Je ne détaillerai point ici, à l'exemple de plusieurs auteurs qui ont traité la
même matiere, tout ce qui se peut dire
sur la personne.

Je me contenterai d'indiquer quelques
endroits qui sont fertiles en arguments.
Ces endroits sont *la naissance*, parce
qu'ordinairement les enfants sont censés
ressembler à leurs ancêtres et à leurs
peres, et qu'assez souvent par des causes
secretes, leurs mœurs bonnes ou mauvaises, se ressentent du sang dont ils sont
sortis. *La nation*; car chaque nation a
ses mœurs, et vous ne persuaderez point
la même chose d'un Romain, d'un Grec
et d'un Barbare. *La patrie*; car les ré-
publiques et les villes ont aussi leurs coutumes, et leurs opinions. *Le sexe*; ainsi
le vol et le brigandage sont plus croyables dans un homme, et l'empoisonne-

ment plus croyable dans une femme. *L'âge*; qui ne sait en effet qu'une chose convient à un âge, autre chose à un autre. *L'éducation*; car il importe beaucoup comment et par qui on a été élevé. *La forme du corps et la constitution*; car la beauté va rarement avec la sagesse, et la force est aisément soupçonnée de violence et d'emportement, comme les qualités contraires forment des préjugés tout contraires. *La fortune*; parce que telle chose est probable dans un homme riche, ou qui a nombre de parents, d'amis, et de clients, laquelle ne l'est pas dans un homme pauvre et dénué de tout secours. *La condition*; car la différence est grande entre un homme connu et un homme obscur; entre un magistrat et un particulier; entre un pere et un fils; un citoyen et un étranger; une personne libre et un esclave; entre un homme marié et un homme qui vit dans le célibat; entre un pere de famille et un pere qui a perdu tous ses enfants. *Le naturel et les inclinations*; car l'avarice, la colere, la bonté d'ame, la cruauté, la sévérité, et les habitudes semblables nous déterminent souvent à croire certaines choses, ou à ne les pas croire. Il en est de même de *la maniere de vivre*, selon qu'elle est somptueuse, ou sordide, ou réglée. *La profession ;* car celui qui vit à la campagne, et celui qui fréquente le barreau ; et le marchand, et l'homme de guerre, et le médecin et les gens de mer, toutes ces personnes pensent et agissent différemment.

Il faut examiner aussi dans chaque personne, non-seulement ce qu'elle est, mais ce qu'elle affecte de *paroître.* Car l'un veut être tenu pour riche, l'autre pour éloquent ; celui-ci pour accrédité, celui-là pour vertueux. On examine encore *les actions et les discours* qui ont précédé, parce qu'en fait de mœurs, on juge fort bien du présent par le passé. Enfin on peut ajouter à tout cela ces mouvements involontaires et soudains qui s'emparent de nous malgré nous, comme la colere et la peur. A l'égard des desseins, ils embrassent tous les temps, le passé, le présent et l'avenir ; et quoiqu'ils regardent véritablement la personne, je crois qu'il vaut mieux les ranger sous cette espece d'argument, qui se tire des motifs ; de même que cette disposition d'esprit qui rend un homme ami ou ennemi de notre partie.

Quelques-uns considerent encore dans la personne le nom qu'elle porte. Je conviens que c'est une différence qui survient

nécessairement; mais rarement en tire-
t-on des arguments : si ce n'est que ce
nom ait été imposé pour quelque raison
particuliere, comme le nom de sage, de
grand, etc. ou qu'il ait donné occasion à
quelque entreprise; comme on dit que
Lentulus trempa dans la conjuration de
Catilina, parce que les livres des Sybilles et
les réponses des Aruspices promettoient la
domination à trois Cornélius; et qu'il
crut être le troisieme que cette prédiction
regardoit après Sylla et Cinna, ayant
nom Cornélius aussi bien qu'eux. Nous
voyons de même dans Euripide qu'E-
téocle tire avantage du nom de son frere
Polynice, comme d'un nom qui marquoit
le caractere de son esprit, ce qui me
paroît froid, et peu digne d'un si grand
poëte. Il faut avouer pourtant que les
noms donnent lieu à quantité de bons
mots, et nous en avons plus d'un exemple dans les oraisons de Cicéron contre
Verrès. Telles et autres semblables réflexions pourront se faire sur la personne.
Car, encore une fois, je ne prétends pas
tout dire ni sur ce point ni sur les autres,
et je me contente de montrer le chemin,
afin qu'on le suive.

Je passe donc aux choses; et comme les
actions ont un rapport plus immédiat à la

personne, c'est par elles que je commence. Or, toute action souffre naturellement ces questions : pourquoi on l'a faite, où, quand, comment, et par quel moyen on l'a faite. D'où il s'ensuit que les arguments se tirent, en premier lieu, des causes d'une action, soit qu'elle soit faite, ou à faire : et parce que les choses qui se présentent à nous sont bonnes ou mauvaises, que l'on recherche les premieres, et que l'on évite les secondes, nous pouvons fort bien les comprendre toutes sous ces deux genres ; et nous diviserons chaque genre en quatre especes. Car la raison de faire une action ne sauroit être que l'une de ces quatre, ou pour acquérir un bien, ou pour l'augmenter, ou pour le conserver, ou pour en jouir ; ou bien l'une de ces quatre autres, ou pour éviter un mal, ou pour s'en délivrer, ou pour le diminuer, ou pour le changer en bien ; comme en effet ces motifs entrent dans toutes nos délibérations. Mais ce sont les bonnes actions qui naissent de ces causes ; les mauvaises au contraire viennent des fausses idées que nous nous faisons ; car l'origine de ces dernieres, est qu'une chose nous paroît bonne ou mauvaise, qui ne l'est pas en effet. Delà nos erreurs et nos mouvements déréglés, comme la haine, la colère, l'envie, la cupidité, l'ambition, l'audace, la crainte, etc.

A toutes ces causes il faut ajouter celles que nous appellons fortuites, comme, l'ignorance et l'ivresse, parce qu'elles donnent aussi quelquefois matiere aux arguments ; et l'on s'en sert tantôt pour excuser un crime, et tantôt pour l'aggraver ; par exemple, si je disois qu'un homme, en dressant des embûches à son ennemi, a tué un autre homme. On n'examine donc pas seulement les causes d'une action pour prouver un crime, mais aussi pour justifier celui qui en est accusé ; comme lorsqu'on soutient qu'un tel a eu raison de faire telle action, et qu'il l'a faite par un bon motif. C'est ce qui a été plus amplement expliqué dans le troisieme livre. Souvent même l'action se définit par rapport au motif qui nous l'a fait entreprendre. Ainsi le motif a grande part à la décision des causes, dont l'état roule sur la définition ; comme, quand on agite, s'il faut traiter de sacrilége un homme qui, pour repousser les ennemis, a pris des armes que l'on gardoit dans un Temple.

Les arguments se tirent aussi de la considération du lieu. Car une action est plus ou moins probable, suivant la situation des lieux où l'on prétend qu'elle s'est faite. On examinera donc si c'est un terrein plat, ou montagneux ; un endroit maritime ou avancé dans les terres ; cultivé ou inculte ; fréquenté ou désert ; proche ou éloigné ; favorable à un dessein ou contraire. Nous voyons que Cicéron insiste avec beaucoup de force sur ces réflexions dans son oraison pour Milon ; et la circonstance du lieu est si importante, que non-seulement elle détermine dans les causes dont l'état est de conjecture, mais qu'elle peut même en changer l'espece, et former une question de droit ; comme lorsqu'on examine si c'est un lieu public, ou particulier, profane ou sacré ; un bien qui nous appartienne, ou qui soit à autrui. Il en est comme de la qualité de magistrat, de pere, d'étranger à l'égard de la personne. Car de-là naissent ces questions, *Vous avez dérobé l'argent d'un particulier, mais vous l'avez dérobé dans un temple ; ce n'est point un larcin, c'est un sacrilége. Vous avez tué un adultere, et la loi vous le permet ; mais vous l'avez tué dans un mauvais lieu, vous êtes coupable de meurtre.* Lesquelles sont toutes semblables à celles-ci, *Vous m'avez outragé, moi magistrat, c'est un crime de lese-majesté.* Ou bien au contraire, *j'ai fait cela , et je l'ai pu faire , parce que je suis pere , parce que je suis magistrat , etc.*

Il faut donc remarquer que les mêmes arguments , dont on se sert pour établir la nature d'un fait, sont la matiere des questions dans les affaires de droit. Le lieu est encore d'un grand poids, dans les causes dont l'état se prend de la qualité du fait ; car les mêmes choses ne sont ni permises , ni bienséantes également partout. Il importe même beaucoup d'examiner quelle est la ville, ou la république où se doit décider la question , parce que chaque pays a ses loix, ses coutumes, et ses mœurs. Quelquefois aussi la circonstance du lieu suffit , pour rendre une personne ou plus recommandable , ou plus odieuse. Ainsi dans Ovide , Ajax s'écrie :

> *Grands dieux , quelle injustice !*
> *C'èst devant nos vaisseaux qu'on me compare*
> *Ulysse !*

Ainsi on rendoit le crime de Milon plus attroce, en lui imputant d'avoir fait assassiner Clodius , sur la sépulture même de ses peres. Enfin , le lieu est d'une extrême conséquence dans les délibérations, aussi bien que le temps, dont l'ordre veut que je parle présentement.

Le temps, comme j'ai déjà dit ailleurs, se considere en deux manieres. L'une générale, qui comprend le passé, le présent et l'avenir ; et qui s'exprime par ces façons de parler, *à présent, autrefois, sous Alexandre le Grand, durant le siége de Troie*, etc. L'autre particuliere qui se marque par certaines différences, prises de la nature ou du hazard ; comme lorsque nous disons, *En été, en hiver, de jour, de nuit* ; ou bien, *pendant la peste, durant la guerre, dans un festin*, etc. Quelques-uns de nos rhéteurs ont cru que c'étoit assez distinguer ces deux manieres, que d'appeller la premiere en général *le temps*, et la seconde *les temps* (1). Quoi qu'il en soit, il est certain que l'une et l'autre méritent une attention particuliere, soit dans le genre démonstratif, soit dans les délibérations ; mais encore plus dans le genre judiciaire. Car outre que la circonstance du temps donne matiere à plusieurs questions de droit, qu'elle sert à distinguer la qualité du fait, et qu'elle entre naturellement dans la discussion des cause, dont l'état est conjectural ; on en tire quelquefois des preuves qui sont incontestables ; comme, par

____

(1) *Il falloit* : Et la seconde, le temps particulier, ou un temps déterminé. *C.*

exemple, si l'on produisoit une piece dont la date fût postérieure à la mort d'une des personnes que l'on dit y avoir signé ; ou si l'on vous accusoit d'un crime, et que dans le temps qu'on suppose que vous l'avez commis, vous fissiez voir que vous n'étiez qu'un enfant, ou même que vous n'étiez pas encore né.

Ce lieu est d'une si grande étendue, qu'il est aisé d'y rapporter la plupart des arguments ; puisqu'ils naissent presque tous ou de ce qui précède, ou de ce qui accompagne, ou de ce qui suit : de ce qui précède, par exemple ; *Vous l'aviez menacé ; vous êtes sorti pendant la nuit, et vous avez pris les devants pour l'aller attendre sur le chemin.* De ce qui accompagne, [Sur quoi ils ont fait une distinction assez subtile ; et ils ont appellé du temps immédiatement écoulé, mais joint.] *On a entendu du bruit.* [et du temps actuel et lié avec l'action. C.] *On a entendu des clameurs et des cris.* De ce qui suit, *Vous vous êtes tenu caché, vous avez pris la fuite, son corps est devenu tout livide et enflé.* Les causes mêmes pourquoi une action s'est faite, se rapportent assez naturellement au passé. Il y a d'autres divisions auxquelles je ne m'arrête pas, parce qu'elles sont plus subtiles que nécessaires. Je ferai seulement observer que le défendeur de son côté, approfondit aussi la circonstance du temps, pour détruire ce qui lui est objecté. En effet, ce lieu renferme toute la suite des dits et des faits qui entrent dans un procès.

Mais ces dits et ces faits s'examinent par rapport au passé ou à l'avenir : car il y a des choses que l'on fait, parce que l'on en doit faire d'autres ensuite; et il y en a qui se font, parce qu'il s'en est déjà fait d'autres auparavant. Par exemple, le mari d'une belle femme est accusé de la prostituer, et entre autres preuves on en donne celle-ci, qu'il a épousé cette femme quoiqu'elle eût été convaincue d'adultere. Un jeune débauché dit à son pere qui lui remontre son devoir : *De votre vie vous ne me ferez de ces réprimandes.* Le pere est trouvé mort, on accuse le fils de ce parricide. Dans le premier de ces deux exemples, cet homme ne prostitue pas sa femme, parce qu'il l'a épousée; mais il l'a épousée, parce qu'il la vouloit prostituer. Et dans le second, ce fils ne tue pas son pere pour lui avoir ainsi parlé; mais il lui a parlé ainsi, parce qu'il avoit un dessein formé de le tuer.

Quant aux événements qui sont l'effet

du hazard, desquels on tire aussi des arguments, sans doute ils se rapportent encore à ce qui a suivi; et d'ordinaire on
les releve par quelque qualité particuliere
à la personne de qui l'on parle : *Scipion
étoit meilleur capitaine qu'Annibal ; il a
vaincu Annibal. C'est un habile pilote, il
n'a jamais fait naufrage. C'est un bon
laboureur, il a fait une riche moisson.* Ou
de cette autre maniere : *Il a toujours été
homme de dépense, il s'est ruiné. Il a mené
une vie honteuse, il est méprisé de tout le
monde.*

Après les circonstances du temps, on
examine les facilités et le pouvoir, et
principalement dans les causes dont l'état
est de pure conjecture ; car il est à croire
que le plus grand nombre l'a emporté
sur le plus petit, la force sur la foiblesse,
la vigilance et la précaution sur la négligence et l'inaction : comme il est probable
au contraire, que le plus foible a été
vaincu par le plus fort, etc. Ce lieu est
d'une grande importance dans les matieres
délibératives. Au barreau il roule ordinairement sur deux points, *si on l'a voulu,
si on l'a pu ;* car l'espérance de réussir
engage souvent la volonté. De-là ce point
de conjecture que Cicéron traite si bien
dans l'oraison pour Milon ; *D'un côté*

Clodius à cheval, bien accompagné, prêt à tout entreprendre, et sans rien qui l'embarrasse; de l'autre Milon en chaise avec des femmes, enveloppé dans son manteau. Qui des deux, Messieurs, penserons-nous qui ait eu dessein d'attaquer l'autre? Aux facultés il faut joindre les moyens, ou les instruments que l'on a mis en usage pour exécuter une action; d'où naissent quelquefois les signes, comme seroit la pointe d'une épée que l'on auroit trouvée dans le corps d'un homme ou mort ou blessé.

Enfin il y a la maniere qui donne lieu d'examiner comment une action s'est passée; autre source d'arguments qui est d'un fort grand secours, soit pour juger de la qualité du fait, et dans les questions de droit; par exemple, si je soutenois qu'on n'a pas dû faire mourir un adultere par le poison, mais par le fer; soit dans les faits qui se décident par voie de conjecture, comme si je disois que telle chose s'est faite à bonne intention, et que c'est pour cela qu'on l'a faite à la vue de tout le monde; ou au contraire, qu'elle s'est faite à mauvais dessein; c'est pourquoi on a pris le temps de la nuit, on s'est caché.

De plus, dans toutes les choses que l'on considere en elles-mêmes, et indépendemment du rapport qu'elles peuvent avoir aux personnes, et à cet assemblage de circonstances qui fait la matiere des procès. Il y a trois questions à examiner : *si une chose est, ce qu'elle est, quelle elle est.* L'ordre voudroit que j'assignasse à chacune ses lieux propres : mais comme elles en ont plusieurs de communs entr'elles, il n'est pas aisé d'y procéder par une division bien juste; et je crois qu'il vaut mieux les ranger elles-mêmes sous ces lieux, selon qu'elles pourront s'y rapporter.

Premierement donc, on tire des arguments de la définition; et cela se fait en deux manieres. Car on peut demander simplement ce que c'est, par exemple, que la vertu; et l'on peut aussi faire cette question, si telle chose est une vertu. Auquel cas on commence par définir, et ensuite on applique la définition à son sujet. Cette définition est tantôt générale, comme celle-ci, *La rhétorique est l'art de bien parler;* tantôt plus particuliere, plus détaillée, comme si je disois, *La rhétorique est l'art de bien inventer, bien arranger et bien exprimer tout ce qui peut tomber dans le discours ; non-seulement avec une mémoire sûre, mais avec toutes les graces et toute la dignité de l'action.*

Tantôt c'est la nature de la chose que l'on définit, comme dans cet exemple ; et tantôt c'est seulement le nom dont on donne l'étymologie ou l'explication, *paresseux, qui est adonné à la paresse* (1). A la définition se rapportent naturellement le genre, l'espece, les propriétés et les différences, tous lieux où l'on puise une infinité d'arguments.

Le genre ne sert de rien pour prouver l'espece, mais il sert beaucoup pour l'exclure. Ainsi de ce que c'est un arbre, il ne s'ensuit pas que ce soit un plâne ; mais ce qui n'est point un arbre ne peut jamais être un plâne ; comme ce qui n'est point vertu ne sauroit jamais être justice. Pour faire donc une bonne définition, il faut descendre du genre jusqu'à la derniere espece. Par exemple, *l'homme est un animal* : ce n'est pas assez ; car *animal* eſt le genre : *un animal mortel* : ce n'est pas encore assez ; car *mortel* est bien une espece ; mais cela n'empêche pas que la définition ne soit commune aux autres animaux. *L'homme est un animal mortel raisonnable*. La définition est juste, et l'on n'a plus rien à desirer. Au contraire, l'es-

(1) Au lieu de cet exemple, il y a dans Quintilien : comme *assiduus*, vient *ab asse dando* ; *locuples, a loco* ; *pecuniosus*, à *pecorum copia. C.*

pece prouve nécessairement le genre, et l'on n'en tire pas grand avantage pour l'exclure. Car ce qui est justice est nécessairement vertu ; et ce qui n'est pas justice peut néanmoins être vertu, comme force et tempérance. C'est pourquoi vous ne retrancherez jamais le genre de l'espece, à moins que vous ne retranchiez de ce genre toutes les especes qui en dépendent, par exemple, de cette façon : *Ce qui n'est ni mortel, ni immortel n'est point animal.*

Au genre et à l'espece on ajoute les propriétés et les différences. Par les premieres on confirme la définition, et par les secondes on la détruit. On appelle propriété un accident qui convient au seul sujet que l'on définit, comme à l'homme de rire et de parler ; ou qui lui convient, mais non pas seulement à lui, comme au feu d'échauffer. Et une même chose peut avoir plusieurs propriétés ; ainsi le feu a celle d'échauffer et d'éclairer : d'où il s'ensuit que les propriétés qui ne s'accorderont pas avec la définition, la rendront vicieuse ; et que telles pourront s'accorder avec elle, qui ne la rendront pas meilleure. Ce lieu donne occasion à plusieurs questions, quand on examine quel est le propre de chaque chose. Par exemple,

si l'on disoit que le propre d'un destruc-
teur de tyrans, est de tuer les tyrans, et
que nous le niassions. En effet, un bour-
reau qui les exécuteroit, ou un homme
qui les tueroit par mégarde ou malgré
lui, ne mériteroit pas ce nom.

Ce qui ne sera point propre, sera différent. Ainsi autre chose est de servir,
autre chose d'être serf. D'où naît cette
question, si un homme qui est insolvable,
et que la loi condamne à servir ses créanciers, est esclave. On dira que non, parce
qu'un esclave, quand il obtient la liberté, devient affranchi, et qu'il n'en est pas
de même de celui que la loi livre à ses
créanciers. On appelle encore différences,
certaines qualités qui, après que le genre
a été divisé en especes, distinguent l'espece même. *Animal,* c'est le genre. *Mortel,* c'est l'espece. *Terrestre,* ou *à deux
pieds,* c'est la différence. Car ce n'est pas
encore une propriété; mais cependant
l'espece differe deja d'un animal aquati-
que, ou à quatre pieds. Cette observation
pourtant regarde moins les arguments,
que la maniere de définir exactement les
choses.

Cicéron ne lie (1) pas tellement à la
définition le genre et l'espece, ou la forme,

____

(1) Cet endroit est tiré des Topiques de Cicéron.

Tome II.   H

comme il l'appelle, qu'il ne les subor-
donne encore à la relation. Par exemple,
dit-il, si un homme à qui un ami legue
en mourant, ce qui se trouvera d'argent
chez lui, demandoit aussi la vaisselle d'argent (1), ce seroit une raison tirée du
genre. Mais si un mari faisoit un legs à
celle de ses femmes qui a la qualité de
mere de famille, et que l'on refusât la
délivrance de ce legs à celle qui n'a pas
cette qualité, ce seroit une raison tirée de
l'espece, parce qu'il y a deux sortes de
mariages parmi nous. (2).

Le même auteur observe que la division est d'un grand secours pour bien définir, et il met de la différence entre la
division et la partition. Celle-ci, selon lui,
divise le tout en ses parties, et celle-là
divise le genre en ses especes. Or le nombre des parties d'un tout est incertain ; par

J'ai changé quelque chose à l'exemple qu'il rapporte,
et il l'a fallu pour en conserver le sens.

(1) Le traducteur, ici et ailleurs, n'a point entendu *signatum*, (supple *argentum*) c'est l'argent
monnoyé. *C.*

(2) Ils avoient deux sortes de femmes. Les premieres avoient la qualité de meres de famille, *ma-
tres familias*. On les épousoit pour en avoir des enfants en légitime mariage. Les secondes n'avoient
point la qualité de meres de famille, et s'acquéroient
non par une célébration de mariage, mais seulement
par l'usage et la cohabitation.

exemple, de combien de particuliers une République est composée; au lieu que le nombre des especes est fixe, par exemple, combien il y a de sortes d'états. Car nous savons qu'il y en a trois, l'une dont l'autorité réside dans un seul chef; l'autre qui est gouvernée par un grand nombre de chefs; et la troisieme, dont le gouvernement est entre les mains du peuple. Cicéron, qui adresse son ouvrage à un habile jurisconsulte, a mieux aimé se servir d'exemples tirés du droit; et moi j'en ai substitué d'autres qui m'ont paru plus clairs, et plus à la portée de tout le monde.

Je reviens aux propriétés, et j'ajoute qu'elles sont d'une grande considération, dans des causes dont l'état est de conjecture. Ainsi, il est croyable qu'un tel qui est honnête homme, s'est bien conduit en telle occasion, et qu'un autre qui est prompt et colere, s'est laissé emporter. Au contraire, et cependant par la même raison, il est à croire que certaines personnes ne sont nullement capables de certaines choses.

La division sert également à prouver, et à réfuter. Si vous prouvez, il suffira de vous attacher à l'une de ses parties. Vous voulez montrer qu'un homme est citoyen

romain. Vous dites : *On est citoyen ro*
main ou de naissance ou par grace. Montrez que cet homme l'est en l'une ou e[n]
l'autre maniere, il n'en faut pas davantage. Mais si vous réfutez, il faut détruire les deux propositions, *il ne l'est n[i]*
de naissance ni par grace. Et comme l[a]
division peut avoir beaucoup plus de membres ; de la réfutation de chacun d'eux
naît un argument que l'on emploie tantô[t]
à montrer que le tout est faux, tantôt [à]
faire voir qu'il n'y a qu'une propositio[n]
de vraie, qui est justement celle que l'o[n]
veut prouver. Le tout devient faux d[e]
cette maniere : *Vous avez prêté de l'ar-*
gent, dites - vous. Cet argent, ou vou[s]
l'aviez à vous, ou vous l'avez reçu de quel[-]
qu'un, ou vous l'avez trouvé, ou vou[s]
l'avez dérobé. Vous ne l'aviez point, vou[s]
ne l'avez ni reçu, ni trouvé, ni dérobé[,]
vous n'en avez donc point prêté. Une seul[e]
proposition reste vraie, de cette sorte : *Ce[t]*
esclave que vous revendiquez, est né che[z]
vous, ou vous l'avez acheté, ou bien o[n]
vous l'a donné, ou il vous a été légué pa[r]
testament, ou vous l'avez pris sur les en-
nemis, ou il est à un autre. Il n'est poin[t]
né chez vous, on ne vous l'a point don-
né, etc. donc cet esclave est à un autre.

Mais dans ces divisions le genre est [à]

craindre, et doit être bien considéré. Car s'il vous échappe une seule espece, non-seulement votre argument tombe, mais vous vous exposez à la risée des auditeurs. Le plus sûr est de faire comme fait Cicéron dans l'oraison pour Cécinna, lorsqu'interrogeant son adversaire, *S'il n'est pas question ici de violence*, dit-il, *de quoi est-il donc question ?* car par-là, sans entrer dans un détail dangereux, il éloigne toutes les autres especes ; ou bien de proposer deux choses qui soient contraires, et dont il suffit que l'une des deux soit vraie. Par exemple, *Il n'y a personne si injuste envers Cluentius, qui ne convienne avec moi, Messieurs, que si les Juges ont été corrompus, c'est par Avitus, ou par Oppianicus. Si je fais voir que ce n'est point par Avitus, il s'ensuit que c'est par Oppianicus ; et si je convaincs celui-ci, je justifie insensiblement celui-là.*

C'est un argument qui est encore à-peu-près de même sorte, lorsque de deux propositions on oblige l'adverse partie d'en admettre une, quoique toutes deux soient également contre elle. Cicéron en use ainsi dans la défense d'Oppius. *On lui a arraché l'épée des mains. Est-ce après qu'il en eût frappé Cotta, ou lorsqu'il s'en vouloit servir à se tuer lui-même ?* Et dans l'oraison pour Varénus ; *Voulez-vous, Messieurs, que Varénus ait tenu ce chemin par hazard, ou à l'instigation de ; etc.* on vous permet de croire lequel des deux il vous plaira. Ensuite il tourne l'un et l'autre contre l'accusateur. Quelquefois on propose deux choses de telle maniere, que laquelle des deux que l'on choisisse, c'est toujours la même conséquence. Par exemple, [*Il faut raisonner suivant la méthode des philosophes, lors même qu'il ne s'agit pas de traiter une matiere philosophique ;* et cet exemple plus usité. C.] *Pourquoi vous servir de figure, si l'on vous entend ? Pourquoi vous en servir, si l'on ne vous entend pas ? Et celui qui peut supporter la douleur mentira à la question, et celui qui ne la peut supporter.*

Comme nous avons distingué trois temps, aussi faut-il remarquer que l'ordre des faits est renfermé dans ces trois temps. Car il n'y a point d'affaire qui n'ait un commencement, un progrès et une fin. On se querelle, on se bat, on se tue. C'est donc encore ici un lieu qui fournit aux arguments, et que nous pourrons appeller *lieu des choses qui se confirment réciproquement les unes les autres.* En effet le commencement nous fait souvent juger de la fin ; et c'est ce que veulent dire ces pa-

toient (1) : « *Comment pourrois-je espérer d'obtenir les honneurs et les charges de la république, lorsque j'en fais la demande sous des auspices si malheureux?* Et la fin, à son tour, peut nous donner une idée du commencement. Ainsi l'action que fit Sylla de se démettre de la dictature, est une preuve que ce n'étoit pas l'envie de régner, qui lui avoit mis les armes à la main. De même du progrès d'une affaire, on tire des conséquences pour son origine et pour sa fin, non-seulement en fait de conjecture, mais en matière de droit naturel, comme lorsqu'on demande si l'issue d'une action doit être rapportée à ce qui en a été le principe; c'est-à-dire, par exemple, s'il faut imputer le meurtre à celui par qui la querelle a commencé.

Voici encore d'autres lieux d'où l'on peut tirer des arguments. Les semblables : *Si la continence est une vertu, l'abstinence en est une aussi. Si un tuteur doit donner caution, de même celui qui agit comme procureur.* C'est ce que Cicéron appelle induction, à l'exemple des rhéteurs grecs. Les dissemblables : *La joie est un bien, non pas la volupté. Parce qu'il est permis de payer entre les mains d'une femme,*

(1) Cet endroit est corrompu dans le texte. J'en ai tiré le sens que j'ai pu.

il ne s'ensuit pas qu'il soit permis de payer entre les mains d'un pupille ? Les contraires : *La frugalité est bonne, car le luxe est mauvais. Si la guerre est la cause de nos maux, la paix en sera le remede. Si celui-là est digne de pardon qui a fait tort sans y penser, celui-là ne mérite pas récompense, qui a rendu service sans le vouloir.* Les choses qui impliquent contradiction. Par exemple, *Quiconque est sage, n'est pas fou.* Les conséquents ou les adjoints. *Si la Justice est un bien, il faut juger équitablement. Si la perfidie est un mal, il ne faut pas tromper ;* ou bien en retournant la proposition, car elle se retourne. Les exemples suivants ne sont pas fort différents, et je ne fais pas difficulté de les mettre au même rang. *Vous ne sauriez avoir perdu ce que vous n'aviez point. On n'offense point volontairement une personne que l'on aime. Il faut chérir bien particulierement un homme, quand on le choisit pour en faire son héritier.* Cependant ces arguments étant indubitables, ils approchent fort des signes que nous avons appellés nécessaires.

Mais quoique je paroisse confondre les premiers exemples avec les derniers, je me servirois volontiers de deux mots grecs, (ἀκόλυθα καὶ ἐπαγόμενα) pour marquer la différence délicate qui est entre les uns et les autres. Car la bonté suit la sagesse différemment des autres adjoints que j'ai rapportés, qui comprennent seulement ce qui a été, ou ce qui doit être (1). Après tout, qu'on les appelle comme on voudra; je ne suis pas en peine du nom, pourvu que le fonds des choses nous soit connu, et que nous sachions que les uns résultent du temps, et les autres de la nature même de la chose.

Cela supposé, je ne doute pas qu'il ne faille assigner au même lieu certains arguments, ou ce qui doit suivre est inféré de ce qui a précédé. Quelques rhéteurs, pour plus d'exactitude, en distinguent de deux sortes. Les uns se tirent d'une action, comme dans l'oraison pour Oppius : *Des gens qu'il n'a pu faire aller en province malgré eux, comment auroit-il pu les retenir malgré eux ?* Les autres de la circonstance du temps : *Si les édits du préteur n'ont force de loix, que jusqu'aux calendes de Janvier, pourquoi n'auront-ils pas force de loix à commencer aux mêmes*

---

(1) *Il falloit* : La bonté est une suite naturelle de la sagesse ; elle vient en même-temps ; elle est son *consequens*, ἀκόλυθον ; au lieu que les autres choses dont j'ai parlé, ne sont arrivées ou n'arriveront qu'après quelque intervalle de temps. ce sont des *sequentia*, ἐπαγόμενα. *C.*

calendes de Janvier ? Et ces deux exemples sont de telle nature, qu'en renversant les propositions, on en tire une conséquence toute contraire. Car si l'on n'a pu retenir ces gens malgré eux, il s'ensuivra que l'on n'a pu aussi les faire marcher malgré eux.

Pareillement, ces arguments dont les parties, par le rapport qu'elles ont entr'elles, sont la preuve l'une de l'autre, quoique quelques-uns en fassent un genre à part, je tiens pour moi qu'il faut les mettre au nombre de ce que nous appellons conséquents (ἐκ τῶν πρὸς ἄλληλα) ou adjoints. Par exemple : *Si les Rhodiens peuvent honnêtement affermer leur douane, Hermacréon en peut honnêtement être le fermier. Un art qui peut s'apprendre avec honneur, peut bien être enseigné sans honte.* A quoi je rapporte cette pensée de Domitius Afer, laquelle, pour être tournée d'une autre façon, ne laisse pas d'être de même espece ; *Je l'ai accusé, Messieurs, et vous l'avez condamné.* Tels sont encore les arguments dont on peut tirer plusieurs conséquences opposées et corrélatives ; ainsi qui prouve que le monde a eu un commencement, prouve en même-temps qu'il aura une fin, parce que tout ce qui a commencé doit finir.

Tels enfin, ou semblables, sont les arguments qui prouvent les effets par leur
cause, ou la cause par ses effets ; bien que
les théteurs leur donnent un lieu particulier, qu'ils appellent *Lieu des causes*. Mais
dans cette maniere d'argumenter, la conséquence est tantôt nécessaire, tantôt seulement probable. Nécessaire, par exemple : *Un corps à la lumiere fait de l'ombre,
et par-tout où il y a de l'ombre, il y a
nécessairement un corps.* Probable, et non
nécessaire, soit que cela vienne de la
cause ou de l'effet, ou de tous les deux
ensemble. Par exemple : *Le Soleil colore
les objets, mais tout ce qui est coloré ne
l'est pas par le Soleil. Le chemin rend poudreux, mais tout chemin ne fait pas de la
poudre ; et l'on peut être poudreux, sans
que cela soit causé par le chemin.*

Il en est à-peu-près de même des choses
qui ont une véritable cause efficiente.
Voici donc comme on peut raisonner : *Si la
sagesse fait l'homme de bien, le sage est certainement homme de bien. Par conséquent
il est de l'homme de bien de se comporter sagement, et d'un méchant homme de se comporter mal. Et ceux qui se comportent sagement sont avec justice réputés gens de
bien, comme ceux qui se comportent mal,
sont réputés méchants.* Au contraire, l'exer-

cice rend d'ordinaire le corps robuste ; mais il ne s'ensuit pas que quiconque est robuste, fasse beaucoup d'exercice ; ni que celui-là soit robuste, qui fait beaucoup d'exercice. La valeur fait qu'on ne craint point la mort ; mais ce n'est pas à dire que tous ceux qui ne craignent point la mort, aient de la valeur.

Cette sorte d'arguments convient surtout au genre délibératif. *La vertu attire l'estime, il faut donc la pratiquer. La volupté traîne ordinairement après elle la honte et l'infamie, il faut donc la fuir.* Sur quoi les maîtres nous donnent un avis fort sage, de ne pas reprendre les causes de trop loin, ni dès la premiere origine. Par exemple, dans Euripide, la nourrice de Médée dit : *Plût aux Dieux que jamais dans les Forêts du Pélion, etc.* comme si les arbres qu'on avoit coupés dans cette forêt pour la construction de quelques vaisseaux, étoit ce qui faisoit le crime et le malheur de Médée. Et Philoctète dit à Pâris : *Si vous aviez su commander à vos passions, je ne serois pas dans l'état où je suis.* En remontant à un principe si éloigné, on amenera les choses d'où l'on voudra, et où l'on voudra.

Je croirois qu'il seroit ridicule d'ajouter à tous ces lieux, celui qu'ils appellent des

mots *conjugués* (1), si ce n'étoit que Cicéron s'en sert. Par exemple, quand on
dit que ceux-là agissent avec justice qui
font une chose juste ; que les communes
doivent être en communauté, etc. ce qui
est si clair, si évident, que je doute qu'il
puisse avoir le nom d'argument.

Il y a aussi le lieu *des comparatifs* ou
de comparaison, par le moyen duquel
en comparant le petit au grand, ou le
grand au petit, ou le pareil avec son pareil, on confirme l'un par l'autre. Ainsi,
en fait de conjecture, on tire cette conséquence du grand au petit : *Un homme qui
est capable de faire un sacrilége, fera bien
un larcin.* Du petit au grand : *Qui ment
hardiment et sans peine, pourra bien se
parjurer.* De pareil à pareil : *Quiconque
a reçu de l'argent pour juger une affaire
contre la justice, en recevra bien aussi pour
servir de faux témoin.* De même dans les
questions de droit : *S'il est permis d'ôter
la vie à un adultere, à plus forte raison
de le châtier. Si l'on peut tuer un voleur
qui entre dans nos maisons pour nous vo-*

(1) *συζυγίαν.* On appelle en terme de Gram-
maire, des mots *conjugués*, ceux qui ont de la
liaison, de l'affinité, de la ressemblance entre
eux, et qui n'ont que la terminaison, ou quelques lettres différentes, comme *justice*, *juste*,
justement.

ler, que ne peut-on pas faire à celui qui vient pour nous égorger ? Un supplice que la loi ordonne contre celui qui a tué son pere, n'est-il pas censé ordonné contre celui qui a tué sa mere.

Ces arguments sont sur-tout d'usage dans les causes, où l'on procede par voies de syllogismes. Les exemples suivants sont plus pour celles dont l'état se prend ou de la définition, ou de la qualité du fait. *Si la force est un avantage du corps, la santé en est un aussi. Si le larcin est un crime, à plus forte raison le sacrilége. Si l'abstinence est une vertu, de même la continence. Si le monde est gouverné par la Providence, il faut prendre soin des affaires de la république.* [*Si on n'a pu élever une maison sans raisonnement et sans intelligence, que doit-on penser de l'art de la Navigation et de la Guerre ? C.*]

Je ne juge pas qu'il soit nécessaire de diviser ce lieu en plusieurs especes ; cependant on le divise. Car de la comparaison d'un seul à plusieurs, et de plusieurs à un seul ; du genre à l'espece ; de la partie au tout ; de ce qui contient à ce qui est contenu ; du plus difficile au plus facile ; de ce qui est plus proche à ce qui est plus éloigné, etc. on tire des conséquences de la même maniere. Ainsi, quand nous disons que ce qui nous arrive une fois, peut bien nous arriver plusieurs fois, c'est un argument fondé là-dessus. A la vérité, toutes ces choses sont en quelque façon plus grandes ou plus petites, ou du moins ont une proportion semblable. Mais si nous avons égard à cela, il faudra multiplier les especes à l'infini. Car la comparaison n'a point de fin, puisqu'il y aura toujours des choses plus agréables, plus importantes, plus nécessaires, plus honnêtes, plus utiles les unes que les autres.

Je n'en dirai donc pas davantage, pour ne pas tomber moi-même dans la prolixité que je blâme. J'apporterai seulement quelques exemples, entre un très-grand nombre que l'on en pourroit donner. Du plus grand au moindre : *Trouverez-vous donc étrange, Messieurs, qu'une chose, qui est capable d'étonner des armées entieres, jette l'épouvante parmi des gens de robe ?* Du plus facile au plus difficile : *Voyez, Clodius, s'il vous étoit facile d'obtenir cette charge, puisque celui qui, de votre propre aveu, devoit l'emporter sur vous, ne l'a pas obtenue.* Du plus difficile au plus facile : *Remarquez, je vous prie, Tubéron, que moi qui ne fais pas difficulté d'avouer mon crime, je suis bien plus retenu sur le fait de Ligarius (1). Et au même endroit, Ligarius n'a-t-il pas sujet de tout espérer de votre bonté, César, quand il voit que je suis bien reçu à vous demander grace pour autrui ?* Du plus petit au plus grand : *Quoi donc ? de savoir qu'il y avoit-là des gens armés, c'est une preuve de violence pour vous ; et de tomber entre les mains de ces mêmes gens, d'en être maltraités, ce n'en sera pas une pour nous ?*

Pour comprendre donc tout en peu de mots, la personne, les actions, les motifs, le lieu, le temps qui renferme le présent, le passé et l'avenir ; les facilités et le pouvoir ; les instruments et les moyens, la maniere, la définition et ses dépendances ; je veux dire, le genre, l'espèce, les différences et les propriétés, la division et la réfutation de ses parties, le commencement, le progrès et la fin de chaque chose ; les semblables, les dissemblables, les contraires, les choses qui impliquent contradiction, les conséquents et les adjoints, les causes, les effets, les mots *conjugués*, la comparai-

______

(1) C'est un contre-sens. Il falloit traduire : *Si je ne fais pas difficulté d'avouer mon crime, il m'est bien plus facile d'avouer celui de Ligarius.* C. (ou comme Wailly : *Jugez maintenant, Tubéron, puisque j'avoue ma propre faute, si je n'avouerai pas celle de Ligarius.*)

sent dont on distingue plusieurs sortes ;
voilà les lieux et les sources d'où l'on
tire les arguments.

Enfin, car il faut encore ajouter cela,
on n'argumente pas seulement sur des
principes réels, mais aussi par supposition,
ou comme parlent les Grecs, par hypothese. Et comme on peut feindre autant
d'espèces, qu'il y en a de vraies, il s'ensuit que les mêmes sources d'arguments,
qui servent à celles-ci, peuvent servir
également à celles-là. Car ici par hypothese je n'entends autre chose que de supposer une proposition, qui, si elle est
véritable, décide la question, ou du moins
aide beaucoup à la décider ; et ensuite
de montrer la conformité qu'il y a entre le
point dont il s'agit, et le point supposé.

Pour me faire mieux entendre, je me
servirai des exemples les plus clairs et
les plus familiers. Nous avons une loi
qui porte, *Quiconque n'assiste pas son
père et sa mere dans le besoin, qu'il soit
mis aux fers.* Un homme a manqué de les
assister, et se défend néanmoins de subir le châtiment. Que dira-t-il pour sa
défense ? Il aura recours à l'hypothese.
*Il est vrai, Messieurs, que la loi est for-
melle contre moi. Mais si alors j'étois un
enfant, si j'étois à l'armée, si j'étois dans*

les pays étrangers pour le service de l'Etat, en ces cas, Messieurs suis-je censé condamné par la loi ? Un citoyen qui délivre sa patrie du joug de la tyrannie (1), a par nos loix le privilége de choisir telle récompense qu'il lui plaît. Mais s'il a eu pour but d'affecter lui-même la tyrannie, de piller, de renverser les temples, est-il dans le cas de la loi ?

Cette sorte d'arguments est d'une grande force, sur-tout contre les termes de la loi (2). Cicéron s'en sert avantageusement dans la défense de Cécinna. [*Où étiez-vous? où étoient vos gens? où étoit l'homme chargé de vos affaires ? C.*] *Si c'étoit seulement votre fermier qui m'eût fait violence, on ne devroit pas, je crois, dire que vous auriez armé une troupe de domestiques contre moi ; aux termes de l'Edit vous ne*

(1) Le traducteur trompé par le faux Turnebe, entend toujours par *fortis*, un tyrannicide. *Fortis* signifie en général : celui qui a fait une action de bravoure, qui s'est distingué à la guerre par quelque fait éclatant, etc. plus bas il falloit traduire : mais s'il demande (dans son choix) la tyrannie, etc. *C.*

(2) Il y a dans la première Edition : *contre le droit écrit.* Mais nous entendons autre chose par le droit écrit, qui est opposé aux coutumes. Il falloit : sur-tout quand on dispute contre la lettre de la loi et en faveur de l'intention du Législateur. *C.*

seroit donc pas condamné. Mais si pour tout
domestique vous n'avez que ce fermier, élu-
deriez-vous l'ordonnance pour cela? Ces sup-
positions ne réussissent pas moins, quand
il s'agit de prononcer sur la qualité du
fait. Si Catilina, Messieurs, avec tous ces
scélérats qui l'ont suivi, avoit à juger de
cette affaire, oui, Messieurs, Catilina lui-
même condamneroit L. Muréna. Mais on
s'en sert admirablement encore pour amplifier. Si cela vous étoit arrivé à table,
dans la chaleur du vin et de la débauche, etc.
si la République, Messieurs, pouvoit parler, etc.

Voilà un sommaire des lieux d'où l'orateur tire ses preuves, et dont il est parlé
dans les livres de rhétorique. D'en traiter
ainsi en général, ce n'est pas beaucoup
faire, chaque lieu étant lui-même un fonds
inépuisable d'arguments. Mais aussi de
détailler toutes les especes, c'est ce qui
n'est guere possible; et ceux qui l'ont
tenté, n'ont pu éviter deux autres incon-
véniens, qui sont d'en dire beaucoup
trop, et cependant de ne pas tout dire.
D'où il arrive que nos jeunes gens, quand
ils tombent sur ces lieux, s'y embarrassent
comme dans un labyrinthe. Leur esprit enchaîné dans cette multitude de regles et
de préceptes, ne fait plus aucun effort;

et pour s'assujettir en esclaves à leurs maîtres, ils cessent de travailler de génie, et de suivre la nature qui seroit un meilleur guide.

En effet, comme il ne suffit pas de savoir en général, que toutes les preuves se prennent des personnes ou des choses, parce que ces deux chefs se divisent en une infinité d'autres; aussi de savoir que les arguments se doivent tirer de ce qui précede, de ce qui accompagne, et de ce qui suit, n'avance pas de beaucoup, si cela même ne nous aide à trouver tout ce qu'il y a à dire en chaque cause. Car il n'en est point qui ne fournisse de son propre fonds plusieurs preuves, qui ne sauroient convenir à nulle autre. Ces preuves même sont les plus fortes et les moins communes; et les préceptes généraux ne sont faits que pour nous y conduire.

Nous pouvons appeller ce dernier genre, un genre d'arguments tirés des circonstances d'une affaire, ou de ce qu'elle a de plus propre et de plus particulier. Car on ne peut exprimer autrement le terme dont usent les Grecs (περίϛασιν). Par exemple, *un Prêtre adultere, en vertu de la loi qui lui permet de sauver un criminel, veut se sauver lui-même et se dé-*

rober au supplice. Si l'on veut bien prendre cette affaire, il faut dire : *Vous ne sauriez vous appliquer le bénéfice de la loi ; car si l'on vous sauvoit, il faudroit sauver aussi la femme qui a commis le crime avec vous. La raison en est claire, puisque nous avons une autre loi, qui défend qu'on fasse mourir une femme convaincue d'adultere, sans faire mourir en même-temps le complice de son crime.*

Il étoit ordonné aux banquiers de payer la moitié de ce qu'ils devoient, et d'exiger tout ce qui leur étoit dû. Un banquier redemande à un autre banquier tout son prêt. Ici encore l'argument décisif se prendra du sujet même. On dira donc en faveur du créancier, que ce n'est pas en vain qu'il est porté expressément par l'ordonnance, que les banquiers aient à exiger tout ce qui leur est dû ; qu'en effet ils n'avoient pas besoin de loi, pour se faire payer des autres, n'y ayant personne qui ne soit en droit d'exiger tout ce qui lui est dû, si ce n'est d'un banquier.

Voilà comme il se présente des causes nouvelles et singulieres en tout genre d'affaires, mais particulierement en celles qui roulent sur un écrit ; parce que les termes en sont souvent équivoques, et le sens encore plus. C'est même une né-

cessité que les affaires changent d'espece,
par la multiplicité des lois et des autres
écrits que l'on produit pour et contre ;
lorsqu'une chose devient en quelque façon l'indice et la preuve d'une autre
chose, ou que l'on cite un point de droit
pour faire entendre un autre point de
droit. [*Je ne vous ai rien dû, vous ne m'avez
point assigné en justice, vous n'avez point
d'intérêt usuraire, vous m'avez emprunté
de votre plein gré. C.*] Une de nos loix
porte qu'un pere qui est accusé de crime
de trahison, et qui ne sera point défendu
par son fils, pourra le déshériter. Est-ce à
dire qu'un fils qui n'a point défendu son
pere en tel cas, doive toujours être déshérité ? Non, à moins que le pere nait été
renvoyé absous. Quelle en est la preuve ?
Une autre loi qui veut que quiconque a
été condamné pour crime de trahison,
soit banni avec son avocat. [Cicéron dans
l'oraison pour Cluentius, dit que Pub.
Popilius et Tib. Gutta n'ont point été
condamnés pour avoir corrompu leurs
Juges, mais pour avoir brigué les charges. Quelle preuve en donne-t-il ? C'est
que leurs accusateurs, qui eux - mêmes
avoient été condamnés comme coupables
de brigues, après avoir gagné leur cause,
ont été rétablis dans leur premier état,

(*comme ayant prouvé l'accusation qu'ils avoient formée contre un autre.*) C.]

Mais ce n'est pas tout que de bien prouver sa proposition. Il ne faut pas moins prendre garde à ce que l'on propose. Et l'on peut dire même qu'en cela consiste une partie de l'invention : si ce n'est la plus considérable, c'est du moins la première. Comme un trait devient inutile à qui le jette au hazard, et sans savoir où il doit frapper ; il en sera de même des arguments, si l'on n'a prévu l'usage qu'on en doit faire. C'est encore ce que l'art n'enseigne point. Et c'est ce qui fait que de deux orateurs qui seront instruits des mêmes préceptes, et qui useront des mêmes sortes d'arguments, l'un néanmoins trouvera plus de moyens que l'autre. Voici, par exemple, une cause qui est pleine de questions singulieres et peu communes.

Alexandre ayant pris et ruiné la ville de Thebes, trouva un contrat qui faisoit foi que les Thébains avoient prêté cent talents aux Thessaliens. Et parce que les Thessaliens lui avoient aidé à faire la guerre, il leur remit volontairement ce contrat. Quelque temps après, la ville de Thebes est rétablie par Cassandre, et les Thébains redemandent leurs cent talents aux Thessaliens. La cause se plaide devant les Amphyctions (1). Les Thébains ont prêté cent talents, et n'en ont point été remboursés. Le fait est certain. Tout le procès consiste en ce qu'Alexandre a remis, comme on suppose, cette somme aux Thessaliens. Il est certain de plus que ce prince ne leur a point donné d'argent. Il faut donc examiner si ce qu'il a fait est la même chose que s'il leur eût donné de l'argent. De quels lieux tirerai-je des arguments, si auparavant je n'ai fait ces réflexions; que la donation d'Alexandre est nulle, qu'il ne l'a pu faire, qu'il ne l'a pas même faite.

Il faut convenir que tout paroît favorable aux Thébains, en ce qu'ils redemandent un bien qui leur appartenoit, et qu'on leur a ravi. Mais de-là naît une question fort grande et fort difficile touchant le droit de la guerre. Car les Thessaliens ne manqueront pas de le faire valoir, et diront que c'est ce droit qui maintient les royaumes, les peuples, les villes, les nations entieres dans leurs possessions. Il faut leur opposer quelque rai-

____

(1) Les Amphyctions étoient Juges en dernier ressort de toutes les grandes affaires de la Grèce. Ils rendoient leurs jugements aux Thermopyles, où les peuples accouroient de toutes parts pour s'en rapporter à leurs décisions.

son

son qui fasse, du fait des Thébains, un fait particulier, et qui montre que leur contrat est tout différent des autres choses, qui viennent à la puissance du vainqueur. La difficulté n'est pas tant en la preuve, qu'en la proposition.

Disons donc avant tout, que dans les affaires qui se jugent en Justice réglée, le droit de la guerre n'a point de lieu, et que ce que l'on a ôté à autrui par les armes, ne se peut retenir que par les armes. Qu'ainsi où la Justice préside, la force et la violence perdent leurs droits ; comme la Justice perd les siens, où la force et la violence se font sentir. Voilà ce qu'il faut trouver, avant que de chercher des arguments, par exemple, celui-ci ; qu'en effet les prisonniers faits à la guerre, s'ils peuvent s'échapper et retourner en leur patrie, deviennent libres à l'instant ; par la raison que tout ce qui est conquis par la voie des armes, ne se conserve que par la même voie. C'est encore un avantage pour la cause des Thébains, que les Amphictyons en connoissent. Car autre est la maniere de juger des Centumvirs (1),

____

(1) Du temps de Cicéron, les Centumvirs ne connoissoient que des causes privées et de peu de conséquence. Mais dans la suite leur jurisdiction s'accrut de telle sorte, qu'au temps de Quintilien,

autre est celle d'un Juge subalterne et particulier.

Quant au second chef, on dira qu'un
conquérant ne peut jamais donner à qui
que ce soit, le droit qu'avoient les vain-
cus ; parce que le droit est essentielle-
ment à celui qui le possede, et que n'étant
point une chose corporelle, on ne peut
le saisir. Il étoit plus difficile de trouver
cette proposition, qu'il ne l'est de l'appuyer de preuves et de raisons, comme
de celle-ci; que la condition de l'héritier
est différente de celle du vainqueur, en
ce que les biens seulement passent à l'un,
et que les biens et le droit passent à l'autre en même-temps. Ensuite on dira que
le droit des Thébains pouvoit encore
moins passer au vainqueur ; parce qu'il
s'agit d'une somme d'argent prêtée par
tout un peuple, par conséquent due à tout
ce peuple, due à tous ceux d'entre ce peuple, que la guerre a épargnés, qui sont
réputés créanciers de toute la somme; or
il est certain qu'il y en a bon nombre, et
que tous les Thébains ne sont pas tombés
entre les mains d'Alexandre. Le fait est
clair et n'a pas besoin de preuve.

Dans la troisieme partie on fera voir

ils connoissoient des causes principales , et étoient
Juges en dernier ressort.

que le droit des Thébains, ne consiste pas dans ce contrat qu'Alexandre a remis aux Thessaliens, et cela est aisé à prouver. On pourra même rendre suspecte la volonté de ce prince, en disant qu'il est incertain s'il a prétendu faire plaisir aux Thessaliens, ou les tromper. Enfin, ce qu'il y a de particulier à notre cause, et qui donnera lieu à une nouvelle contestation, c'est que si les Thébains avoient perdu leur droit, ils l'ont recouvré au moment qu'ils ont été rétablis. Ici on examinera quelle a été l'intention de Cassandre. Mais comme ce sont les Amphictyons qui doivent prononcer, rien ne sera plus à propos qu'une éloquente digression sur l'équité naturelle, à laquelle ils s'attachent, bien plutôt qu'à la précision des loix, et qui même est ordinairement la seule regle de leurs jugements.

Au reste, ce n'est pas que je croie que la connoissance des lieux d'où l'on tire des arguments, soit inutile. Si cela étoit, je ne me serois pas étendu comme j'ai fait, sur cette matiere. Mais j'ai voulu montrer que pour avoir cette connoissance, il ne se faut pas croire un orateur consommé, si l'on ne possede aussi les autres parties. Dans la suite même j'ajouterai beaucoup de choses qui ne sont pas moins nécessaires, et sans lesquelles on ne parviendra tout au plus, qu'à une science imparfaite, fort éloignée de ce que j'entends par éloquence. En effet, il ne faut pas s'imaginer que les arguments n'aient été trouvés qu'après les regles et les préceptes. Au contraire, on a employé toutes sortes d'arguments, avant qu'il y eût des regles. Ensuite sont venus les écrivains qui nous ont donné leurs observations, et ces observations ont servi de regles. Une preuve de ce que je dis, c'est que les exemples qu'ils rapportent, sont tous pris des anciens orateurs. Ils n'en produisent aucun de nouveau, et qui n'ait été mis en usage long-temps avant eux.

Ainsi, à le bien prendre, la rhétorique doit sa naissance aux orateurs; mais nous devons pourtant savoir gré, à ceux qui nous ont applani les difficultés; car ce que les premiers orateurs ont inventé par la force de leur génie, nous le trouvons, pour ainsi dire, sous notre main, grace aux rhéteurs qui ont travaillé après eux. Cependant cela n'est pas encore suffisant. De même, qu'il ne l'est pas pour être un athlete, d'avoir appris la gymnastique, si en même-temps on n'a pris soin de se fortifier le corps par l'exercice, par la continence, et sur-tout par une

bonne nourriture [Et si avant tout, la
nature n'aide en eux toutes ces choses. *C.*]
tous ces autres avantages ne suffisent
pas sans le secours de l'art et des maîtres.

Mais, comme j'écris particulièrement
pour ceux qui s'appliquent à l'éloquence,
je dois les avertir que toutes les choses
dont j'ai fait mention dans ce chapitre,
ne peuvent pas trouver place en toute
sorte de sujets; et qu'il ne faut pas en
composant, se faire une loi de passer en
revue les uns après les autres, tous les
lieux que j'ai marqués, pour voir si par
hazard, il n'y en auroit point qui pût
fournir les preuves dont on a besoin. Cela
est bon quand on commence, et qu'on n'a
encore ni facilité ni expérience. Mais hors
de là, ce seroit une peine et une longueur
infinie, s'il falloit toujours tâtonner de la
sorte.

Je ne sais si cette multitude de préceptes ne sera point un obstacle à l'éloquence, plutôt qu'un moyen d'y parvenir; à moins qu'un bon sens naturel et
une heureuse facilité, acquise et châtiée
par le travail et par l'étude, ne nous
portent droit à tout ce qu'il convient de
dire sur chaque sujet. Il en est comme
d'une belle voix qui plaît infiniment da-

I 3

vantage, quand on sait l'unir aux sons de quelque instrument ; mais qu'il vaut mieux entendre toute seule, pour peu que la main soit encore novice dans l'art d'accompagner, et qu'elle hésite ou se refuse. Les préceptes que nous donnons, semblables à cet instrument harmonieux, doivent guider et soutenir toutes les pieces d'éloquence. Mais c'est à condition qu'à force de les mettre en pratique, on parviendra au degré d'habileté de ces grands maîtres, qui sans y regarder, sans y penser même, trouvent la basse, le dessus, enfin tous les tons qu'ils veulent. Car il faut de même que cette foule et cette variété prodigieuse d'arguments dont j'ai parlé, bien loin d'arrêter et de distraire l'esprit de l'orateur, se présente d'elle-même, et que les raisons suivent sans peine et sans embarras, comme font les lettres et les syllabes sous la main de ceux qui écrivent.

CHAPITRE XI.

Des Exemples.

C'EST la troisieme sorte de preuves que l'art est obligé d'emprunter, pour l'appliquer à son sujet. Les Grecs lui donnent

un nom (παράδειγμα) qui comprend généralement tout ce qui est fondé sur la
comparaison des semblables, et spécia-
lement sur l'autorité des faits historiques.
Les Latins ont mieux aimé distinguer
l'un d'avec l'autre, appellant le premier,
similitude, et le second, *exemple*; quoiqu'à dire vrai, la similitude tienne de
l'exemple, et l'exemple de la similitude.
Pour moi, qui ne veux que me faire
entendre, je les comprendrai tous deux
sous le nom d'exemple. Et je ne crains
point que l'on m'accuse de m'éloigner
du sentiment de Cicéron, qui distingue
l'exemple de la comparaison. Car ailleurs
le même auteur divise toute la maniere
d'argumenter en deux parties, qui sont
le syllogisme et l'induction, comme font la
plupart des rhéteurs Grecs, [qui les divisent en *paradeigmata* et *epicheiremata*,
et.... *C.*] qui n'appellent point l'exemple autrement, que l'induction de la rhétorique.

En effet, la maniere la plus ordinaire
de Socrate, qui consistoit à questionner
un homme sur plusieurs choses dont il
étoit obligé de convenir, pour en conclure
une toute semblable, à laquelle il ne s'attendoit pas, est proprement l'induction.
Mais cela ne sauroit se pratiquer dans un

I 4

discours suivi. C'est pourquoi les mêmes choses sur lesquelles vous questionneriez une personne, vous les supposez pour principes. Par exemple, dans une induction parfaite vous diriez : *Quel est le fruit le plus noble, n'est-ce pas celui qui a le meilleur goût ?* on l'accorderoit. *Et parmi les chevaux, le plus noble n'est-ce pas le meilleur ?* on l'accorderoit de même. Vous feriez encore plusieurs questions semblables ; puis vous viendriez au véritable point, *Et parmi les hommes, qui dira-t-on qui est le plus noble ? ne sera ce pas celui qui est le meilleur ?* on sera obligé d'en convenir. Quand on interroge des témoins, on se sert fort bien de cette maniere. Mais, comme j'ai dit, dans le fil d'un discours, on est oblige d'en user autrement. Car l'orateur se répond à lui-même. *Quel est le fruit le plus noble ? sans doute c'est le meilleur. Quel est le cheval le plus estimable ? certainement celui qui est le plus léger à la course. L'homme donc sera-t-il le seul qui tirera sa noblesse plutôt de ses ancêtres, que de sa vertu ?*

Or toutes les choses comprises en ce genre sont nécessairement ou semblables, ou dissemblables, ou contraires. La similitude n'est quelquefois qu'un ornement de la diction. Mais il y en a une autre

qui sert de preuve, et c'est de celle-là
que je parle présentement. Entre les similitudes de cette derniere espece, la plus
efficace est celle que j'appelle exemple, et
que je définis, *Une citation d'un fait histo-
torique ou communément reçu, faite à dessein de persuader.* D'où il s'ensuit qu'il faut
prendre garde si ce fait est entiérement
semblable, ou s'il ne l'est qu'en partie,
afin de l'emprunter tout entier, ou de
n'en prendre que ce qui convient. Semblable, comme, *C'est avec justice que Saturninus a été tué ; ainsi le furent les Grac-
ques.* Dissemblable, comme, *Brutus tua
ses propres enfants, parce qu'ils étoient
traîtres à la patrie. Manlius ne respecta
pas même la valeur et la victoire dans son
fils.* Contraire, comme, *Ces tableaux, ces
statues que Marcellus rendoit à nos ennemis, Verrès, Messieurs, les enlevoit à
nos alliés.* Voilà pour le genre Judiciaire.

Il en est de même dans le démonstratif, à l'égard des actions qui sont à
louer ou à blâmer. Car elles se prennent
de la même façon, et par les mêmes
degrés. Et dans le genre délibératif qui
regarde l'avenir, rien ne persuade tant
que de citer des exemples de choses
semblables qui sont déja arrivées; comme
si je disois que Denis demande des gar-

des, non pour la sûreté de sa personne, mais pour s'en servir à mettre ses peuples sous le joug de la tyrannie ; et que j'alléguasse cet exemple, que Pisistrate, par même moyen, usurpa la suprême puissance.

Il y a donc des exemples tout pareils, comme le dernier que je viens de citer. Mais il y en a d'autres qui sont du plus au moins, tels sont les suivants : *Si la profanation des mariages a causé la ruine des Villes et des Etats, quel châtiment, Messieurs, ne mérite point un adultere ? Nos Musiciens ayant fait complot de sortir de Rome, ils furent honorablement rappellés par un décret du Sénat. A combien plus forte raison doit-on rappeller les grands hommes de la République, lorsque dans des temps malheureux, ils ont été obligés de céder à l'envie, et de s'éloigner.*

Il faut remarquer que les exemples qui ne sont pas tout-à-fait pareils, sont les meilleurs pour exhorter. Car le courage, par exemple, donne plus d'admiration dans une femme que dans un homme. C'est pourquoi si vous exhortez quelqu'un à faire une action courageuse, le nom d'Horace ou de Torquatus aura moins de pouvoir sur son esprit, que l'exemple de cette femme qui tua Pyrrhus de sa main. Et si je veux m'encourager à ne pas craindre la mort, je serai plus touché de la fermeté de Lucrece, que je ne le serai de celle de Scipion, ni de Caton : ce qui revient aux exemples dont j'ai parlé qui sont du moins au plus.

Mais pour donner une idée nette de ces différentes especes, en voici quelques modeles que j'ai pris de Cicéron ; car où en trouverois-je de plus achevés ? Muréna étoit accusé d'être monté par brigue au Consulat. Cicéron le défend par son propre exemple. *Ne m'est-il pas arrivé à moi, Messieurs, de me trouver en concurrence avec deux hommes des plus qualifiés de Rome, Catilina et Galba, connus l'un par son audace, l'autre par sa probité et sa modestie ! Et néanmoins, Messieurs, je l'ai emporté sur tous deux, non par brigue, mais en crédit et en dignité.* Dans la défense de Milon, il cite un bel exemple du plus au moins. *Nos ennemis soutiennent que tout homme qui confesse avoir fait un meurtre, est indigne de vivre. Ces ignorants songent-ils bien dans quelle ville ils parlent ? Dans Rome, où le premier procès criminel qu'on ait vu, est celui de ce citoyen romain M. Horace, qui avoit tué sa propre sœur, et qui ne laissa pas d'être absous dans l'assemblée du peuple,*

lors même que la ville ne jouissoit pas en-
core de la liberté dont elle jouit à présent.
Ensuite, un exemple du moins au plus,
par ces paroles qu'il met dans la bouche
de Milon. *J'ai tué, oui, Messieurs, j'ai*
tué non pas un Spurius Melius, qui pour
avoir dépensé tout son bien à faire des lar-
gesses au peuple, fut soupçonné de vouloir
se rendre trop puissant ; non pas, etc. mais
Clodius, (car il pourroit l'avouer, puis-
qu'il auroit par cette action préservé sa
patrie du péril dont elle étoit menacée),
mais un infâme, qui a voulu profaner nos
saintes cérémonies par un adultere.

Quant aux exemples qui sont dissemblables, ils le peuvent être en plusieurs
façons. Car beaucoup de choses y contribuent, le genre, la maniere, le temps,
le lieu, plusieurs autres circonstances,
de la plupart desquelles Cicéron se sert si
bien pour détruire les préjugés que l'on
avoit contre Cluentius. Dans cette oraison
pour Cluentius, par un exemple des contraires, il blâme la conduite des Censeurs,
en louant Scipion l'Africain, qui étant
Censeur lui-même, en avoit tenu une
toute différente, laissant passer en revue
un chevalier romain, qui s'étoit parjuré
dans les formes; parce que lui seul en avoit
connoissance, et qu'il ne s'étoit trouvé

personne qui portât témoignage contre le coupable. Je ne rapporte pas ces derniers exemples dans les mêmes termes, pour éviter d'être trop long. Mais Virgile nous en fournit un fort court dans le même genre des contraires. (En. l. 2.)

Et cet Achille enfin dont avec assurance,
Tu te vantes, cruel, de tenir la naissance,
Me reçut dans son camp avec humanité ;
Priam, quoiqu'ennemi, fut de lui respecté.

Quelquefois donc on racontera les faits tels qu'ils sont dans l'Histoire : par exemple, *Un Tribun de l'armée de Marius, et parent de ce général, épris de la beauté d'un jeune soldat, vouloit le forcer de condescendre à ses desirs. Le soldat aimant mieux s'exposer à un danger manifeste, que de souffrir une action honteuse, tua le Tribun. Qu'en arriva-t il, Messieurs ? Marius fit grace au meurtrier, et ne crut pas devoir ôter la vie à un jeune homme, qui avoit méprisé la mort pour se défendre d'un crime.* Quelquefois aussi on se contente de les indiquer : par exemple, *S'il n'est pas permis de purger la terre de scélérats, il faut donc, Messieurs, que nous condamnions et Ahala Servilius, et P. Nasica, et L. Opimius, et tout le Sénat, qui durant mon consulat ne les a pas épargnés*. Enfin on s'étendra plus ou moins sur ces faits, selon qu'ils seront plus ou moins connus, ou selon que l'utilité et la bienséance le demanderont.

Il en est de même des fictions des Poëtes, avec cette différence que celles-ci ayant moins d'autorité, trouvent aussi moins de créance dans les esprits. Cicéron, qui est un grand maître en tout, nous montre encore quel usage on en peut faire. Car voici comment il s'en sert dans la défense de Milon. *C'est pourquoi, Messieurs, ce n'est pas sans raison que de savants hommes nous ont appris par d'agréables fictions, qu'autrefois Oreste ayant tué sa propre mere, pour venger la mort de son pere, et les juges étant partagés sur un fait si extraordinaire, le coupable fut enfin absous par sentence, non pas seulement des hommes, mais même d'une divinité que nous honorons particulierement pour sa sagesse.*

Ces fables mêmes que l'on attribue communément à Esope, quoiqu'elles ne soient pas de lui (1), car je croirois qu'Hésiode en est le premier inventeur; ces fables, dis-je, peuvent aussi servir de

____

(1) *Il falloit :* Ces fables même qu'on appelle communément *Esopéennes*, quoiqu'Esope ne soit pas le premier qui en ait inventé. *C.*

preuve et d'exemple, sur-tout auprès des personnes ignorantes et grossieres, qui reçoivent avec simplicité ce qui leur est présenté, et qui, du plaisir qu'elles y ont, passent aisément à la persuasion. Aussi, dit-on, que Ménénius Agrippa réconcilia le peuple avec le Sénat, par cette fable que tout le monde sait, des membres du corps humain qui s'étoient révoltés contre l'estomac. C'est ce que nous appellons apologue, et nous voyons qu'Horace n'en a pas dédaigné l'usage dans ses poésies (1). A cette sorte d'exemple il en faut ajouter une qui est assez semblable. Je veux dire les proverbes allégoriques, qui valent un apologue en abrégé, comme : *Est-ce à faire au bœuf à porter le bât ?*

Après l'exemple, l'espece de similitude qui a le plus de force, est celle qui se tire des choses presque pareilles, et qui n'est mêlée d'aucune métaphore. Telle est celle-ci : *Comme dans les élections, ceux qui ont accoutumé de vendre leurs suffrages, ne pardonnent pas volontiers aux prétendants qui ne daignent pas les acheter ; de même, Messieurs, ces juges iniques étoient venus avec un dessein formé de perdre l'accusé.* Car pour la comparaison, elle prend

____

(1) *Olim quod Vulpes ægroto cauta Leoni*, etc. *ep,* 1. L. 1.

les choses de plus loin, et ne se borne pas seulement aux actions de la vie humaine, qui ont quelques rapports entre elles, comme celle-ci que nous lisons dans l'oraison pour Muréna. *En effet, si les gens de mer, au retour d'un voyage de long cours, ont cette bonté pour ceux qui s'embarquent de les avertir de la tempête, des pirates et des écueils qu'ils ont à craindre, par la seule inclination que nous avons à secourir ceux qui courent même fortune que nous : moi, Messieurs, qui après avoir été tant de fois battu de la tempête, me vois enfin sur le point de surgir heureusement au port, quel sentiment dois-je avoir pour un homme qui va s'exposer à tant de dangers, en courant une mer aussi orageuse que l'est aujourd'hui notre république?* Mais elle s'étend quelquefois jusqu'aux animaux, et aux choses même inanimées.

Comme on peut faire différents usages des semblables, selon les différents regards sous lesquels on les envisage, on remarquera qu'il y en a un qui convient rarement à l'orateur ; c'est de peindre trop au naturel les personnes ou les choses, ce que les Grecs appellent faire des images (Ε'ικόνα). [Par lesquelles on peint comme l'image des choses, ou des personnes ; comme dans Cassius : Quel est celui qui fait des contorsions, comme un vieillard de comédie? *C.*] Il vaut donc mieux n'employer que les similitudes qui sont propres à persuader. Vous voulez prouver qu'il faut cultiver son esprit? Dites qu'il en est comme d'une terre, qui négligée ne porte que des ronces et des épines, et cultivée nous donne des fleurs et des fruits. Voulez-vous exhorter quelqu'un à prendre soin de la république? Montrez que les abeilles et les fourmis, qui sont non-seulement des animaux, mais de si petits animaux, nous donnent un bel exemple de la nécessité de travailler pour le bien public. Cicéron use d'une comparaison qui est dans ce genre, quand il dit qu'une ville sans loix, ne peut pas plus se servir de ses citoyens, qu'un corps sans ame se sert du sang, des nerfs, et de toutes les autres parties qui le composent. Et comme il tire cette comparaison du corps humain, il en tire de mille autres choses. Il y en a de si communes que je ne m'y arrête pas; par exemple, si on disoit qu'une armée sans chef est comme un vaisseau sans pilote.

Je dirai seulement que ces similitudes sont quelquefois trompeuses, et qu'il y faut apporter du discernement. Car si un navire neuf est meilleur qu'un vieux, on n'en doit pas conclure qu'une amitié nouvelle est préférable à une ancienne. Et si une femme est louable qui partage son bien à plusieurs, il ne s'ensuit pas que celle-là le soit, qui partage sa tendresse et ses faveurs. Dans ces exemples les termes sont semblables, mais l'application est différente.

Il faut donc examiner si ce que vous inférez est parfaitement semblable; autrement ces inductions, dont je parlois tantôt, sont dangereuses. Témoin la femme de Xénophon, qu'Aspasie fit tomber dans le piége, au rapport d'Eschine, qui dans ce dialogue a imité la maniere de Socrate. Voici comme Cicéron nous l'a rendu : *Illustre épouse de Xénophon, dites-moi, je vous prie, si votre voisine avoit de l'or meilleur que le vôtre, lequel aimeriez - vous le mieux du vôtre ou du sien ? Le sien, répondit-elle. Et si ses habits et ses bijoux étoient plus précieux que les vôtres, lesquels aimeriez-vous le mieux ? Les siens sans doute. Mais si son mari valoit mieux que le vôtre, lequel choisiriez-vous des deux, du vôtre ou du sien ? A* ces mots la femme de Xénophon rougit, et avec raison. C'étoit mal répondre, de dire qu'elle aimeroit mieux l'or d'autrui que le sien, car cela n'est pas vertueux. Mais si elle eût dit, qu'elle aimeroit mieux son or que celui d'autrui, elle eût pu répondre à la derniere question, comme doit faire une honnête femme, *Mon mari, tel qu'il est, m'est plus cher que celui d'un autre* (1).

Je sais que des rhéteurs par un vaine subtilité, ont beaucoup plus subdivisé cette matiere que je fais. Non-seulement ils admettent *un moins semblable*, ainsi, disent-ils, le singe ressemble à l'homme, et une statue de marbre qui n'est qu'ébauchée, ressemble à l'original. *Un plus semblable*, d'où vient ce que l'on dit, *un œuf n'est pas plus semblable à un œuf*. Mais dans les dissemblables même, ils trouvent une sorte de ressemblance ; par exemple, dans la fourmi et l'éléphant, car ils se ressemblent du côté du genre, puisqu'ils sont animaux l'un et l'autre ; et dans les semblables une sorte de dissemblance, comme dans les agneaux, et dans les chevreuils à l'égard de leurs meres ; car ils different d'âge. Ils dis-

____

(1) Il falloit traduire : Mais si elle eut dit : *J'aimerois mieux que mon or fût tel que celui de ma voisine* ; la pudeur ne l'auroit pas empêchée de répondre à la Question : *J'aimerois mieux que mon mari fût tel qu'est un autre meilleur que lui, ou que le seroit un meilleur*. C.

tinguent de même plusieurs especes de contraires: *les opposés*, comme, *le jour et la nuit* : *les nuisibles*, comme, *un bain d'eau froide à un fébricitant* : *les incompatibles*, comme, *le vrai et le faux*, etc. [On doit entendre autrement ceux qui sont dispaparates ou de qualités opposés, comme les corps durs et ceux qui le sont pas. *C.*] Mais je ne vois pas que tout cela fasse beaucoup à notre sujet.

Une remarque plus utile à faire, c'est que dans les questions de droit, les semblables, les dissemblables, et les contraires fournissent grand nombre d'arguments. Ainsi, par une raison tirée des semblables, Cicéron prouve que si on laisse à quelqu'un l'usufruit d'une maison, et qu'elle vienne à tomber, l'héritier n'est point tenu de la rebâtir, parce que si on lui avoit laissé un esclave, et qu'il vînt à mourir, on ne seroit pas tenu de lui en donner un autre. Par la raison des contraires vous prouverez que le consentement des parties suffit, pour rendre un mariage bon et valide, quand même il n'y auroit point de contrat; parce que le contrat devient inutile, si d'ailleurs il y a preuve que les parties n'ont pas donné leur consentement. Enfin c'est une raison prise des dissemblables, que celle dont Cicéron se sert dans l'oraison pour Cécinna, quand il dit (1) : *De sorte, Messieurs, que si quelqu'un avoit employé la force et la violence pour me chasser de chez moi, j'aurois action contre lui ; et s'il m'avoit seulement empêché d'y entrer, je ne l'aurois pas ?* [Si celui qui a légué tout son argent à quelqu'un, peut paroître lui avoir aussi laissé son argent monnoyé; il ne s'ensuit pas qu'il ait voulu lui laisser encore l'argent qui lui est dû, *ou* qui est exprimé dans les billets et obligations de ses débiteurs. *C.*]

Quelques-uns ont séparé l'analogie du genre des semblables. Pour moi, je crois qu'elle s'y peut rapporter. Car la même proportion qu'il y a d'un à dix, se trouve de dix à cent. Or cette proportion est une ressemblance : comme il y a tout à la fois de la proportion et de la ressemblance entre un ennemi de la république et un mauvais citoyen. Ces sortes d'arguments se poussent même encore plus loin. On dira, par exemple, *S'il est honteux à une femme de s'abandonner à son esclave, il n'est pas moins honteux à un maître d'avoir un mauvais commerce avec sa servante. Si la volupté est la fin des bêtes, pourquoi ne seroit-elle pas celle de l'homme ?*

(1) Cela est dit ironiquement.

Mais aussi la réponse est aisée, et se prend de la dissemblance. Car on pourra dire avec plus de justice, qu'il n'en est pas d'une femme comme d'un homme, et que si la volupté est la fin des bêtes, il ne s'ensuit pas que ce soit la nôtre. Même par la raison des contraires, on dira, *parce que la volupté est la fin des bêtes, ce ne peut être celle de l'homme.*

A toutes les preuves extrinseques dont j'ai parlé dans ce chapitre, on ajoute encore l'autorité. C'est ce que d'autres, à l'imitation des Grecs, appellent (χρίσεις), les jugements des hommes. Je ne veux pas dire un jugement que l'on auroit donné sur une affaire semblable, car alors cela s'appelleroit exemple. Mais j'entends l'usage, l'opinion ou le sentiment d'une nation, d'un peuple, ou bien des sages, des grands poëtes, en un mot, des hommes illustres. Je n'exclus pas même certains dits qui sont reçus de tout le monde, et qui trouvent une créance établie. Car toutes ces choses se peuvent alléguer avec d'autant plus d'autorité, qu'elles ne sont point ajustées au sujet, et qu'elles partent d'un esprit libre de toute passion. Aussi ne les a-t-on adoptées, qu'à cause du caractere de vertu ou de vérité qui leur est propre, et qui les perpétue dans la mémoire des hommes. Par exemple, si je parle des miseres de la vie, ne ferai-je pas impression sur les esprits, en alléguant la pratique de ces nations qui versent des larmes quand un homme vient au monde, et qui se réjouissent quand il en sort? Si je veux attendrir les Juges, sera-t-il hors de propos de dire qu'Athênes, cette république si sage, a regardé la compassion, non-seulement comme un sentiment d'humanité, mais comme un objet de religion.

Et ces maximes, ou ces préceptes des sept Sages, ne sont-ce pas autant de régles de notre conduite? Qu'une femme convaincue d'adultere soit encore accusée d'empoisonnement, ne semble-t-elle pas être déja condamnée par le jugement de Caton, qui a dit qu'il n'y avoit point de crime à quoi une femme adultere ne fût capable de se porter (1)? Aussi voyons-nous non-seulement que les orateurs sement leur discours de sentences des poëtes; mais que les philosophes mêmes, eux qui méprisent si fort tout autre genre d'étude que le leur, daignent pourtant bien quelquefois emprunter l'autorité d'un

____

(1) Ou plus littéralement : qu'il n'y avoit point de femme adultere qui ne fût capable de se porter aussi au crime d'empoisonnement. *C.*

vers cité à propos. En veut-on un plus bel exemple que ce fameux différent des Athéniens avec ceux de Mégare, au sujet de Salamine, qu'ils se disputoient les uns les autres, et qui fut adjugée aux premiers sur un vers (1) d'Homere, qui témoigne qu'Ajax joignit ses vaisseaux à ceux des Athéniens; bien que ce vers manque dans beaucoup d'exemplaires. Il y a des mots sentencieux et des proverbes qui sont dans la bouche de tout le monde, sans qne l'on sache qui en est l'auteur; et c'est pour cela même que tout le monde s'en sert; comme, *Un ami vaut un trésor. La conscience est plus que mille témoins. Chacun cherche son semblable.* En effet, ces dits ne se sont conservés parmi les hommes, que parce que de tout temps on les a trouvés très-véritables.

Quelques-uns ajoutent l'autorité divine, ou pour mieux dire, la mettent au premier rang. Par autorité divine j'entends les réponses des oracles, comme celle qui déclara Socrate le plus sage de tous les hommes. On en fait rarement usage. Mais Cicéron n'a pas laissé de s'en

___

(1) Αἴας δ' ἐκ Σαλαμῖνος ἄγεν δυοκαίδεκα νῆας
Στῆσε δ' ἄγων, ἵν' Ἀθηναίων ἵσταντο φάλαγγες.

Solon, au rapport de Plutarque, inséra lui-même ce dernier vers dans Homere, et par-là eut gain de cause.

servir

servir en plusieurs endroits, sur-tout dans une de ses harangues contre Catilina, lorsqu'il attribue le salut de l'Etat à une statue de Jupiter, que l'on avoit placée dans un lieu éminent. Il en est de même de ce qu'il dit dans son oraison pour Ligarius, qu'on ne peut plus douter que la cause de César ne fût la meilleure, puisque les Dieux l'avoient jugé ainsi. Ces preuves, si le sujet les fournit, s'appellent des témoignages divins ; et si on les tire d'ailleurs, ce ne sont que des arguments.

Il arrive quelquefois que l'on se prévaut d'une parole ou d'une action qui sera échappée, soit au juge, soit à la partie adverse, soit à son avocat, comme d'un témoignage qui nous est favorable. Ce qui a donné lieu à quelques auteurs de mettre les exemples et les autorités, au nombre des preuves qui sont indépendantes de l'art ; par la raison que l'orateur ne les invente point, et qu'il ne fait que les employer comme il les trouve. Mais ils se trompent ; car les témoins, la question, les pieces, etc. ont une liaison naturelle avec la cause, de laquelle même elles décident en quelque façon : au lieu que les preuves dont je viens de traiter ne peuvent rien par elles-mêmes, et ne deviennent utiles à l'orateur que par l'application qu'il en sait faire à son sujet.

CHAPITRE XII.

De l'usage des arguments.

JE n'ignore pas qu'avant moi, les maîtres et l'expérience avoient appris les régles que j'ai données touchant la preuve. Je n'ai pas même la présomption de croire que ce soient les seules. Au contraire, je veux que l'on en cherche encore d'autres, et je conviens qu'il s'en peut trouver. Mais aussi je suis persuadé que si l'on en trouve, elles ne s'éloigneront pas beaucoup des nôtres. Maintenant je vais dire en peu de mots de quelle maniere il s'en faut servir.

On pose ordinairement pour principe, que tout argument doit avoir une certitude reconnue. Car une chose douteuse, comme je l'ai déja dit, ne sauroit se prouver par une autre qui est aussi douteuse. Cependant on allégue quelquefois des raisons pour prouver un fait, lesquelles ont besoin de preuves elles-mêmes. Par exemple, si je dis à une femme : *C'est vous qui avez tué votre mari, car vous êtes une adultere ;* ne faut-il pas la convaincre d'adul-

tere, afin que ce crime étant avéré, il puisse
devenir la preuve de l'autre. *Vous avez tué*
cet homme ; on a trouvé la pointe de votre
épée dans son corps. Je nie que ce soit la
pointe de mon épée. Il faudra donc le prouver, pour en conclure que c'est moi qui ai
tué cet homme. Sur quoi il est à remarquer que de tous les arguments, les plus
forts sont ceux qui d'abord ont paru douteux, et que la preuve a rendus certains.
On dit à un homme, *Vous avez commis ce*
meurtre, car votre habit étoit ensanglanté.
S'il convient que son habit étoit ensanglanté, cette raison sera beaucoup plus
foible que s'il l'avoit nié, et qu'ensuite
on l'en eût convaincu. En effet, son
habit a pu être ensanglanté en bien des
manieres. Mais s'il nie, il fait de cet
indice un puissant moyen, dont la conviction entraîne infailliblement sa perte.
Car il n'est pas à croire qu'il eût pris le
parti de nier faussement, s'il n'avoit déses-
péré de se pouvoir défendre en avouant.

Si nos preuves sont fortes, nous les
proposerons séparément, et nous insiste-
rons sur chacune. Si au contraire elles
sont foibles, nous les accumulerons. Car
dans le premier cas, étant persuasives
par elles-mêmes, il est mieux de ne les
pas mêler avec d'autres qui pourroient les

obscurcir, afin qu'elles paroissent dans tout leur jour. Et dans le second, étant foibles, elles se soutiennent par le secours mutuel qu'elles se prêtent. C'est pourquoi si ces dernieres ne font pas d'effet par leur qualité, elles en feront par leur nombre, et parce qu'elles concourent toutes à prouver une même chose. Par exemple, si l'on accuse un homme d'avoir assassiné un de ses prochés, on dira : *Vous espériez sa succession, et une riche succession : vous en aviez besoin ; vos créanciers vous inquiettoient plus que jamais : vous aviez même offensé votre parent, et vous saviez qu'il songeoit à faire un autre testament.* Ces preuves prises séparément sont legeres et communes ; cependant, jointes ensemble elles ébranlent fort. Ce n'est point un coup de foudre qui renverse, mais c'est une grêle dont les coups redoublés se font sentir.

Il y a des raisons qu'il ne suffit pas d'avancer, il faut savoir les appuyer. Si vous dites que c'est l'avarice qui a fait commettre ce crime ; faites voir en peu de mots quelle est sa tyrannie. L'imputez-vous à la colere ? Montrez à quel excès cette passion porte les hommes. Par-là votre argument acquerra une nouvelle force, et aura même beaucoup plus de grace, que si dénué de ce soutien, il ne présentoit, pour ainsi dire, aux Juges qu'un vrai squelette. Vous attribuez une action à la haine. Il importera fort d'examiner si cette haine est invétérée ou récente ; causée par l'envie, par une offense, ou par l'ambition ; contre un inférieur, ou contre un égal, ou contre un supérieur ; contre un parent ou contre un étranger. Car toutes ces circonstances se traitent différemment, et doivent toujours se rapporter à l'avantage de celui pour qui l'on parle. Cependant il ne faut pas accabler la mémoire des Juges de tous les arguments imaginables. Vous les fatigueriez, et même vous éloigneriez leur confiance. Car un Juge ne sera pas disposé à croire vos preuves fort bonnes, quand vous marquerez vous en défier vous-même, par le soin que vous prenez de les entasser les unes sur les autres. Mais si la chose est évidente, alors de vouloir apporter des arguments, c'est comme qui voudroit en plein jour mêler une foible lumiere à la clarté du Soleil.

Quelques rhéteurs nous recommandent les preuves morales, c'est-à-dire, qui se tirent des mœurs. Et la plus puissante, au sentiment d'Aristote, est celle qui naît de la personne même de l'orateur, lorsqu'il est parfaitement homme de bien. La seconde qui suit de fort loin la première, mais pourtant la seconde, lorsqu'il sait du moins le paroître. Delà en effet cette noble confiance de Scaurus, qui, accusé d'un crime capital, réduisit toute sa défense à ces mots, *Quintus Varius, Messieurs, soutient qu'Emilius Scaurus a trahi la république romaine ; Emilius Scaurus le nie.* Iphicrate en usa de même dans une cause semblable. Car ayant demandé à Aristophon qui étoit son accusateur, si pour de l'argent il trahiroit l'Etat, et Aristophon ayant répondu que non : *Hé quoi*, dit-il, *ce que tu ne ferois pas, tu veux que je l'aie fait ?* Mais il faut sur-tout considérer quel est celui devant qui l'on parle, afin de chercher ce qui est le plus capable de faire impression sur son esprit. C'est un précepte que je n'ay pas oublié parmi les qualités de l'exorde, et des discours que l'on fait, quand il s'agit de donner conseil.

Comme on nie avec assurance, on affirme du même ton. *Oui, Messieurs, j'ai fait cela. Vous-mêmes me l'avez dit, oui, vous-mêmes. O ! crime inouï*, etc. Ces manieres ne doivent pas manquer dans un plaidoyer ; autrement la cause en souffre. Mais il ne faut pas néanmoins compter beaucoup sur cette assurance, les deux parties pouvant également s'en servir. Je fais plus de cas des preuves que chacun tire de sa propre personne, et qui renferment une raison plausible. Ainsi un homme qui aura été attaqué et blessé, ou dont on aura empoisonné le fils, peut fort bien dire qu'il n'est pas à croire qu'il en accuse d'autre que le coupable; parce que s'il s'en prenoit à un innocent, ce seroit disculper celui qui a fait le crime. C'est sur un raisonnement semblable, que se fondent les peres qui sont obligés de plaider contre leurs enfants, et quiconque entreprend un procès contre ses proches.

On demande s'il faut placer les meilleures preuves au commencement, pour s'emparer tout d'un coup de l'esprit des Juges; ou à la fin, dans la vue qu'ils en aient une idée plus nette et plus récente; ou bien partie au commencement, partie à la fin, selon l'ordre de bataille que nous voyons dans Homere : ou bien, s'il n'est point mieux de commencer par les plus foibles, afin qu'elles aillent toujours en augmentant. Pour moi je crois que la disposition qu'il en faut faire, dépend de la nature et du besoin de la cause; pourvu néanmoins que le discours ne décline jamais, et que de fort et solide qu'il étoit au commencement, il ne devienne pas frivole, et misérable à la fin.

Voilà ce que j'avois à dire touchant les arguments. Je me suis contenté de mettre devant les yeux, le plus clairement que j'ai pu, les lieux et les genres d'où on les peut tirer. Quelques auteurs ont été plus diffus, ayant pris plaisir à traiter des lieux communs, et à montrer comment on peut tourner chaque chose. Pour moi j'ai cru que c'étoit une longueur inutile; car on voit assez ce qu'il y a à dire, par exemple, contre l'avarice, contre un témoin passionné, ou contre une cabale; et l'on ne finiroit point, si l'on vouloit épuiser tous ces lieux. C'est comme si j'entreprenois de mettre ici toutes les questions, les preuves, et les pensées qui peuvent entrer dans les causes qui se plaident tous les jours au barreau, et qui se plaideront à l'avenir.

Pour les lieux des arguments, si je ne les ai pas tous expliqués, je crois qu'il s'en faut peu. Je m'y suis même attaché avec d'autant plus de soin, que les déclamations qui servoient autrefois de prélude et de préparation aux exercices du barreau, dont elles étoient la vraie image, ne leur ressemblent aujourd'hui en rien;

et que ne se proposant autre chose que de plaire à l'auditeur, elles manquent de nerfs, et n'ont ni solidité ni force. Aussi peut-on comparer présentement nos déclamateurs à ces vils marchands d'esclaves, qui pour rendre de jeunes enfants plus propres à l'infâme trafic qu'ils en font, osent bien entretenir leur beauté aux dépens de leur virilité. Car comme la force des muscles et des bras, le poil et la barbe, ces ornements du sexe le plus noble, sont pour eux sans grace, et que ce qui seroit vigueur, s'ils laissoient faire au temps, leur paroît une rudesse insupportable qu'il faut adoucir; de même cette éloquence mâle, cette maniere de plaider pressante et vigoureuse, se trouvent énervées par une fausse délicatesse. Nous substituons à sa place je ne sais quelle fleur d'élocution ; et pourvu qu'un discours soit élégant et poli nous nous mettons peu en peine de ce qu'il vaut d'ailleurs.

Mais, pour moi, quand je considere la nature, je trouve qu'il n'y a point d'homme pour peu qu'il soit mâle, qui ne soit plus beau que le plus bel eunuque. Je ne croirai jamais la Providence si ennemie de son propre ouvrage, qu'il faille mettre la débilité au rang des perfections de la nature humaine ; et l'on ne me persuadera point qu'une main impie puisse faire un bel objet, de ce qui seroit regardé comme un monstre, s'il étoit né dans l'état où le fer l'a réduit. Que l'imposture d'un sexe équivoque serve donc à la débauche tant que l'on voudra ; la dépravation des mœurs ne régnera pourtant jamais avec assez d'empire, pour nous faire estimer bon et honnête, ce qu'un caprice extravagant a rendu cher et précieux. Ainsi, que des auditeurs corrompus approuvent, s'ils veulent, cette éloquence efféminée, car c'est le nom qu'elle mérite ; pour moi, je ne crois pas qu'il y ait de l'éloquence, où l'on ne découvre aucune marque d'un esprit mâle et austere, pour ne pas dire d'un grave et vertueux personnage.

En effet ces Peintres et ces Sculpteurs fameux de l'antiquité, lorsqu'ils ont voulu ou peindre ou représenter un beau corps d'homme, sont-ils jamais tombés dans la ridicule erreur, de prendre pour modele un Bagoas (1) ou un Mégabyze (2) ? n'ont-ils pas choisi bien plutôt ou quelque jeune

Bagoas signifie eunuque en langue Persanne. Et plusieurs chez les Perses ont été appellés de ce nom. Témoin celui qui tua Ochus.

(2) Mégabyze étoit un eunuque qui fut fort chéri de Darius, et ensuite d'Alexandre.

guerrier d'une taille et d'une mine avantageuse, ou quelque athlete (1) ferme et robuste, également propre aux exercices de la lutte, et aux fatigues de la guerre ? N''est-ce pas dans ces hommes-là qu'ils ont reconnu de vraies beautés ? Et moi dont le dessein est de former un orateur, j'irois donner à son éloquence, s'il faut ainsi dire, des sonnettes et des cymballes, au lieu de véritables armes ?

. Que les jeunes gens pour qui j'écris ici, s'accoutument donc, tant qu'ils pourront, à copier la nature et la vérité. Et puisqu'ils se destinent à disputer le prix dans les contestations du barreau, que dès leur jeunesse ils aient la victoire devant les yeux; qu'ils apprennent à porter des coups mortels, et à s'en défendre. Que leurs maîtres exigent cela d'eux particulierement, et qu'ils ne les approuvent qu'autant qu'ils y auront réussi. Car si leurs disciples aiment la louange, jusqu'à la chercher dans leurs défauts, il faut convenir qu'ils aimeront encore mieux celle qui est due au mérite et à la per-

____

(1) J'ai exprimé en termes généraux la pensée de l'Auteur. Car il cite en particulier le Doryphore de Polyclete. C'étoit la statue d'un satellite, qui fut regardée comme un des chefs d'œuvre de ce grand Statuaire, et que Lysippe prit depuis pour son modele.

K 6

fection. Mais le mal est présentement, que les choses nécessaires sont passées sous silence, et que ce qui seroit utile dans un discours, est justement ce que l'on compte pour rien. C'est un vice que j'ai attaqué dans un autre ouvrage, et que je ne puis assez combattre dans celui-ci. Mais je reviens à mon sujet et à l'ordre que je me suis prescrit.

CHAPITRE XIII.

De la Réfutation.

LA réfutation peut s'entendre en deux manieres; ou de l'action de celui qui défend, laquelle se passe toute entiere à réfuter, ou de la réponse aux objections qui se font de part et d'autre; et c'est proprement celle-ci qui occupe le quatrieme rang dans un plaidoyer. Mais en quelque sens qu'on la prenne, elle se traite toujours de la même maniere. Car les arguments que l'on y emploie, ne se tirent pas d'autres sources, que ceux dont on se sert dans la confirmation. Pensées, style, figures, tout est égal en l'une et en l'autre. La seule différence qu'il y a, c'est que d'ordinaire la réfutation a des mouvements plus doux.

Cependant c'est avec justice que l'on a toujours cru, comme Cicéron le témoigne, qu'il étoit plus difficile de défendre que d'accuser. En effet l'accusation est beaucoup plus simple. Il n'y a qu'une maniere de la proposer, et il y en a cent pour y répondre. Il suffit à l'accusateur, que ce qu'il avance soit vrai. Au contraire celui qui défend est obligé de mettre en usage une infinité de moyens pour le détruire. Nier le fait ou le soutenir juste et légitime ; le pallier, l'excuser, détourner l'accusation, l'éluder, faire semblant de la mépriser, prouver que le procès est mal intenté, railler, prier, supplier, il faut qu'il joue tous ces personnages. Ainsi de sa part, c'est une action qui est presque toujours indirecte, bruyante et tumultueuse, qui a besoin de mille détours, et de tout l'art possible.

Celui qui accuse dit des choses qu'il a eu tout le loisir de méditer pour la plupart ; celui qui défend donne souvent des réponses imprévues. Celui qui accuse produit des témoins ; celui qui défend les réfute sur-le-champ (1). L'accusateur trouve une ample matiere de parler dans l'énormité des crimes qu'il poursuit, bien

____

(1) C'est : Le défendeur repousse l'accusation par des preuves tirées du fonds du procès. *L.*

qu'ils soient faux, comme, lorsqu'il accuse un homme de parricide, de sacrilége, de lese-Majesté ; celui qui défend n'a bien souvent pour lui que la négative. C'est pourquoi des orateurs médiocres ont été suffisants pour accuser, et nul n'a su défendre qu'il n'ait été très-éloquent. Car pour achever de dire en peu de mots ce que j'en pense, il est plus aisé d'accuser que de défendre ; tout comme il est plus aisé de faire une blessure que de la guérir.

Or pour défendre, il importe infiniment de prendre garde non-seulement a ce que l'accusateur a avancé, mais aux termes dans lesquels il l'a avancé. On examinera donc premierement, si ce que l'on veut réfuter est essentiel ou étranger à la cause. S'il est essentiel, il faut ou le nier, ou le justifier, ou prouver le manque de formalité. Il n'y a guere que ces trois moyens de sortir d'un procès. Car la voie de supplication toute seule et sans défense est fort rare, et ne peut avoir lieu qu'auprès des juges qui sont au-dessus des loix. Encore même ces causes qui ont été plaidées devant César, ou devant les Triumvirs, pour des personnes qui avoient suivi un parti contraire au leur, ne sont-elles pas dépourvues de preuves et de raisons. A moins qu'on ne veuille dire que Cicéron ne défendoit pas fortement Ligarius, quand il parloit ainsi : *Avouons le vrai, Tubéron, que cherchions-nous autre chose que de pouvoir nous-mêmes, ce que peut aujourd'hui César ?*

Que si l'affaire est devant un prince, ou un Juge qui soit libre dans ses jugemens, nous pourrons lui représenter que plus le coupable a mérité la mort, plus il est un objet digne de sa clémence. Mais alors, outre que nous aurons à faire au Juge, et non à l'accusateur, notre discours tiendra plus de la délibération, que d'une cause judiciaire. Car nous n'aurons d'autre pensée que de porter ce prince à préférer la gloire et le mérite de l'humanité, au plaisir de la vengeance. A l'égard des juges qui doivent prononcer selon les loix, il est clair qu'un crime avoué est un crime condamné. Ainsi il seroit ridicule de donner des préceptes pour les faits dont on convient.

Ceux donc qui ne se peuvent nier, et où l'action est bien intentée, il faut les défendre tels qu'ils sont, ou se résoudre à perdre sa cause. Si on nie, on le peut faire en deux manieres. Car on soutient que le fait n'est point, ou qu'il n'est pas de la sorte. Or tout crime qui ne se peut défendre, et dont il n'y a pas moyen d'éviter le jugement, il faut le nier. Je ne dis pas seulement, lorsqu'en le définissant on peut en changer la nature ; mais lors même que nous n'avons d'autre ressource que de nier. On produira des témoins, il est vrai ; mais que ne peut-on pas dire contre des témoins ? Une signature ? Ce genre de preuve ne porte pas conviction, l'écriture peut avoir été contrefaite. Enfin rien n'est pire que d'avouer. Que si le fait ne sauroit être nié ni défendu, il y a un dernier retranchement, c'est de montrer que l'action est mal intentée, et que l'on a manqué dans la forme.

Mais, dira-t-on, il y a des occasions où nul de ces moyens n'est pratiquable. Une femme accouche après un an de veuvage, on l'accuse d'adultere. En ce cas il n'y a point de procès. C'est pourquoi j'admire que l'on nous fasse un précepte de dissimuler, et d'omettre ce qui ne peut recevoir de défense ni d'excuse ; comme si ce n'étoit pas cela même sur quoi les juges ont à prononcer. Mais si c'est un fait qui soit étranger à la cause, quelque rapport qu'il y ait, on fera fort bien de dire qu'il n'a rien de commun avec la question, qu'il n'est d'aucune conséquence, et qu'il n'est pas besoin de s'y arrêter.

Car alors cette négligence affectée sera très-pardonnable, et un bon avocat ne doit jamais craindre d'en encourir le blâme, quand il s'agit de sauver sa partie.

Ensuite on verra s'il est à propos de réfuter les preuves de l'accusateur toutes à la fois, ou les unes après les autres. On les réfute toutes ensemble, lorsqu'elles sont si foibles que d'un même effort elles peuvent toutes tomber, ou si délicates et si dangereuses, qu'il n'y a pas de sûreté à faire ferme à chacune en particulier. Car en ces occasions il faut ramasser toutes ses forces, et marcher contre l'ennemi tête baissée, s'il faut ainsi dire. Mais si de quelque façon que nous nous y prenions, les preuves de l'adverse partie sont trop difficiles à réfuter, nous pourrons du moins comparer les nôtres avec les siennes, et nous ferons en sorte que dans cette comparaison l'avantage semble être de notre côté. Nous désunirons celles qui se soutiennent par le nombre et par le secours qu'elles se prêtent l'une l'autre, comme dans l'exemple que j'ai rapporté. *Vous héritiez de lui, vous étiez dans le besoin, tourmenté par vos créanciers, et vous saviez qu'il songeoit à changer son testament.* Ces circonstances jointes ensemble sont assez pressantes.

Séparez-les, ce n'est plus rien; comme la flamme, qui quand elle s'attache à une matiere combustible menace d'un grand embrâsement, et qui, si vous lui ôtez son aliment, s'évanouit aussi-tôt; ou comme ces grands fleuves qui, tant qu'ils conservent leur lit, ne sont guéables en nul endroit; et partagés en plusieurs bras, offrent par-tout un passage aisé.

Nous verrons donc laquelle des deux manieres est la plus utile, et nous y conformerons aussi notre proposition, qui pour cela sera tantôt générale, et tantôt particuliere, selon que nous le jugerons plus à propos. Car quelquefois il suffira de rassembler en une seule proposition, tout ce que l'adversaire aura détaillé en plusieurs. Par exemple, s'il a fait une longue énumération des motifs qui ont pu porter l'accusé à commettre le crime dont il s'agit; sans reprendre tous ces motifs, nous dirons en général, que parce qu'un homme a eu plusieurs raisons de faire une action, il ne s'ensuit pas qu'il l'ait faite. Cependant pour l'ordinaire, il sera expédient à celui qui accuse d'accumuler ses preuves, et à celui qui réfute de les prendre séparément.

Mais il faut encore examiner comment on doit réfuter ce qui a été avancé. Car

si c'est un fait visiblement faux, il suffira de le nier. Ainsi dans l'oraison pour
Cluentius, celui que l'accusateur avoit dit
être mort, incontinent après avoir bu
dans la coupe qu'on lui avoit présentée,
Cicéron nie formellement qu'il soit mort
le même jour. Quant aux choses qui se
contredisent, qui sont inutiles, ou dépourvues de sens, il n'y a pas grand art
à les relever; c'est pourquoi je n'en donnerai ni préceptes ni exemples. Je mets
au même rang ce genre de preuves que
l'on nomme obscur, et qui consiste en
des faits si secrets, qu'il ne s'en trouve
ni témoins ni indice. Car tout ce que l'accusateur avance et qu'il ne prouve point,
n'est d'aucun poids; enfin toutes les choses qui sortent de la question. Mais il est
de l'adresse d'un orateur de tourner les
objections, de manière qu'elles paroissent ou incroyables, ou frivoles, ou se
contredire, ou s'éloigner de l'état de la
question, ou faire même pour l'accusé.
On reprochoit à Oppius de s'être enri-
chi aux dépens des soldats, en prenant
sur leur subsistance. C'est un crime odieux.
Mais Cicéron fait voir que dans ce reproche il y a une contradiction manifeste, en ce que les mêmes personnes ac-
cusoient Oppius d'avoir voulu corrompre

l'armée par ses largesses. L'accusateur de Cornélius s'engageoit à produire des témoins qui le convaincroient du fait qu'il lui imputoit. Cicéron rend cela inutile, en disant que Cornélius en convient lui-même. Cécilius demandoit la commission d'accuser Verrès, fondé sur ce qu'il avoit été son questeur; et Cicéron qui la demandoit aussi, fait de cette raison même, un moyen pour l'obtenir.

Les objections qui ne pourront se rapporter à quelqu'un de ces exemples, tiendront à des lieux communs. A la conjecture, on examinera si elles sont vraies. A la définition, si elles sont essentielles au sujet. A la qualité, si elles ne sont point contre la bienséance et l'honnêteté, injustes, malignes, cruelles. Ce qui doit s'observer non-seulement dans les propositions et les raisons que l'accusateur avance, mais dans tout le cours de l'accusation. Ainsi Labiénus est taxé de cruauté par Cicéron, en ce qu'il poursuivoit Rabirius dans toute la rigueur de la Loi portée contre les rebelles à la république; Tuberon d'inhumanité, en ce que non content de voir Ligarius exilé, il veut empêcher que César ne lui pardonne; l'accusateur d'Oppius, d'orgueil et de témérité, en ce que sur une simple lettre de Cotta, il se croit permis de dénoncer Oppius.

D'autres accusations auront d'autres défauts. Car il y en a qui sont pleines de mauvaise foi, de passion, d'animosité. Mais si l'accusateur a dit quelque chose qui soit contre la sûreté publique ou contre l'intérêt des Juges, c'est sur-tout ce qu'il faut relever. Cicéron nous donne un exemple de l'un et de l'autre. *Quelle étrange maxime*, dit-il, *dans la défense de Tullius! et où en sommes-nous, Messieurs, si on l'admet, que l'on est en droit de tuer un homme, quand on a cette excuse à alléguer, qu'on craignoit d'en être tué, si on ne l'eût prévenu?* Et parlant pour Oppius, il avertit les Juges de ne pas recevoir un genre d'accusation, dont la conséquence retomberoit sur tout le corps des chevaliers et sur eux-mêmes. Mais il y a des objections qu'il est bon de mépriser ou comme frivoles, ou comme n'ayant rien de commun avec la cause; et cet air de mépris s'étend quelquefois jusqu'à des arguments, que dans le fonds nous serions fort en peine de réfuter.

Cependant comme la plupart de ces arguments sont tirés du lieu des semblables, il faut faire tous ses efforts pour y découvrir quelque dissemblance. Et cela n'est pas difficile dans les questions de droit. Car les loix roulant toutes sur différentes matieres, il n'est guère possible de raisonner de l'une par l'autre, sans que le raisonnement péche par le défaut d'une exacte comparaison. Quant aux similitudes que l'on emprunte des animaux, ou des choses inanimées, il est aisé de les éluder. Et à l'égard des exemples qu'on allegue contre nous, on y peut répondre en plusieurs manieres. Si ce sont des exemples fort anciens, on les traitera de fabuleux ; s'il n'y a pas moyen de les révoquer en doute, on aura du moins recours à la disparité ; car il est difficile que deux exemples soient parfaitement semblables. On veut justifier Nasica le meurtrier de Gracchus, et l'on apporte l'exemple d'Ahala, qui tua Mélius. Dites que la comparaison n'est pas juste ; que Mélius vouloit opprimer sa patrie, et que Gracchus au contraire venoit de porter des loix toutes favorables au peuple ; qu'Ahala étoit Général de la Cavalerie, et que Nasica est un simple particulier. Enfin si ces ressources nous manquent, on verra si l'on ne peut point dire que le fait cité pour exemple, est à la vérité autorisé d'un grand nom, mais qu'au fond il n'en est pas plus légitime.

Et ce que je dis des exemples, je le dis aussi des sentences, des arrêts, en un mot de tous les préjugés dont on peut tirer avantage contre le Défendeur.

J'ai ajouté pour second précepte, qu'il importoit extrêmement de prendre garde, comment l'accusateur avoit énoncé chaque chef d'accusation. En effet s'il l'a exprimé foiblement, nous répéterons ses propres mots; et s'il s'est expliqué avec force, et d'une maniere qui rende le crime plus atroce, nous l'exposerons en des termes plus doux. Cicéron en use ainsi dans la défense de Cornélius. [*Il s'est emparé de l'acte qu'on lisoit* : et aussi-tôt on y joint une espece de défense.] S'agit-il d'un débauché ? Nous dirons, on vous a représenté ma partie, Messieurs, comme un homme un peu trop adonné à ses plaisirs. Un avare odieux par des épargnes sordides, nous le ferons passer pour un homme naturellement attentif et ménager ; un médisant qui déchire tout le monde, pour un homme franc qui dit quelquefois trop librement ce qu'il pense.

Mais une chose dont il se faut bien garder, c'est de rapporter les faits avec leurs preuves, ou avec les couleurs dont l'accusateur les a peints : si ce n'est qu'il y ait un ridicule qui saute aux yeux. *Comment l'entendez-vous, Muréna ? Vous aurez toujours été à l'armée, si long-temps absent de Rome, et après cela vous viendrez disputer les honneurs et les charges de la République, avec des gens qui ne sont pas sortis de la Ville ?* Parce que ce raisonnement est risible, Cicéron le rapporte tout entier et dans les mêmes termes. Si l'accusateur avance des faits qui se contredisent (1), en ce cas on peut encore exposer le crime sans crainte : et Cicéron n'en fait pas difficulté dans la défense de Scaurus, [Contre Bostarès. *C.*] où nous voyons qu'il parle comme d'après l'accusateur même. Quelquefois on joindra plusieurs propositions ensemble, [Comme dans l'oraison pour Varénus : *Lorsque Varénus traversoit avec Populénus des champs et des lieux solitaires ils rencontrerent la famille Ancharia. Populénus fut tué, et Varénus fut conservé, enchaîné, jusqu'à ce que son parent Lucius Varénus eût décidé de son sort. C.*] telles que l'adversaire les a énoncées, sur-tout

(1) *Contradictiones* signifie ici et à la fin de cet *Alinéa*, les contredits, les instances de la partie adverse ; en un mot, les arguments et les moyens qu'on emploie contre nous. Pour dire : des contradictions, Quintilien se sert du mot *disparata*. *C.*

quand

quand l'ordre des faits qu'elles contiennent, paroît incroyable, ou qu'il suffit de la simple exposition pour leur ôter toute vraisemblance. Que si ces propositions se soutiennent les unes les autres, on les reprendra séparément et en détail. C'est même ordinairement le plus sûr. Il peut arriver aussi qu'une seule proposition renferme des contradictions.

Il y a, comme j'ai dit, des preuves qui sont communes, c'est-à-dire, qui sont également pour les deux parties. Si l'accusateur s'en est servi, l'accusé s'en servira encore mieux; non-seulement parce qu'elles sont communes, mais parce qu'elles sont plus favorables à celui-ci. Car quiconque emploie le premier un argument commun, de commun qu'il étoit, se le rend contraire; puisque l'argument contraire n'est autre chose que celui, dont la partie adverse peut user avec avantage. *Non, Messieurs, il n'est pas vraisemblable que Marcus Cotta ait imaginé une action si noire. Hé quoi, Messieurs, est-il plus vraisemblable qu'Oppius s'y soit porté, à cette action si noire?*

Mais ces contradictions dont j'ai parlé, soit apparentes ou réelles, se doivent chercher tantôt dans les faits; comme, lorsque d'un côté Clodia dit qu'elle a prêté de l'argent à Célius, ce qui mar-

que une grande familiarté entr'eux ; et
que de l'autre elle prétend que Célius a
voulu l'empoisonner, ce qui suppose une
haine mortelle; ou, lorsque Tubéron fait
un crime à Ligarius d'avoir été en Afrique, et qu'en même-temps il se plaint
de ce qu'il lui en a fermé l'entrée : tantôt dans les paroles de l'accusateur, qui
par inconsidération dit quelquefois bien
des choses dont il ne voit pas la conséquence. Ce qui arrive particulierement à
ceux qui, trop amateurs de ce qu'on appelle des pensées ingénieuses, ne songent
qu'à avoir de l'esprit, et se laissent aller à
toutes les occasions d'en faire paroître,
s'occupant bien plus de l'endroit qu'ils touchent, que de la cause entiere, avec laquelle il n'a bien souvent aucun rapport.
Que pouvoit-il y avoir de plus fort en
apparence contre Cluentius, que d'avoir
été noté d'infamie par les Censeurs? que
de voir un pere déshériter son fils, parce
que ce fils, de concert avec Cluentius,
avoit corrompu les Juges pour faire condamner Oppianicus ? Cependant Cicéron
fait voir que ces deux préjugés s'entre-
détruisent. [*Mais vous, Accius, examinez
avec soin si le jugement des Censeurs a plus
de gravité et plus d'autorité que celui d'Egnatius. Si celui-ci vous paroît plus grave,*

vous regarderez comme légeres les notes de censure portées contre les autres par les Censeurs, puisqu'ils ont exclu du Sénat ce même Egnatius que vous voulez faire passer pour un homme d'une autorité grave. Si vous préférez le jugement des Censeurs, songez que ce même Egnatius que son pere a noté d'infamie, en le déshéritant, a été conservé dans le Sénat par ces mêmes Censeurs, qui en même temps avoient exclu son pere du Sénat. C.]

Les défauts qui suivent sont si grossiers, qu'il ne faut pas être fort clairvoyant pour les remarquer. Donner un argument qui est douteux pour certain; un fait contesté pour un dont on convient; une preuve commune pour une qui soit propre et particuliere à la cause; une raison triviale, ou frivole [ou présentée trop tard, et par-là aisée à réfuter. C.], ou suspecte, pour une bonne (1). Car les orateurs, peu circonspects, tombent dans toutes ces fautes et dans bien d'autres; comme d'exagérer le crime quand il s'agit de le prouver; de discourir sur le fait, quand il en faut chercher l'auteur, de vouloir prouver l'impossible; de parler de la personne beaucoup plus que de la cause; de croire avoir

____

(1) *Pour une bonne,* n'est point dans le texte. Le Traducteur l'ajoute pour plus de clarté, *C.*

poussé à bout ce qui n'est qu'ébauché
d'imputer aux choses des fautes qui sont
personnelles, comme si l'on blâmoit le
Décemvirat à cause d'Appius qui a abusé
de son autorité; de contrarier des preuves
qui sont évidentes; de s'exprimer d'une
manière ambigue; de perdre de vue la
question principale; de ne pas répondre aux
chefs d'accusation proposés : ce qui est
pourtant excusable dans un cas, lorsque la
cause est si mauvaise qu'elle ne se peut
soutenir que par des secours étrangers. Par
exemple, Vérrès est déclaré coupable de
péculat, on ne fera pas mal de se jetter à
l'écart, de louer le zele et la valeur qu'il
a fait paroître, en défendant la Sicile contre les pirates.

Ces préceptes ne regardent pas moins
les objections que nous avons à combattre. Et je dois être d'autant plus soigneux d'en avertir, qu'ordinairement on
commet ici deux fautes considérables. Car
les uns, je dis même au barreau, craignant ces objections comme quelque chose
d'embarrassant, les passent sous silence;
et contents de débiter les preuves qu'ils
ont méditées à loisir, ils parlent comme
s'ils n'avoient point d'adversaire : abus
qui est encore plus ordinaire aux écoles,
où bien loin de détruire les raisons qui

sont contre, on travaille sur des sujets tellement faits à plaisir, qu'ils ne semblent pas pouvoir souffrir de contradiction. Les autres exacts jusqu'au scrupule, s'imaginent qu'il faut répondre à tout, à chaque pensée, à chaque mot; ce qui est infini et fort inutile. Car ce n'est pas attaquer la cause, mais l'orateur, à qui pour moi je n'envierai jamais la gloire de passer pour disert, quand il l'acquerra aux dépens de sa cause; en sorte que ce qu'il y a de bon dans son plaidoyer, soit regardé comme une marque de son esprit, non de la justice de sa cause; ce qu'il y a de mauvais, soit imputé à la cause, et non à lui.

Quand Cicéron reprochoit à Rullus son obscurité affectée, à Pison sa stupidité, à Marc-Antoine son ignorance et sa bêtise, il suivoit en cela son juste ressentiment, outre que ces invectives pouvoient inspirer aux Juges la haine dont il étoit animé. Mais à l'égard d'un avocat qui défend une cause, il faut lui répondre autrement que par des injures. Non pourtant qu'il ne soit quelquefois permis de blâmer, je ne dis pas seulement son discours, mais ses mœurs, sa contenance, son habillement et tout l'air de sa personne. Nous voyons, par exemple, que

Cicéron se déchaîne contre cette robe traînante, et bordée de pourpre, que Quintius portoit. Mais il faut dire le vrai. Cicéron étoit piqué au jeu, parce que Quintius avoit soulevé le peuple contre Cluentius, dont Cicéron avoit pris la défense. Il y a des occasions où l'accusation se peut tourner en plaisanterie; et c'est un fort bon moyen pour en émousser les traits. Triarius faisoit un crime à Scaurus d'avoir fait venir avec beaucoup de dépense des colonnes de marbre, que l'on avoit vu passer sur des charriots par la ville. *Vous avez raison*, lui dit Cicéron, *car pour moi qui ai tiré les miennes du mont d'Albe, je les ai fait apporter sur un bât.*

Cette maniere de donner du ridicule se permet plus volontiers contre l'accusateur; et le zele que doit avoir un avocat pour l'innocence opprimée, autorise même quelquefois les invectives. Mais un sujet de plainte fort juste et fort raisonnable, c'est lorsque l'un ou l'autre orateur a la mauvaise foi de taire quelque chose d'essentiel, ou de l'embrouiller, ou d'en supprimer une partie, ou de le dire trop tard et à contre-temps. Une chose qui se peut blâmer encore en celui qui défend, c'est de donner le change, je veux dire, de vouloir défendre sa partie par un moyen qui ne répond point à l'action intentée contre elle. Ainsi Eschine qui prévoyoit que Démosthènes ne parleroit point de la loi, en vertu de laquelle il accusoit Ctésiphon, et Accius qui au contraire se doutoit que Cicéron ne défendroit Cluentius que par la loi qui le mettoit à couvert, ne manquent pas d'en avertir les Juges et de s'en plaindre.

Pour ce qui est de nos déclamateurs, je leur donnerai un avis important, dont ils ont sur-tout besoin. C'est de ne se pas faire des objections chimériques qui se réfutent sans peine; et de ne pas croire qu'un avocat soit assez sot pour en faire de semblables. C'est une faute où ils tombent par l'envie de traiter des lieux communs, sur lesquels on ne tarit point, et de s'attirer des applaudissemens du public. Car au lieu de se renfermer dans leur sujet, ils y font entrer tout ce qui leur plaît. De sorte qu'un orateur qui auroit à répliquer à leur plaidoyer, pourroit dire : Si ma réponse est foible, ce n'est pas ma faute.

Que l'on m'attaque bien, je me défendrai mieux.

Si l'on s'accoutume à ce badinage, on sera fort trompé au barreau, où il faut répondre, non aux difficultés qu'on se fait soi-même, mais à celles d'un orateur qui connoît le fort et le foible d'une cause. On dit que le poëte Accius, interrogé pourquoi il ne plaidoit pas des causes, lui qui mettoit tant de force et d'éloquence dans ses pieces, répondit, que dans une tragédie il faisoit parler ses personnages comme il vouloit, au lieu que dans la profession d'orateur, il auroit à faire à gens qui ne diroient rien moins que ce qu'il voudroit.

Il est donc ridicule qu'un discours qui est fait pour nous exercer à la plaidoierie, s'en éloigne au point que l'on y songe à répondre, avant que de savoir quelle sera l'objection. Et un bon maître doit applaudir à son disciple, lorsque sa pénétration lui fait découvrir les raisons qui sont pour la partie adverse, comme lorsqu'il voit celles qui sont pour lui. Cependant aux écoles il est toujours permis de s'écarter un peu de cette regle ; mais rarement au barreau. Car supposé que vous soyez demandeur, et que vous ayez à parler le premier, comment pourrez-vous contredire le défendeur qui n'a pas encore été ouï ?

C'est néanmoins ce que font la plupart de nos orateurs, soit par l'habitude qu'ils ont prise chez les déclamateurs, soit par l'envie de grossir leurs plaidoyers ; sans

faire réflexion qu'un adversaire prend
delà occasion de se mocquer d'eux, et de
les railler fort agréablement. Car tantôt
il les priera de ne se point mêler de deviner sa pensée, puisqu'ils y réussissent si
mal ; tantôt il les remerciera de lui avoir
appris ce qu'il devoit dire, et les louera
de leur générosité. Mais, ce qui portera
coup le plus souvent, il ne manquera
pas de dire que s'ils ont répondu à telle
difficulté, sans attendre qu'on la proposât,
c'est qu'ils ont bien senti que l'on avoit
raison de la faire, et qu'ils n'ont pu
étouffer la voix de leur conscience. Cicéron n'a pas manqué ce tour-là dans
l'oraison pour Cluentius. *Vous savez de
bonne part,* dites-vous, *que mon dessein est
de défendre cette cause à la faveur de la
Loi. Est-il possible ? Assurément on nous
trahit. Nous nous fions indiscrettement à
nos amis, et quelqu'un d'eux va révéler
notre secret. Mais qui vous a donc si bien
instruit ? Quel est ce perfide ? Personne sur
mon honneur ne vous l'a dit. C'est la Loi
elle-même qui vous l'a appris.*

Quelques-uns non-contents de se faire
l'objection, l'exposent toute entiere,
comme feroit l'adversaire même. Ils savent,
disent-ils, qu'on leur objectera cela, et
qu'on le prouvera par telle et telle raison.

L 5

Vibius Crispus que nous avons connu pour un homme d'un esprit agréable et enjoué, se mocqua un jour fort plaisamment d'un orateur qui s'étoit ainsi mêlé de le faire parler. Quand ce fut à lui à répondre : *J'avois*, dit-il, *Messieurs, beaucoup de choses à vous dire ; mais on les a dites pour moi. Il n'est pas besoin de vous ennuyer deux fois.*

Si néanmoins ensuite d'une enquête, la partie adverse a produit quelque mémoire, [Ou s'il l'a appuyée sur l'autorité de quelques témoins présens. *C.*] on peut en ce cas la réfuter. Car alors c'est répondre à ce qu'elle avance, et non à ce que nous avons imaginé. On le peut encore, lorsque la cause est de telle espece, que les objections que nous nous faisons, sont les seules qui se puissent faire. Par exemple, une chose dérobée se retrouve dans une maison; il faut nécessairement que l'accusé dise que cette chose a été portée chez lui à son insçu, ou qu'elle y a été mise en dépôt, ou bien qu'on la lui a donnée. Ainsi on peut attaquer ces trois moyens, sans attendre que le défendeur les propose. Mais aux écoles, soit que l'on parle comme demandeur ou comme défendeur, on peut toujours réfuter les objections, parce que cela nous exerce à jouer tout-à-la-fois les deux rôles (1) Hors de ce cas on ne le doit jamais faire. Autrement c'est répondre à qui n'a pas encore parlé.

Il y a un autre vice qu'il ne faut pas moins éviter dans la réfutation, c'est de paroître embarassé de la difficulté que l'on a à combattre. Un Juge en prend occasion de se défier de notre cause; et souvent des raisons qui feroient beaucoup d'impression sur son esprit, si elles étoient avancées hardiment, lui deviennent suspectes par la précaution même et les détours dont on les accompagne. Car il sera porté à croire que l'avocat ne les a pris, ces détours et cette précaution, que parce qu'il en a senti le besoin. Que l'orateur se rassure donc lui-même, afin de rassurer les autres, et qu'il témoigne toujours avoir bonne opinion de sa cause. C'est en quoi Cicéron réussit admirablement comme en tout. Il parle avec une

(1) Le sens est différent. C'est : mais dans les Déclamations qui se font aux écoles, nous pouvons répondre aux objections de nos adversaires, afin de nous exercer à jouer tout-à-la-fois les deux rôles ; c'est-à-dire à parler en premier et en second pour le demandeur. Il ne s'agit pas du plaidoyer pour le défendeur, mais on fait allusion à la coutume de faire plaider une même cause par plusieurs avocats qui se partageoient les différentes parties du même plaidoyer. *C.*

confiance et une autorité qui tient presque lieu de preuve, et qui impose à tel point, que l'on n'ose douter de ce qu'il met en avant.

Au reste quiconque possédera bien sa cause, et saura quel est son principal moyen, quel est celui de la partie adverse, ne pourra pas manquer de savoir aussi les endroits sur lesquels il doit insister, et ceux qu'il doit combattre. A l'égard de l'ordre qu'il faut tenir ici, on n'en sera nulle part moins en peine. Car si nous sommes demandeurs, nous commencerons par établir nos preuves, et nous viendrons ensuite à la réfutation des raisons contraires. Si nous sommes défendeurs, nous commencerons par la réfutation. Mais de la solution d'une difficulté, naît souvent une autre difficulté, et de celle-là une troisieme qu'il faut aussi résoudre. Car il en est comme de ces combats de gladiateurs, qui deviennent plus opiniâtres par la force et par l'adresse de ceux qui les soutiennent. [Ces attaques se nomment de la seconde main, et de la troisieme, si la premiere a eu pour but d'attirer l'adversaire au combat; et de la quatrieme, si on a provoqué deux fois, de maniere qu'on ait eu à se défendre deux fois comme on a attaqué deux fois. Ce qui peut encore être porté plus loin. *C.*]

Dans le chapitre précédent, j'ai parlé d'une preuve qui n'est que l'expression du témoignage de la conscience, et qui consiste à affirmer simplement ou à nier, comme fit Scaurus dont j'ai rapporté l'exemple. Cette sorte de preuve convient aussi à la réfutation. Je ne sais même si sa place la plus naturelle n'est point lorsqu'il s'agit de nier. Mais ce que je conseille sur-tout aux deux parties, c'est de bien examiner quel est le point essentiel de leur contestation. Car souvent on fait entrer une infinité de choses dans un procès, et le jugement tombe néanmoins sur peu de chefs.

Telle est la maniere de prouver et de réfuter; mais il faut que l'éloquence l'orne et la soûtienne. Car quelque bonnes que soient nos raisons, elles paroîtront toujours foibles, si l'orateur n'enfle, pour ainsi dire, ses poumons, et ne sait donner du poids et de la dignité à ses paroles. Delà vient que les Juges sont frappés de ces lieux communs qui traitent de l'autorité des témoins, des contrats, des indices (1) et des autres choses de cette na-

____

(1) Le Traducteur confond encore les indices ou signes, avec les arguments que Quin-

ture, comme aussi de ces lieux propres dont on se sert pour louer ou pour blâmer une action, pour en montrer la justice ou l'équité; en un mot pour la peindre en beau ou en laid.

Parmi ces lieux, les uns influent sur un argument en particulier; les autres sur plusieurs ensemble, et les autres généralement sur toute la cause, dont ils déterminent l'événement. Il y en a aussi qui servent à préparer l'esprit des juges, et d'autres qui servent à les confirmer dans le sentiment où l'on veut qu'ils persistent. Mais à l'égard de la préparation et de la confirmation, tantôt elles règnent dans tout le discours, et tantôt elles se renferment dans une de ses parties. L'orateur les dispense comme il juge à propos.

C'est pourquoi j'admire que de célèbres rhéteurs qui ont été comme les chefs de deux sectes différentes, aient agité sérieusement, s'il faut traiter ces lieux à la suite de chaque question, comme veut Théodore; ou s'il vaut mieux les réserver pour la fin, et instruire pleinement les juges, avant que de songer à les toucher, selon le sentiment d'Apollodore.

tilien distingue dans un chapitre exprès. Liv. v, Ch. 9.

Comme si on ne pouvoit pas tenir le milieu dont je parle, et qu'on ne dût jamais prendre conseil de son sujet. Ceux
qui nous donnent ces préceptes, ne sont
point gens qui fréquentent le barreau ;
semblables à ces spéculatifs, qui tranquilles chez eux, et sans jamais avoir vu
l'ennemi, tracent un bel ordre de bataille. Rien n'est mieux imaginé. Mais
cet ordre est souvent troublé par les circonstances du combat. En effet, presque
tous ceux qui ont fait de l'art oratoire
une chose si mystérieuse, nous y ont as-
sujettis non-seulement à de certains lieux,
où ils veulent que l'on aille chercher les
arguments, mais à une infinité de regles
touchant la forme qu'il leur faut donner.
J'ai rapporté leur sentiment le plus suc-
cinctement que j'ai pu ; mais dans la suite
je dirai naturellement le mien, qui sera
fondé sur la maniere dont je vois que les
plus grands orateurs en ont usé.

CHAPITRE XIV.

Ce que c'est que l'Enthymeme, et combien de sortes il y en a. De combien de parties l'Epichéreme est composé, et de la maniere de le réfuter.

ON appelle enthymeme, non-seulement l'argument, ou la chose dont on se sert, pour en prouver une autre ; mais aussi la diction qui met l'argument dans son jour. J'ai déja dit qu'il y en avoit de deux sortes. L'un qui se tire des suites de la chose même, et qui consiste en une proposition jointe immédiatement à sa preuve, comme celui-ci : (dans l'Or. pour Ligarius.) *La cause des uns et des autres étoit douteuse alors , parce que l'on pouvoit suivre honnêtement l'un et l'autre parti. Mais aujourd'hui on ne peut douter que le parti le meilleur n'ait été celui pour qui les Dieux se sont si hautement déclarés.* Car ce raisonnement contient une proposition avec sa preuve, et n'a point de conclusion. Ainsi c'est un syllogisme imparfait.

Mais l'enthymeme qui se tire des contraires a beaucoup plus de force, et quelques rhéteurs même n'en admettent point d'autres. Tel est celui-ci : (dans l'Or. pour

Milon) *On veut donc, Messieurs, que vous soyez assemblés ici pour venger la mort d'un homme, à qui vous ne rendriez pas la vie, s'il étoit en votre pouvoir de la lui rendre.* A quoi l'on ajoute quelquefois un détail de circonstances, qui rend l'argument encore plus fort, comme fait Cicéron au même endroit. *Ainsi, Messieurs, Milon qui a épargné Clodius, lorsque sa mort eût fait plaisir à tout le monde ; qui n'a pas osé le tuer, lorsqu'il le pouvoit impunément et avec justice, lorsque le temps, le lieu, l'occasion, tout lui étoit favorable ; Milon, aura indignement assassiné le même Clodius, lorsque le temps, le lieu, la conjoncture, tout lui étoit contraire, et qu'il ne le pouvoit sans être blâmé de plusieurs, sans s'exposer même à perdre la vie.*

Cependant il me semble que la meilleure sorte d'enthymeme, est celle qui roule sur une chose dissemblable ou contraire, ou que l'on appuie d'une bonne raison, comme en cet exemple de Démosthène : *Si d'autres avant vous ont impunément violé les loix, il ne s'ensuit pas que vous, qui avez imité leur conduite, deviez échapper au châtiment. Au contraire, il est d'autant plus nécessaire de vous punir. Car comme vous n'auriez pas suivi leur exem-*

ple, si on les eût châtiés, de même si l'on vous châtie, un autre ne le suivra pas à l'avenir.

L'épichéreme est composé de quatre parties selon quelques-uns : de cinq et même de six selon d'autres. Cicéron en admet cinq, à savoir la proposition, autrement dite la majeure; la raison de la majeure; la mineure; la preuve de la mineure, et la conséquence. Mais comme la majeure n'a pas toujours besoin de raison, ni la mineure de preuve, et que la conséquence même n'est pas toujours nécessaire, Cicéron croit que l'épichéreme peut quelquefois n'avoir que quatre, trois ou deux parties.

Pour moi je tiens avec plusieurs auteurs, qu'il n'en a que trois au plus. Car l'ordre naturel veut qu'il y ait une première proposition, qui explique le sujet dont il s'agit; ensuite une seconde qui serve à prouver la première, et enfin une troisieme qui soit une suite des deux. Ainsi il y aura la premiere proposition ou la majeure; la seconde ou la mineure, et la troisieme ou la conséquence. En effet ce qu'ils appellent la raison de la proposition, et la preuve de la mineure ou l'amplification, comme d'autres la nomment, on peut, ce me semble, les comprendre dans les parties auxquelles elles se rapportent.

Prenons dans Cicéron un exemple d'épichéreme composé de cinq parties. *Les choses qui sont gouvernées avec prudence, sont bien mieux conduites que celles où la prudence ne se trouve pas.* Voilà, disent-ils, la proposition, et cette proposition, selon eux, doit être soutenue de raisons et d'expressions. Mais je crois, pour moi, que tout cela ne peut jamais faire qu'une même proposition. Autrement, si la raison dont on l'appuie, fait une partie séparée, comme il peut y avoir diverses raisons, il y aura donc aussi diverses propositions. Venons à la mineure. *Or il n'y a rien qui soit mieux gouverné que le monde.* Cette mineure doit encore avoir sa preuve qui tient le quatrieme rang ; et j'en dis la même chose que de la majeure. Enfin, pour cinquieme partie, ils mettent la conséquence, qui tantôt infere simplement ce qui résulte de toutes les autres, et tantôt rassemble en peu de mots ce qui est contenu dans la majeure et dans la mineure, en y ajoutant la conclusion qui s'ensuit naturellement. *S'il est donc vrai que les choses qui sont conduites avec sagesse, sont mieux gouvernées que celles où la sagesse n'a point de part ; le* monde étant de toutes les choses, celle qui est gouvernée le plus sagement, ne faut-il pas conclure que c'est la sagesse qui préside au gouvernement du monde ?

Mais ces trois parties que je donne à l'épichérême, reçoivent plus d'une forme. Car quelquefois on conclut la même chose que ce qui est dans la proposition. Par exemple, *L'ame est immortelle, car tout ce qui se meut de soi-même est immortel. Or est-il que l'ame se meut d'elle-même. Donc l'ame est immortelle.* Cette maniere a son usage non-seulement dans les arguments, mais aussi dans toutes les causes qui sont simples, et dans les questions. Et en effet ces causes et ces questions ont premierement une proposition, qui dans ce genre d'épichérême est toujours douteuse, puisque c'est la chose même qui est en contestation. *Vous avez commis un sacrilege ; vous avez fait ce meurtre. Quiconque a tué un homme, n'est pas censé pour cela coupable de meurtre.* Ensuite vient la preuve qui est beaucoup plus diffuse, et plus ornée que dans les arguments. Après quoi suit la conclusion ou derniere proposition, qui infere directement ce qui résulte des deux premieres ; ou qui par une énumération plus détaillée, ramasse tout ce qu'elles comprennent.

Quelquefois on conclut différemment de ce que l'on a proposé dans la majeure, je dis quant aux paroles, mais en effet de même quant au sens. Par exemple, *La mort n'est point un mal : car ce qui est dissous, n'a plus de sentiment ; et où il n'y a point de sentiment, il ne sauroit y avoir de mal.* Enfin quelquefois la conséquence est toute différente de la proposition, comme ici : *Tous les animaux sont plus parfaits que les choses inanimées. Or il n'y a rien de si parfait que le monde. Donc le monde est un animal.* Et dans cette sorte d'épichérême, il peut y avoir de la difficulté à l'égard de la chose en question, que l'on peut aussi renfermer dans la proposition en cette maniere, *Le monde est un animal, car les animaux sont plus parfaits que les choses inanimées.* Ainsi la proposition est tantôt évidente, comme dans le premier de ces deux exemples ; et tantôt douteuse, comme dans celui-ci : *Quiconque veut mener une vie heureuse, doit être philosophe.* Car tout le monde n'en convient pas. Je dis la même chose de la mineure. *Or tous les hommes veulent être heureux.* Cette mineure est claire. Mais, *ce qui est dissous n'a plus de sentiment,* celle-ci a besoin de preuve. Car il y a sujet de douter si l'ame séparée du corps, est immortelle, ou si elle est détruite après un certain temps (1).

L'épichérême ne differe du syllogisme qu'en ce que le syllogisme se divise en beaucoup plus d'especes, et qu'il a la vérité pour objet; au lieu que l'épichérême n'a d'ordinaire que la vraisemblance. Car s'il falloit toujours prouver ce qui est contesté, par ce qui est certainement vrai, il seroit aisé de se passer d'orateur. En effet, qu'est-il besoin d'esprit et d'éloquence pour dire, *Ces biens m'appartiennent ; car je suis fils unique d'un tel qui est mort. Ou bien, je suis son seul héritier. Or est-il que les biens doivent aller à celui qui est institué héritier. Donc ces biens-là m'appartiennent.*

Mais lorsque la raison même tombe en question, il faut que ce que nous avons à prouver, d'incertain qu'il est, devienne certain par le moyen de la preuve. Par exemple, si l'on soutient quelqu'une de ces propositions, *Vous n'êtes point son fils , vous n'êtes pas légitime , [Ou vous n'êtes pas seul]* ou bien *vous n'êtes pas son héritier ; le testament ne vaut rien ; vous ne pouvez pas recueillir cette succession ; vous avez des co-héritiers ;* il faut bien que le demandeur établisse son

____

(1) C'étoit l'opinion des Stoïciens.

droit, et prouve la justice de ses prétentions.

Et comme une preuve de cette nature ne se déduit pas sans beaucoup de paroles, c'est une nécessité alors de finir l'épichérême, en tirant la conséquence de tout le raisonnement que l'on a fait. Car en d'autres occasions, la simple proposition suffit avec sa raison, comme ici : *Les loix se taisent parmi les armes, et nous dispensent de réclamer leur secours, lorsqu'elles ne sont pas en état elles-mêmes de nous garantir de l'oppression.* C'est pourquoi quelques rhéteurs ont dit que cette sorte d'enthymême, qui se tire des suites d'une chose, est toute semblable à la raison que l'on rend d'une proposition.

Quelquefois même on se contente de la proposition toute seule, comme, *Les loix se taisent parmi les armes.* Quelquefois aussi on commence par la seconde partie, qui est la raison de la proposition, et ensuite on conclut, par exemple : *Si les douze tables nous permettent de tuer un voleur qui vole de nuit, en quelque état qu'on le trouve, et celui qui vole de jour, quand il se défend avec des armes ; qui peut s'imaginer, Messieurs, qu'un homme soit digne de mort, parce qu'il en a tué un autre, de quelque maniere qu'il l'ait* tué ? Cicéron non content de cela, ajoute encore une raison après la conclusion. *Qui peut s'imaginer, Messieurs, etc. surtout lorsqu'il voit qu'en certaines occasions, les loix mêmes nous mettent les armes à la main, pour donner la mort à notre ennemi ?*

Voici un autre épichérême où il a suivi l'ordre naturel. *Un scélérat capable de tout entreprendre ; un assassin qui nous dresse des embûches pour nous y faire périr ; un homme de ce caractere, Messieurs, peut-il être tué injustement ?* C'est la proposition. *Que signifie donc ces escortes avec lesquelles nous marchons, ces épées, ces armes que nous portons ?* C'est la raison. *Certainement les loix ne souffriroient pas que nous fussions munis d'un tel secours, s'il ne nous étoit jamais permis de nous en servir.* C'est la conséquence. Voilà comme on emploie ce genre d'argument : voyons maintenant comment on le réfute.

On peut l'attaquer en trois manieres, c'est-à-dire, par toutes les parties qui le composent. Car c'est ou la proposition, que l'on combat, ou la mineure, ou la conséquence, ou ce sont toutes les trois ensemble. La proposition, par exemple: *J'ai eu raison de tuer Clodius, parce qu'il me dressoit des embûches et qu'il m'auroit*

tué

tué lui-même, si je ne l'eusse prévenu. Car la premiere question qui se présente dans l'oraison pour Milon, est celle-ci. *S'il est permis de laisser vivre un homme qui confesse avoir fait un meurtre.*

A l'égard de la mineure, on la combat par tous les moyens que j'ai enseignés au chapitre de la réfutation. Quant à la raison, elle est quelquefois vraie, quoique la proposition soit fausse ; et quelquefois fausse, quoique la proposition soit vraie. *La vertu est un bien.* Cette proposition est vraie. Mais si l'on ajoutoit, *car c'est la vertu qui nous enrichit,* on donneroit une fausse raison d'une proposition qui est très-véritable.

Il y a deux manieres de réfuter la conséquence, soit en la niant, lorsqu'elle conclut autre chose que ce qui suit des propositions précédentes ; soit en disant, qu'elle ne fait rien à la question. *Tout homme qui attente à notre vie, nous sommes en droit de le tuer. Car quiconque se montre notre ennemi, nous pouvons le repousser comme ennemi. Donc Clodius a justement été tué comme ennemi.* Cette conséquence est fausse. Car il n'est point dit que Clodius ait attenté à la vie de personne. *Donc tout homme qui attente à notre vie, nous pouvons le tuer comme ennemi.*

Tome II.   M

Alors la conséquence est vraie ; mais elle ne fait rien à la question : car ce raisonnement ne prouve point que Clodius ait attenté à la vie de Milon. Il peut arriver que la conséquence soit vraie, quoique la proposition et la raison de la proposition soient fausses. Mais toutes les fois que ces deux-ci sont vraies, la conséquence n'est jamais fausse.

L'enthymeme est appellé par quelques-uns le syllogisme des orateurs, et par d'autres le syllogisme abrégé, parce que le véritable syllogisme a toujours toutes ses parties, qui conspirent à prouver une même chose ; au lieu que l'enthymeme se contente de faire entendre sa proposition. Voici, par exemple, un syllogisme : *La vertu est le seul bien véritable ; car le seul bien véritable est celui dont on ne sauroit mal user : or personne ne peut mal user de la vertu : donc la vertu est le seul bien véritable.* Et voilà un enthymeme tiré des suites de la chose. *Le seul bien véritable est la vertu dont on ne sauroit jamais mal user.* Par un syllogisme tout contraire je dirai : *L'argent n'est point un bien ; car une chose dont on peut faire un mauvais usage n'est point un bien en soi : or on peut faire un mauvais usage de l'argent : donc l'argent n'est point un bien.* Et par un enthymeme tiré des contraires on dira : *L'argent dont il n'y a personne qui ne puisse faire un mauvais usage, peut-il être regardé comme un bien ?* [Voici un syllogisme en forme : *Si l'argent monnoyé doit être réputé argent, celui qui a légué tout son argent, a légué aussi son argent monnoyé ; or il a légué tout son argent : donc il a légué aussi son argent monnoyé. Mais un orateur se contente de dire : Puisqu'un tel a légué tout son argent, il a légué aussi son argent monnoyé. C.*]

J'ai enfin, ce me semble, rempli l'obligation que je m'étois faite, de découvrir les mysteres les plus cachés des rhéteurs. Il ne me reste plus que de savoir en faire un bon usage. Et c'est l'effet du discernement de l'orateur. Car comme je ne crois pas qu'il soit défendu d'employer quelquefois le syllogisme dans une oraison, aussi je n'approuve pas qu'elle soit toute farcie d'épichéremes et d'enthymemes. Cela convient mieux aux dialogues et aux disputes des dialecticiens, qu'à une piece d'éloquence, qui est une chose fort différente. En effet, ces doctes qui cherchent la vérité entr'eux, examinent tout, épluchent tout avec la derniere précision, et n'admettent rien qui ne soit démontré. Aussi s'attribuent-ils l'art de trouver et de discerner le vrai : art qu'ils divisent en deux parties, auxquelles ils donnent le nom de topique et de critique.

Mais nous autres orateurs, nous avons à faire à d'autres hommes, au caractere et au goût desquels nous sommes obligés de nous conformer. Le plus souvent nous parlons à des ignorants, ou du moins à des gens qui ne connoissent que l'éloquence pour tout genre de lettres. Si nous ne savons les attirer par le plaisir, les entraîner par une douce violence, les toucher et les remuer par le moyen des passions, la vérité, la justice leur échappe, et nous perdons les meilleures causes.

L'éloquence de sa nature est riche et pompeuse. Or elle ne sera ni l'un ni l'autre, si nous l'enchaînons dans une multitude de syllogismes, d'épichérêmes et d'enthymemes qui aient toujours même forme et même chûte. Rampante, elle tombera dans le mépris ; contrainte, loin de plaire elle déplaira ; trop uniforme et fatigante par la longueur et la sécheresse de ses raisonnements, elle causera de l'ennui et du dégoût. Qu'elle prenne donc son cours, non par des sentiers étroits, mais, s'il faut ainsi dire, à travers champ : non point comme ces eaux souterraines que l'on renferme en des canaux, mais comme un grand fleuve dont le cours est toujours rapide. Et si les passages lui sont fermés, qu'elle sache se les ouvrir. Car qu'y a-t-il de plus pitoyable que de s'attacher servilement aux regles, comme un enfant qui, d'une main tremblante, copie un exemple sous les yeux de son maître ; ou qui, pour exprimer le proverbe grec, est idolâtre du premier habit que sa mere lui a donné ?

Cette proposition, ou cette conclusion que l'on tire tantôt des contraires, et tantôt des suites d'une chose, ne peut-elle point s'exprimer noblement, s'amplifier, s'orner, se déguiser, et se varier par une infinité de tours et de figures ; en sorte qu'elle ait un air libre et naturel, qu'elle semble couler de source, et n'ait rien qui sente la contrainte de l'art ? Quel orateur a jamais parlé le langage de la dialectique? Si l'on en trouve des traits dans Démosthène, dont le style est si concis et si serré, il faut avouer du moins qu'on en trouve fort peu. Cependant aujourd'hui plusieurs orateurs, et particulierement les Grecs, (car en cela seuls ils font plus mal que nous)

M 3

chargent leurs discours de syllogismes et d'enthymemes, qu'ils cousent si près les uns des autres, qu'à peine en peut-on suivre le fil. On les voit se fatiguer à prouver les choses qui ont le moins besoin de preuves, et à tirer des conséquences dans les raisonnements les plus clairs ; et par-là ils croient ressembler aux anciens. Mais si on leur demandoit quels sont ces anciens qu'ils prétendent imiter, ils seroient bien embarrassés de répondre.

Je parlerai ailleurs des figures. Quant à présent, j'ajouterai seulement que je ne suis pas même de l'avis de ceux qui tiennent que les arguments se doivent traiter d'un style pur, clair et distinct, mais ni diffus ni orné. Je conviens qu'il y faut principalement de la clarté, et que dans les petits sujets, on doit choisir les termes les plus propres, et qui sont le plus dans l'usage ordinaire. Mais lorsque la matiere est importante, je crois qu'il ne leur faut refuser aucun ornement, pourvu que la netteté du sens n'en souffre pas. Souvent une métaphore met les choses dans un plus beau jour.

Cela est si vrai, que les jurisconsultes, qui étudient sur-tout la propriété des termes, daignent bien quelquefois

admettre cette figure dans leurs définitions (1). Plus un endroit est naturellement
dénué de grâces, plus il faut tâcher de
lui en donner. L'orateur qui veut que sa
manière d'argumenter ne soit pas suspecte, doit cacher le piège sous des fleurs,
et se souvenir qu'un auditeur ou un Juge
qui prend plaisir à ce qu'il entend, est
à demi gagné. Si ce n'est peut-être,
que nous voulions blâmer Cicéron d'a-
voir dit au fort de ses preuves, par une
figure assez hardie, que les loix se taisent dans le tumulte des armes, et que
les mêmes loix nous mettent aussi quelquefois le fer à la main, pour en percer
notre ennemi. Mais il faut user sagement de
ces figures, en sorte qu'elles embellissent
le discours, et que jamais elles ne l'embarrassent.

(1) Par exemple, *Littus est quâ fluctus eludit* (2).
C'est une définition d'Aquilius, célèbre Jurisconsulte. Cicéron la rapporte dans ses Topiques.

(2) Le Traducteur avoit lu *Eludit*, comme
on le trouve dans quelques Editions de Cicéron et
de Quintilien : mais il faut *Alludit*. C.

LIVRE SIXIEME.

AVANT-PROPOS.

APRÈS avoir entrepris cet ouvrage (1),
plus par déférence pour vous, Victorius,
que par toute autre raison; mais aussi
pourtant dans la vue d'aider, autant que
je pouvois, les jeunes gens qui ont envie de bien faire; m'y étant trouvé dans
la suite encore plus fortement engagé,
par le devoir de mon emploi, j'avois
redoublé mes soins et mon application.
Cependant il faut dire le vrai, je me sen-
tois aussi exciter par la considération de
mon fils, dont l'heureux naturel méritoit
déjà toute l'attention d'un pere. Et regardant cette ouvrage comme la meilleure
partie de son patrimoine, j'espérois que,
si les Dieux m'ôtoient de ce monde,

(1) Le premier chapitre de ce livre est de la péroraison. Comme Quintilien à mesure qu'il donne des
préceptes, les pratique lui-même autant qu'il peut,
je suis persuadé qu'il a voulu nous donner dans cet
avant-propos une idée et un modele de péroraison.
Si on le lit dans cet esprit, on le trouvera incomparablement plus beau. Autrement il y auroit peut-
être je ne sais quoi de déclamateur, qui en di-
minueroit le prix.

comme il eût été plus juste et plus à souhaiter pour moi que cela fût arrivé, il ne laisseroit pas d'avoir encore son pere pour conducteur ou pour maître.

Mais dans le temps qu'occupé nuit et jour de mon dessein, je travaillois sans relâche, afin de le pouvoir exécuter avant ma mort, que j'avois toujours présente devant les yeux, la Fortune m'a tout-à-coup tellement accablé, que le fruit de mon travail me regarde à l'avenir moins que personne. Car toujours en butte à ses traits, je viens de perdre ce fils qui promettoit tant, et en qui je mettois toute l'espérance de ma vieillesse. Que ferai-je donc maintenant, et à quoi puis-je désormais employer de malheureux talents que les Dieux semblent réprouver ?

En effet, lorsque je composois le livre que j'ai donné au public, des causes de la corruption de l'éloquence, il m'arriva d'être frappé d'un coup tout semblable. Que n'ai-je alors jetté au feu le maudit ouvrage que je faisois ? Les flammes de ce bûcher, allumé si prématurément pour consumer mes entrailles, que n'ont-elles aussi consumé le peu de malheureuse littérature que je puis avoir ? J'y eusse bien plus gagné qu'à fatiguer par de nouveaux soins un reste de vie, qu'il me semble que je ne puis plus conserver sans crime. Car quel eſt le pere qui puiſſe ſouffrir que j'aie le courage de m'occuper encore à l'étude, et qui ne déteſte mon inſenſibilité, si je fais autre chose que me plaindre de l'injuſtice des Dieux (1) , qui m'ont fait ſurvivre à tout ce que j'avois de plus cher au monde, et si je ne publie hautement qu'il n'y a point de Providence qui veille ſur les choses d'icibas. Certainement j'en suis une preuve bien sensible, si ce n'eſt par mon propre malheur, que je ne puis pourtant imputer qu'à la lâcheté de traîner encore une languiſſante vie, du moins par le malheur de mes fils si dignes d'une meilleure deſtinée, et qu'une mort cruelle m'a impitoyablement ravis.

Cette perte avoit été précédé de celle de leur mere, qui n'avoit pas dix - neuf ans accomplis, lorsqu'elle finit ſes jours; heureuse néanmoins de n'avoir pas vu moissonner en leur premiere fleur, des enfants qu'elle avoit mis au monde. J'avoue pour moi qu'après la mort de leur mere, quand cette disgrace n'auroit été ſuivie d'aucune autre, jamais rien ne me

____

(1) L'auteur parle ici en Payen : *Atque deos atque aſtra vocat crudelia.* Une religion plus ſublime fait taire l'orgueilleuse raison humaine, et nous fait dire, *Dominus dedit, Dominus abſtulit.*

pouvoit rendre heureux. Ornée de toutes les vertus qu'on peut desirer dans une femme, je l'eusse pleurée inconsolablement toute ma vie. Mais si l'on considere son extrême jeunesse; sur-tout en comparaison de mon âge, on conviendra qu'il falloit que je fusse bien destiné à être privé de ce que je chérissois avec le plus de justice.

Cependant elle laissoit après elle des enfants qui faisoient ma consolation; outre qu'elle regardoit comme une faveur de mourir avant moi; cruelle en cela véritablement, mais enfin elle le demandoit au Ciel, qui lui épargna bien des peines en abrégeant ses jours. Le plus jeune de mes fils suivit de près sa mere. A peine avoit-il atteint l'âge de cinq ans que je le perdis; et je crus en faisant cette perte, avoir perdu la moitié de moi-même.

Je ne tire point vanité de mes larmes, et ne songe à rien moins qu'à exagérer ma douleur. Plût aux Dieux que je pusse l'adoucir! Mais comment puis-je me cacher à moi-même les sujets que j'avois de chérir un si aimable enfant, les graces et la beauté de son visage, la gentillesse de ses paroles; la vivacité de son esprit qui commençoit à briller à travers

M 6

les voiles de l'enfance, les marques qu'il donnoit déjà d'une ame tranquille, et si je l'ose dire, car cela n'est pas croyable à cet âge, d'une ame qui a de l'élévation ? Quand il n'eût pas été mon fils, je l'aurois trouvé infiniment digne d'amour.

Mais où je reconnois les cruels jeux de la Fortune, c'est qu'il étoit plus caressant pour moi que pour tout autre. Je ne sais quel penchant le portoit à me donner la préférence sur ses nourrices, sur une grand'mere qui prenoit soin de lui, et sur toutes les personnes qui réussissent le mieux auprès des enfants. Je pardonne donc aux destins de m'avoir enlevé la mere peu auparavant. Car après tout, s'il faut me plaindre de mon sort, il faut encore plus la féliciter du sien, qui l'a exemptée de la plus sensible affliction qu'une mere puisse recevoir.

Il me restoit après cela mon fils Quintilien, qui étoit tout mon plaisir, toute mon espérance. Et à la vérité il pouvoit suffire pour ma consolation. Car entré déjà dans sa dixieme année, ce n'étoit plus des fleurs qu'il montroit, comme son jeune frere, mais des fruits, et des fruits bien formés, dont la moisson ne pouvoit manquer. J'ai bien de l'expérience ; mais

je jure par mes malheurs, par le dou-
loureux témoignage de ma conscience,
par les manes de mon cher fils, sacrés
auteurs de mes larmes ; je jure que je
n'ai vu dans aucun enfant, je ne dis pas
seulement tant de belles dispositions pour
les sciences, ni tant de goût et d'inclination pour l'étude, (ses maîtres le savent !) mais tant de probité, de naturel,
de bonté d'ame, de douceur, et d'honnêteté que j'en ai connu en lui.

Certainement un coup de foudre comme
celui - là, doit faire craindre avec raison, ce que l'on a remarqué de tout
temps, que tout ce qui vient si-tôt à ma-
turité n'est pas de durée ; et qu'il régne
une secrette malignité jalouse de notre
bonheur, qui se plaît à détruire nos espérances, pour empêcher, si je ne me
trompe, que les hommes ne s'élevent trop
au dessus des bornes qui leur sont prescrites. Car si jamais enfant a promis de
grandes choses, c'est celui - là. Il avoit
même tous les avantages que donne le
hazard, un son de voix charmant, une
physionomie aimable, une facilité sur-
prenante à bien prononcer les deux lan-
gues, comme s'il eût été également né
pour l'une et pour l'autre.

Mais ce n'étoit encore là que des pré-

parations pour l'avenir ; et je fais bien
plus de cas de ses vertus, de l'égalité
de la fermeté de son ame, de la force
avec laquelle il se roidissoit contre les
craintes et les douleurs. Car avec quel
étonnement des médecins, a-t-il supporté
une maladie de huit mois! Sur le point
de mourir, il me consoloit lui même,
et me défendoit de le pleurer. Son esprit
s'égaroit-il quelquefois ? ses rêveries n'é-
toient occupées que de sciences et d'é-
tudes. O vaines et trompeuses espérances !
ô mon cher fils, ai-je donc pu voir
vos yeux se fermer pour toujours à la
lumiere, votre ame fugitive se dérober
à moi, recevoir vos derniers soupirs,
tenir entre mes bras votre corps glacé
sans mouvement et sans vie, et ne pas
mourir de douleur avec vous ! En vérité
je mérite bien les tourments que j'en-
dure, et les tristes réflexions auxquelles
je suis livré. Mon cher fils, vous qu'un
consul venoit d'adopter ; qu'un préteur
votre oncle maternel s'étoit déjà destiné
pour gendre ; vous qui deviez succéder
à tous les honneurs de votre pere, après
les avoir partagés avec lui de son vivant ;
vous en qui tout le monde croyoit déjà
voir refleurir l'éloquence des meilleurs
siecles, je ne vous verrai donc plus, et

pere sans enfants, je suis condamné à vivre seulement pour souffrir! Du moins vous serez vengé; non que je ne souffre le jour qu'à regret, mais d'en jouir est peut-être un crime qui vous offense, et si ma vie fait mon crime, elle fera aussi mon supplice. Car en vain nous imputons tous nos maux à la Fortune; personne n'est long-temps malheureux si ce n'est par sa faute.

Mais enfin nous vivons. Puisque cela est, il faut bien chercher à se faire une occupation, et en croire les sages, qui ont regardé les lettres comme l'unique soulagement qu'il y eût dans l'adversité.

Que si la douleur qui m'accable aujourd'hui, se calme un peu avec le temps, et qu'elle puisse compâtir avec d'autres idées, je crois que le public me pardonnera sans peine de lui avoir fait attendre cet ouvrage, beaucoup plus que je n'eusse voulu. En effet, s'étonnera-t-on qu'il ait été différé, avec tant de sujets de s'étonner bien plutôt, qu'il n'ait pas été entierement abandonné? Et si les livres suivants se ressentent un peu du trouble où je suis, que l'on s'en prenne à ma mauvaise fortune, qui a dû pour le moins affoiblir le peu d'esprit et de lumieres que j'avois. Faisons ferme pourtant contre elle, avec d'autant plus de fierté, que s'il est difficile de la supporter présentement, il nous est du moins aisé de la mépriser à l'avenir. Car je la puis braver, elle a mis le comble à mes disgraces, et en cela même je trouve une fâcheuse, mais juste sécurité.

Au reste, il me semble que l'on doit me savoir encore plus de gré de mon travail, depuis qu'il n'est animé d'aucun intérêt particulier; et que l'utilité qui s'en peut tirer, s'il s'en peut tirer quelqu'une, est toute pour autrui. Car tel est mon malheur, que mes biens et mes écrits, le fruit d'une longue vie, tout ira à des étrangers, tout sera pour des étrangers.

CHAPITRE PREMIER.

De la conclusion du discours, ou de la péroraison.

Nous en étions demeurés à la péroraison, que quelques-uns nomment le couronnement, et les autres la conclusion du discours. Il y en a de deux sortes. L'une consiste en choses, l'autre en sentiments. La premiere est une répétition, ou un ramas des principales choses qui se sont dites. C'est pourquoi les Grecs lui donnent le nom de récapitulation, (ἀνακεφαλαίωσις), et quelques Latins celui d'énumération. Son usage est de rafraîchir la mémoire des Juges ; de leur mettre en même-temps toute la cause devant les yeux ; et de faire valoir en gros plusieurs preuves, qui en détail et séparées les unes des autres, n'avoient produit qu'un effet médiocre. Il est clair que cette répétition doit être courte, et le terme grec marque assez qu'il faut seulement parcourir les principaux chefs. En effet, si l'orateur s'y arrête trop, ce ne sera plus une énumération, mais un second discours qu'il fera à la suite du premier. Les choses qui se répéteront doivent se dire avec poids. Il faut les ranimer par des sentences convenables au sujet, et en varier les tours par le moyen des figures ; rien n'étant plus odieux qu'une simple répétition, qui fait sentir aux Juges qu'on se défie de leur mémoire. Or il y a une infinité de tours et de figures dont on se peut également bien servir. Cicéron nous en a donné d'excellents modeles, comme, lorsqu'adressant la parole à Verrès, il lui dit : *Si votre pere lui-même étoit votre Juge, que diroit-il quand on lui prouveroit que, etc.* et qu'ensuite il reprend tous les faits dont il avoit parlé. Et dans un autre endroit, lorsqu'il invoque toutes les divinités dont Verrès avoit enlevé les statues, et profané les temples durant sa préture.

Tantôt l'orateur feindra de douter s'il ne lui est rien échappé, afin d'avoir lieu de revenir aux mêmes choses. Tantôt il demandera à l'adverse partie ce qu'elle peut répondre à telles et telles raisons. Tantôt apostrophant l'accusateur: *Quel est votre dessein,* lui dira-t-il, *et que pouvez-vous prétendre, à présent que les juges voient votre accusation détruite dans tous ses chefs, à présent qu'ils voient, etc.*

Mais de tous les tours, le plus heureux est celui qui naît du plaidoyer de l'adversaire. Par exemple, *Il a passé cet endroit sous silence,* ou bien, *il a mieux aimé tâcher de nous rendre odieux;* ou bien, *il a eu recours à votre clémence, Messieurs, et ce n'est pas sans raison; car il savoit bien que, etc.* C'est-là qu'une énumération est bien placée. Je ne m'arrêterai pas davantage aux différentes manieres d'entrer dans ces répétitions, de peur qu'on ne s'imagine que celles que je rapporterois soient les seules qu'il y ait; quoique la nature des causes, le plaidoyer de la partie adverse, et certaines circonstances qui dépendent du hazard, en fournissent un nombre infini.

Mais ce n'est pas assez de reprendre les raisons qui nous sont les plus avantageuses, il faut défier notre adversaire d'y répondre, à condition néanmoins qu'il ne soit pas possible de les réfuter. Car sans cette précaution, d'engager notre ennemi à nous combattre mieux qu'il ne faisoit, ce n'est pas lui faire tort, c'est lui donner un avis qui tourne contre nous-mêmes.

A Athênes la plupart des rhéteurs, et presque tous les philosophes qui ont écrit de l'art oratoire, n'ont guere connu d'autre genre de péroraison, que celui-ci. A l'égard des rhéteurs, il y en a une raison; c'est que dans l'aréopage, il n'étoit pas permis à l'orateur de songer à toucher les juges, jusques-là que lorsqu'il s'écartoit de cette regle, un huissier préposé pour cela, lui imposoit silence aussi-tôt. Et pour les philosophes, je m'en étonne encore moins. Car persuadés que les passions sont des vices, ils ne croient pas qu'il soit des bonnes mœurs de les exciter dans l'ame des juges; ni qu'il convienne à un homme de bien d'employer de mauvais moyens pour arriver à la fin qu'il se propose. Mais il faut pourtant avouer que ces mouvements de l'ame sont nécessaires, si le bien public, la justice et la vérité ne peuvent triompher que par leur secours.

On remarquera que, même dans les autres parties du plaidoyer, la récapitulation se fait fort utilement, lorsque la cause est, ou embarrassée, ou chargée d'une grande quantité d'arguments. Mais la cause est quelquefois si simple, qu'il n'est besoin de récapitulation en pas un endroit. Lorsqu'elle est nécessaire, et l'accusateur, et celui qui défend s'en servent l'un comme l'autre. Ils emploient aussi à-peu-près mêmes sentiments, mêmes passions, l'un néanmoins avec plus de ménagement et de retenue que l'autre. Car c'est à l'accusateur à irriter les juges, et c'est à celui qui défend à les fléchir. Cependant leur rôle change quelquefois. L'accusateur émeut la pitié en déplorant le malheur des personnes dont il poursuit la vengeance; et l'accusé excite la colere et l'indignation des juges, en se plaignant avec véhémence, de la persécution qui lui est suscitée, par l'artifice et par la cabale de ses ennemis.

Il faut donc premierement distinguer ces différents intérêts, qui régnent d'ordinaire dans la péroraison, comme dans l'exorde, mais avec plus de force et de liberté dans la péroraison. Car en commençant on s'insinue modestement dans l'esprit de l'auditeur, parce qu'il suffit d'avoir, pour ainsi dire, sa premiere entrée, et qu'on a tout le temps de faire de plus grands progrès. Mais dans la péroraison, il s'agit de mettre les juges dans l'assiette et la disposition d'esprit, où l'on veut qu'ils soient en prononçant. C'est la fin du discours, et il n'y a plus rien à réserver pour un autre endroit. Il est donc commun à l'un et à l'autre partie de se concilier les juges, de leur donner de l'éloignement pour son adversaire, de soulever leurs passions, ou de les calmer.

On peut en général recommander aux deux avocats une pratique qui est très-utile et très courte. C'est de se mettre toute la cause devant les yeux; de voir ce qu'elle renferme de favorable ou d'odieux, de pitoyable ou d'atroce; et cela bien examiné, de choisir les choses qui feroient le plus d'impression sur eux-mêmes, s'ils étoient du nombre des juges. Cependant je ferai encore mieux de traiter chaque point en particulier.

J'ai déja dit au chapitre de l'exorde, comment l'accusateur peut se rendre agréable aux juges. Mais il y a des mouvements que l'on se contente d'ébaucher dans l'exorde, et qu'on ne peut trop pousser dans la péroraison ; sur-tout si l'on plaide contre un homme universellement haï, reconnu pour dangereux, ou pour emporté ; si de condamner le coupable doit être extrêmement glorieux aux juges, et au contraire extrêmement honteux de l'absoudre. Ainsi Calvus dans son plaidoyer contre Vatinius, s'y prit admirablement bien, quand il dit : *Vous savez, Messieurs, que Vatinius est coupable, et personne n'ignore que vous le savez.* De même Cicéron ne manque pas de dire aux juges, que si quelque chose est capable de rétablir la réputation de leurs jugements, c'est la condamnation de Verrès.

S'il faut inspirer de la crainte, comme Cicéron s'y est encore trouvé obligé quelquefois, on le fera aussi avec plus de force à la fin. J'ai dit ailleurs ce que je pense de ce sentiment. Enfin s'il faut exciter la haine, la colere, l'indignation des juges, c'est plutôt dans la péroraison, qu'en nul autre endroit. Le crédit de l'accusé excite naturellement leur envie ; l'infamie de ses crimes attire leur haine ; son peu de respect pour leur personne allume leur colere. On le peindra donc insolent, rebelle, fier et présomptueux. Ce qui ne paroît pas seulement par ses actions, mais aussi par son habillement, son air et sa contenance. A ce sujet je rapporterai le trait d'un orateur qui accusa Cossutianus Capiton devant l'Empereur, dans le temps que je commençois à fréquenter le barreau. Il plaidoit en Grec, mais voici le sens de ses paroles. *Ne diriez-vous pas, Messieurs, que cet homme a honte de respecter César?* Cependant le vrai moyen de toucher les juges pour l'accusateur, c'est de leur représenter le fait qu'il poursuit, avec de telles couleurs, qu'il leur paroisse la chose du monde la plus horrible, ou la plus digne de compassion.

L'horreur d'une action s'augmente par les réflexions suivantes. *Qu'est-ce qui s'est fait? Par qui? Contre qui? A quel dessein? En quel temps? En quel lieu? De quelle maniere?* Ces circonstances sont inépuisables à qui veut un peu les approfondir. Plaignons-nous quelqu'un d'avoir été maltraité? Nous parlerons en premier lieu du mauvais traitement qu'il a reçu. Ensuite nous examinerons si c'est un vieillard, un enfant, un homme respectable par les services qu'il a rendus à l'Etat. Si celui qui a fait l'injure est un homme vil et méprisable; ou si c'est une personne puissante en biens, et enivrée de sa fortune, ou de qui l'on devoit le moins attendre un tel affront.

On verra encore si cela n'est point arrivé durant un jour solemnel, ou bien à l'heure même qu'on faisoit justice d'un attentat tout pareil, ou bien dans un temps de calamité publique. Le fait sera encore plus atroce s'il s'est passé au théâtre, dans un temple, dans l'assemblée du peuple; si ce n'est point une méprise, ni un simple mouvement de colere : ou si c'est un mouvement de colere qui marque une méchante ame; parce que l'offensé prenoit le parti de son pere, de ses amis; parce qu'il étoit en concurrence avec l'aggresseur pour les charges et les dignités de la République; ou s'il semble que l'aggresseur ait voulu faire encore pis qu'il n'a fait.

La maniere ne contribue pas moins à l'énormité de l'action; par exemple, si le coup a été considérable ou fort outrageux. C'est ainsi que Démosthène irritoit les juges contre Midias, en leur représentant l'indignité de l'affront qu'il en avoit reçu (1), et le mépris dont cet insolent l'avoit accompagné. Un homme a perdu la vie. Mais est-ce par le fer, par le feu, par le poison, d'un coup, ou de plusieurs? L'a-t-on tué sur le-champ, ou si on l'a fait languir dans les tourments? Voilà ce qu'il faut examiner.

(1) C'étoit un soufflet.

Souvent

Souvent aussi l'accusateur met en usage la pitié, soit en plaignant l'infortune de ceux dont il plaide la cause, soit en exposant la ruine et la désolation de leurs enfants ou de leurs proches. Il intéressera les juges en leur traçant une image de l'avenir, et leur faisant considérer les suites et les conséquences d'un tel crime, s'ils le laissent impuni. *Il faudra donc déserter la ville, abandonner ses biens, et se résoudre à souffrir tout ce que la violence et l'injustice voudront entreprendre.*

Mais plus souvent encore il sera obligé de les prémunir contre les sentiments de compassion que le coupable voudroit leur inspirer, et il les exhortera à juger courageusement selon leur conscience. Et là il ne manquera pas de les prévenir sur tout ce qu'il sent que l'adverse partie pourroit ou dire ou faire. De cette sorte, les juges seront moins en danger de se laisser surprendre; et la réponse au plaidoyer, perdant la grace de la nouveauté, en toutes les choses que l'accusateur aura relevées par avance, perdra aussi beaucoup de son avantage, et de sa force. En quoi nous avons l'exemple de Servius Sulpitius, qui plaidant contre Aufidia, eut grand soin d'éloigner l'objection qu'on lui pouvoit faire, sur le danger où étoient enveloppés tous ceux qui avoient donné leur signature : et celui d'Eschine qui prévint les juges sur le genre de défense que Démosthêne vouloit employer. Quelquefois aussi, on instruira les juges, de ce qu'ils doivent répondre à ceux qui leur demanderont compte de leur jugement; et cela revient encore à l'une des sortes de récapitulation dont j'ai parlé.

A l'égard de l'accusé on le rend recommandable par les liaisons qu'il a entretenues avec de grands hommes, par les blessures qu'il a reçues à la guerre, par sa noblesse, par les services de ses ancêtres, etc. Cicéron et Asinius ont fait valoir, ce semble, à l'envi, ces deux dernieres considérations, lorsqu'ils ont défendu, l'un Scaurus le pere, l'autre Scaurus le fils. On tire aussi avantage du motif qui a donné lieu à l'accusation. Si c'est, par exemple, quelque action vertueuse qui attire à l'accusé la haine des mauvais citoyens, et les fait conspirer contre lui. Surtout on n'oubliera pas sa bonté, son humanité, sa compassion pour les malheureux. Car il semble qu'on peut raisonnablement attendre pour soi, les mêmes sentiments qu'on a témoignés pour autrui. Et l'on encouragera aussi les juges par la vue du bien public, de leur gloire particuliere, de l'exemple, et du souvenir de la postérité.

Mais c'est la pitié qui doit avoir la meilleure part à la défense de l'accusé. C'est elle qui non-seulement oblige les juges à se laisser fléchir, mais qui souvent même les force de marquer par des larmes le changement subit qui se fait en eux. Or nous exciterons cette pitié et ces larmes, en faisant aux juges une vive et douloureuse peinture de tout ce que la personne, en faveur de qui nous leur parlons, a souffert, ou de ce qu'elle souffre actuellement, ou des malheurs qui la doivent accabler, s'ils la condamnent. Ces réflexions les toucheront encore plus, si on leur fait envisager de quel degré d'élévation, dans quel abîme elle va tomber. L'horreur de ses miseres redoublera encore par la considération de son âge, de son sexe, et des personnes à qui elle tient par des nœuds indissolubles et sacrés, je veux dire ses enfants, ses parents et ses proches, victimes innocentes qui vont être immolées du même coup.

L'orateur pourra traiter chacune de ces réflexions différemment et à part. Quelquefois il se mettra lui-même au nombre de ces personnes, comme l'a pratiqué Cicéron en parlant pour Milon. *Malheureux que je suis! quoi, Milon, vous avez pû, par le moyen de ceux qui sont aujourd'hui vos juges, me rappeller à Rome ; et moi par le moyen de ces mêmes juges je ne pourrai vous y retenir!* Sur-tout, si comme en cet exemple, les prieres ne sont pas bienséantes dans la bouche de l'accusé. Car qui pourroit souffrir que Milon, pour détourner le péril dont sa tête étoit menacée, descendît à d'humbles et basses supplications, dans le temps qu'il confessoit avoir tué un homme de la premiere qualité, et qu'il soutenoit l'avoir tué justement. C'est pourquoi Cicéron lui attire de l'estime par cette grandeur-là même de courage, et prend l'air suppliant et touché qu'il ne pouvoit pas lui donner.

C'est particulierement alors, que les prosopopées sont utiles ; j'entends les discours que nous mettons dans la bouche d'autrui, tels qu'ils conviennent à l'avocat ou à sa partie. Les choses inanimées peuvent même toucher, soit que nous leur parlions, ou que nous les fassions parler. Mais les personnes dont nous empruntons la voix, sont un objet bien plus propre à remuer les cœurs. Car alors un Juge ne croit pas simplement entendre un homme qui déplore le malheur d'autrui, mais il s'imagine ouïr la voix et les cris de ces misérables, dont souvent la vue seule suffit pour lui arracher des larmes. Et comme il seroit encore plus attendri, s'ils parloient véritablement eux-mêmes ; de même faisons-nous plus d'impression sur lui, quand ce que nous disons, semble être dit par leur organe. C'est ainsi qu'au théâtre l'action est plus intéressante, sous le masque, qui représente les personnes que l'on met sur la scene. Et c'est pour cela que Cicéron, bien qu'il ne donne pas un ton de suppliant à Milon, et qu'au contraire il loue la fermeté d'ame qui paroît en lui, ne laisse pas néanmoins de lui prêter des paroles, et des plaintes qui n'ont rien d'indigne d'un homme de cœur. *Vains travaux, qui m'avez tant et si long-temps occupé ! trompeuses espérances, inutiles projets !*

Cependant la plainte ne doit jamais être longue, et ce n'est pas sans raison qu'on a dit que rien ne séche si aisément que les larmes. En effet, s'il n'y a point de douleur, pour juste qu'elle soit, que le temps n'adoucisse et ne dissipe, à combien plus forte raison cette douleur empruntée que nos paroles produisent dans l'ame de nos Juges, doit-elle plutôt s'évanouir ? Si nous nous y arrêtons trop, l'auditeur s'en trouve fatigué ; il reprend sa tranquillité ; et libre de ce mouvement de pitié qui l'avoit saisi comme malgré lui , il revient incontinent à la raison. Ne laissons donc pas refroidir ce sentiment ; et quand nous l'aurons poussé jusqu'où il doit aller, quittons-le aussi-tôt , et n'espérons pas que personne soit long-temps sensible aux maux d'autrui. Ainsi en ces endroits , plus qu'en nuls autres , il faut non-seulement que le discours se soutienne, mais qu'il aille même toujours en augmentant ; parce que tout ce qui n'ajoute pas à ce qui s'est déjà dit, semble le diminuer, et qu'une passion qui languit, est bientôt éteinte.

Mais ce n'est pas seulement par la parole que l'on touche le cœur des Juges. C'est aussi par les objets qu'on expose à leurs yeux. Delà vient que les personnes dont ils ont le sort entre les mains , paroissent ordinairement devant eux dans l'état le plus propre à les attendrir, suivies d'une multitude d'enfants et de parents qui ont la tristesse peinte sur le visage et dans tout leur extérieur ; tandis que de son côté , l'accusateur anime les Juges à la vengeance , en leur montrant tantôt un poignard encore teint du sang , tantôt des habits ensanglantés ; tantôt même des plaies et des meurtrissures. Car d'ordinaire nous sommes tellement frappés de ces objets, que nous croyons voir le meurtre

ou l'assassinat se commettre à nos yeux.
N'est-ce pas ainsi que Marc-Antoine alluma
la fureur du peuple, en lui faisant voir la
robe de César encore toute dégoûtante de
son sang ? Tout le monde savoit qu'il
avoit été tué, son corps étoit même déjà
sur le lit que l'on avoit dressé pour sa pompe
funebre. Cependant la vue de cette robe
trempée de sang, retraça si vivement l'image du crime dans l'esprit du peuple,
qu'il courut aussi-tôt à la vengeance,
comme si l'on eût poignardé César à l'heure
même.

Mais je n'approuve pas pour cela le
puérile stratageme que j'ai vu pratiquer,
de mettre au-dessus de la statue de Jupiter (1), un tableau qui représente l'action
dont on veut donner de l'horreur aux Juges.
Ne faut-il pas qu'un orateur soit bien convaincu de son insuffisance, pour croire que
cette peinture froide et inanimée fera plus
d'effet que ses paroles ? Mais un extérieur
négligé, un habit modeste et conforme au
malheur où l'on est, un air abattu, et dans
l'accusé, et dans ceux qui l'accompagnent,
je sais que ces choses ont servi à plusieurs, aussi bien que les prieres humbles

(1) Il y avoit au Sénat et au barreau un tableau ou
une statue de Jupiter, comme pour avertir les Juges
que Dieu même étoit témoin de leurs jugements.

N 4

et touchantes que l'on faisoit en leur faveur. C'est pourquoi il sera bon d'implorer la miséricorde des Juges, et de les conjurer au nom de tant de misérables, qui se trouveroient enveloppés dans la même disgrace, de ces parents, de cette femme, de ces enfants qui leur tendent les bras. On peut aussi invoquer les Dieux, et cela est pris ordinairement pour le témoignage d'une bonne conscience. Je ne blâme pas même une posture suppliante, comme de se jetter aux pieds des Juges et d'embrasser leurs genoux, pourvu que la condition et le caractere de l'accusé ne s'y opposent pas. Car il y a des actions qui sont faites avec courage, et qu'il faut défendre de même. Mais aussi en voulant conserver sa dignité, il faut prendre garde de ne pas tomber dans un excès de confiance et de sécurité qui déplaise aux Juges.

Cicéron nous fournit un exemple mémorable de la maniere dont on peut sauver un criminel, par la considération de son caractere et de sa dignité. Car ayant entrepris la défense de Lucius Muréna, et voyant qu'il avoit pour parties des personnes puissantes, il laissa l'accusation à part, et persuada à l'assemblée que, dans le pressant danger dont la République étoit menacée, il n'y avoit qu'un moyen de la soutenir sur le penchant de sa ruine, qui étoit que les consuls désignés (et Muréna en étoit un) prissent possession du consulat dès la veille des calendes de Janvier. Mais aujourd'hui que la sagesse de l'Empereur préside seule au gouvernement de l'Etat, et qu'il n'y a point de cause dont l'événement puisse troubler le bonheur public, ce genre de défense est presque entierement banni.

Je n'ai parlé jusqu'ici que des causes criminelles, parce que c'est principalement dans celles-là que régnent les grands mouvements et les passions. Mais il y en a de moindre conséquence, qui ne laissent pas d'être susceptibles des deux sortes de péroraison que j'ai marquées. Et en général on peut s'en servir toutes les fois qu'il s'agit de la fortune ou de la réputation des parties. Car pour ce qui regarde ces petits procès, qui naissent tous les jours entre les particuliers, de vouloir exciter de grands mouvements, et jetter le trouble et le désordre dans l'ame des Juges, c'est comme qui donneroit le rôle et les brodequins d'Hercule à un enfant.

Mais je crois devoir avertir que le succès de la péroraison dépend fort de la maniere dont les parties sauront se conformer aux mouvements et à l'action de leur avocat. Car si elles jouent leur personnage grossierement et sans graces, si elles paroissent insensibles, inappliquées ou distraites, cela fera un mauvais effet. Ainsi l'orateur ne sauroit assez les instruire. Pour moi je vois quelquefois des personnes qui semblent faire tout en dépit de leur avocat, qui demeurent froids tandis qu'on plaide leur cause avec le plus de chaleur, qui rient sottement à contre-temps, ou qui font rire les autres par leurs actions et par leurs mines, sur-tout lorsqu'il arrive quelque chose qui tient un peu du spectacle.

Mais il y a des accidents que l'orateur lui-même doit prévoir. Par exemple, il me souvient qu'un jour on plaidoit la cause d'une petite fille, que l'on disoit sœur d'un homme qui ne la vouloit point reconnoître, et c'étoit ce qui faisoit le procès. L'avocat fit passer la petite fille dans le banc de son prétendu frere, afin qu'elle se jettât entre ses bras à l'endroit de la péroraison. Mais lui, que nous avions averti de ce dessein, s'étoit retiré secrettement de l'audience; et le pauvre avocat qui ne s'en étoit point apperçu, homme d'ailleurs fort éloquent, fut si surpris de cette évasion, qu'il demeura muet, et fut obligé d'aller reprendre sa petite fille, tout honteux du mauvais succès de son artifice.

Un autre parlant pour une jeune femme qui avoit perdu son mari, crut faire merveille en exposant le portrait de ce mari misérablement assassiné ; mais on se moqua de lui et de son portrait. Car ceux qui avoient ordre de le montrer, ne sachant ce que c'étoit qu'épilogue ni péroraison, toutes les fois que l'orateur jettoit les yeux de leur côté, ne manquoient pas d'avancer le portrait. Et enfin quand on vint à le considérer, on vit que celui que la jeune veuve pleuroit tant, étoit un vieillard décrépit. L'assemblée en rit fort, et l'on ne pensa plus au plaidoyer. On sait aussi ce qui arriva à Glycon. Il avoit amené à l'audience un jeune enfant, dans la pensée que ses cris et ses larmes pourroient attendrir les Juges, et son précepteur étoit auprès de lui pour l'avertir quand il faudroit pleurer. Glycon venant tout-à-coup à lui adresser la parole, et à lui demander pourquoi il pleuroit, l'enfant répondit ingénument, *c'est que mon précepteur me pince.* Enfin on peut se souvenir du conte que fait Cicéron dans l'oraison pour Cluentius, et qui est un exemple encore plus sensible du danger qu'il y a pour l'orateur, de se laisser ainsi emporter à son imagination et à son feu.

N. 6

Cependant ces accidents sont supportables à ceux qui peuvent ajuster sur-le-champ leur discours aux choses inopinées qui arrivent. Mais ceux qui sont esclaves de leur papier, se troublent et demeurent interdits, ou disent des faussetés qui sont visibles. Delà ces traits, *Voyez, Messieurs, ce misérable qui se jette à vos genoux, et qui vous conjure, les larmes aux yeux, etc. N'aurez-vous pas pitié de ce pere infortuné, qui embrasse peut-être pour la derniere fois ses enfants, et croit trouver un asyle entre leurs bras, etc. J'apperçois un tel qui m'avertit et me fait signe, etc.* bien qu'il n'y ait rien de tout cela.

Nous apportons ces défauts de chez les déclamateurs, où nous avons la liberté de feindre et de supposer tout ce qu'il nous plaît. Mais le sérieux du barreau demande plus de vérité. Et c'est avec raison qu'on loue Cassius Sévérus du tour qu'il joua à un jeune orateur qui, l'ayant apostrophé, lui demanda brusquement pourquoi il le regardoit de travers. *Moi*, répondit Cassius, *je n'y pensois seulement pas. Mais vous l'avez dit parce que votre papier le porte ainsi. Ho bien! c'est à cette heure que je vous regarde.* Et en même temps il lui jetta un regard terrible.

J'ajouterai un avis qui me paroît fort

important. Que personne n'entreprenne de faire verser des larmes, s'il n'a une force extraordinaire d'éloquence et de génie. A la vérité c'est un sentiment infiniment puissant, quand il se rend maître du cœur. Mais s'il reste en chemin, il devient froid, et on languit. Tout orateur médiocre fera mieux de laisser les juges prendre d'eux-mêmes la pitié que son sujet peut naturellement leur inspirer. Car l'air de son visage, le ton de sa voix, et même cette tristesse étudiée qui paroît dans l'accusé, deviennent souvent un sujet de risée pour ceux qui n'en sont pas touchés. Que l'orateur mérite donc ses forces, et qu'il considere bien jusqu'où elles peuvent aller. Il n'y a point ici de milieu. S'il ne fait pleurer l'auditeur, il le fera rire à ses dépens.

Mais le propre de la péroraison n'est pas seulement d'exciter la compassion. C'est aussi de la détourner, et même de l'étouffer entierement, soit par des raisonnements suivis qui calment l'esprit des juges et les ramenent à la justice, soit par d'agréables railleries qui les réjouissent, comme celle-ci. *Qu'on donne du pain à cet enfant, qu'il ne pleure point.* Et cette autre d'un avocat qui plaidoit pour un homme fort gros et fort puissant. *Que ferai-je ? car*

je ne saurois vous porter sur mes épaules ;
parce que la partie adverse étoit un enfant
que son avocat avoit porté lui-même à
l'audience.

Mais ces traits ne doivent pas dégéné-
rer en bouffonneries. C'est pourquoi je ne
puis approuver celui (c'étoit pourtant un
des plus grands orateurs de son siecle)
qui voyant de pauvres enfants qu'un malheureux pere avoit amenés avec lui, et
craignant que leurs cris n'émûssent les juges, leur jetta une poignée d'osselets qu'ils
se mirent aussi-tôt à ramasser à l'envi les
uns des autres ; car cette ignorance-là même
du péril où ils étoient, pouvoit sembler
bien digne de compassion. Ni cet autre
qui, voyant que l'accusateur montroit aux
juges une épée toute ensanglantée, comme
une preuve du meurtre dont il demandoit
justice, fit semblant de craindre qu'il n'en
voulût à lui, prit la fuite, et s'alla cacher dans la foule : puis avançant tout
doucement la tête comme un homme qui
ne veut pas être apperçu, demanda si l'épée
étoit remise dans le fourreau. Car véritablement il fit rire, mais il se rendit ridicule en même-temps. Cependant il faut détruire toutes ces scenes, par le moyen desquelles notre adversaire tâche de frapper
les juges ; mais il faut les détruire en imi-

tant Cicéron, qui entreprit si fortement Labiénus sur un portrait de Saturninus qu'il donnoit ainsi en spectacle ; et qui plaidant pour Varénus, se moqua si agréablement d'un jeune homme, dont on débandoit la plaie de temps en temps.

Enfin il y a des péroraisons qui n'ont rien que de doux et de modeste, dont nous nous servons lorsque nous avons affaire à des personnes qui demandent du respect, ou que nous voulons avertir avec bonté, ou lorsqu'il nous faut exhorter les parties à la paix et à l'union. Passiénus traita parfaitement bien ce genre d'épilogue dans la cause de Domitia, sa femme, qui plaidoit contre son frere Enobarbus pour quelque léger intérêt. Car après avoir beaucoup parlé des liens du sang, qui devoient les unir ensemble, et des biens de la fortune dont ils étoient abondemment pourvus tous deux : *Croyez-moi, ajouta-t-il, il ne vous manque rien moins à l'un et à l'autre, que ce qui fait le sujet de votre différent.*

Mais que l'on ne s'imagine pas, comme quelques-uns, que l'exorde et la péroraison soient les seuls endroits où l'on mette de la passion et du sentiment. Quoiqu'il y en faille plus qu'ailleurs, on ne laisse pas d'en mêler aussi dans les autres parties du discours ; peu à la vérité, parce que l'orateur doit se réserver principalement pour la fin. Car c'est alors ou jamais, qu'il est permis d'ouvrir tous les trésors de l'éloquence. Si nous avons contenté aux autres endroits, c'est-là que nous commençons à nous rendre maîtres de l'esprit des juges. Tous les écueils, tous les détroits sont passés. Rien ne nous empêche plus de voguer, pour ainsi dire, à pleines voiles. Et comme l'amplification fait une bonne partie de la péroraison, nous pouvons alors embellir notre style, en employant les termes et les pensées les plus magnifiques. Enfin il en doit être d'un plaidoyer, comme des tragédies et des comédies des anciens, où le spectateur ne se trouvoit jamais plus intéressé, plus ému, que lorsque la piece alloit finir.

Dans les autres points du discours, l'orateur traitera chaque passion, selon que le sujet la fera naître. Car s'il m'en croit, il n'exposera jamais une chose horrible ou pitoyable, sans exciter dans l'ame des juges un sentiment conforme ; et quand il s'agira de la qualité d'une action, à chaque preuve il pourra ajouter un sentiment. Mais s'il plaide une cause qui soit chargée d'incidents ou de faits, il sera dans la nécessité de faire plusieurs épilogues. C'est ainsi que dans l'accusation de Verrès, Cicéron donne des larmes, et aux Citoyens romains que Verrès avoit fait crucifier, et à Philadamus, et à plusieurs autres qu'il avoit sacrifiés à son avarice ou à ses ressentiments.

Il y en a qui appellent ces épilogues des parties de péroraison. Pour moi je crois que ce sont plutôt des especes que des parties. Car le terme d'épilogue et de péroraison, marque assez que c'est ce qui met comme le comble ou la fin à un discours.

CHAPITRE II.

Des différentes sortes de sentiments, et comment on peut les exciter.

QUOIQUE la péroraison soit, pour ainsi dire, le couronnement du plaidoyer, et que je n'aie pu me dispenser de parler des sentiments qui en font la meilleure partie; je n'ai pourtant pu renfermer sous une seule espece tout ce qu'il y a à dire sur un si vaste sujet, et je ne l'ai pas même dû. Il nous reste donc à traiter le point le plus difficile, et en même-temps le plus propre à nous faire avoir une favorable issue des causes que nous entreprenons. C'est d'apprendre à manier l'esprit des ju-

ges et à le tourner, ou plutôt à le méta-
morphoser comme il nous plaît. J'en ai
touché quelque chose dans le chapitre précédent, comme j'y étois obligé. Mais le
peu que j'en ai dit, a plus servi à faire connoître ce qu'il falloit faire, qu'à montrer
la maniere dont on pouvoit l'exécuter.

Il faut donc à présent reprendre cette
matiere de plus loin, et l'examiner jusques dans son principe. Car comme je l'ai
remarqué, les sentiments doivent être ré-
pandus dans tout le plaidoyer ; et leur nature n'est point si simple qu'on la puisse
traiter en passant. Je ne sais même s'il y a
rien de plus grand et de plus important
dans tout l'art oratoire. En effet un esprit
médiocre, avec le secours des préceptes
et de l'expérience, suffit pour les autres
parties, et peut même en tirer un avantage considérable. Certainement on voit
beaucoup de gens qui sont assez habiles à
inventer des raisons et des preuves, et
même à les déduire. Pour moi, à dire vrai,
je ne les méprise pas. Mais jusqu'à présent
je ne les ai crus bons qu'à instruire les juges, et à faire que rien ne leur échappe :
dignes, si l'on veut, de servir de maîtres
et de modeles à ceux qui veulent seulement passer pour diserts.

Mais de savoir ravir et enlever les juges; leur donner telle disposition d'esprit que l'on veut; les enflammer de colere ou les attendrir jusqu'aux larmes, voilà ce qui est rare. C'est néanmoins par-là que l'orateur domine, et ce qui assure à l'éloquence l'empire qu'elle a sur les cœurs. Car pour les arguments, ils naissent ordinairement du fond de la cause, et le bon droit en a toujours le plus pour lui. De sorte que quiconque a gagné par leur moyen, peut seulement croire qu'il avoit besoin d'un avocat.

Mais lorsqu'il faut faire violence à des juges, et détourner leur esprit de la vue d'une vérité qui nous est contraire, c'est-là proprement le triomphe de l'orateur. Voilà ce que les parties ne peuvent nous apprendre, et ce qui ne se trouve point dans leurs mémoires. Car les preuves et les moyens font, à la vérité, penser aux juges que notre cause est la meilleure; mais les sentiments font aussi qu'ils souhaitent qu'elle soit telle; et dès qu'ils le souhaitent, ils ne sont pas éloignés de le croire. Si-tôt, en effet, qu'ils commencent à entrer dans nos passions, et à être portés de haine ou d'amitié, d'indignation ou de crainte, ils font de notre affaire la leur propre. Et comme les amants jugent mal de la beauté, parce que l'amour les aveugle;

de même un juge plein du trouble où on
l'a jetté, discerne mal le vrai. Le torrent
l'entraîne et il se laisse aller. Aussi n'y a-t-il
que l'arrêt qui témoigne l'effet que les arguments et les témoins ont produit sur son
esprit : au lieu que s'il est vivement touché des sentiments qu'on lui inspire ; sans
qu'il sorte de son siége, sans qu'il se leve,
il est aisé de voir quel sera son jugement.
Est-ce que l'arrêt n'est pas déjà prononcé,
lorsqu'on le voit tout-à-coup fondre en
larmes, comme il arrive quelquefois dans
ces admirables péroraisons qui touche-
roient les cœurs les plus durs ? Que l'orateur tourne donc tous ses efforts de ce côté-
là, et qu'il s'attache particulierement à
ce point, sans lequel tout le reste est
mince, foible et ingrat : tant il est vrai que
les sentiments sont l'ame et la force d'un
plaidoyer.

Or, selon ce qu'en ont écrit les anciens,
il y a deux sortes de sentiments. L'un est
appellé par les Grecs (Πάθος) d'un nom que
nous pouvons rendre par celui d'affection
de l'ame ou de passion. A l'égard de l'autre, je crois que nous n'avons point de
terme qui puisse l'exprimer ; mais nous
l'appellons *les mœurs*, (ἦθος), et delà cette
partie de la philosophie que l'on nomme
la morale, (ἠθικὴ). Cependant, à considé-

rer la chose en elle-même, il me semble
que nous n'entendons pas tant les mœurs
en général, qu'une certaine propriété de
mœurs. Car le mot de mœurs signifie généralement toutes les habitudes de l'ame.
C'est pourquoi des écrivains plus circonspects, ont mieux aimé expliquer ces termes, par rapport à la volonté (1), que de
s'attacher scrupuleusement à leur interpré-
tation.

Ils distinguent donc aussi deux sortes de
sentimens. Mais ils disent que les premiers sont plus vifs et plus animés ; les seconds plus réglés et plus doux : les uns
pleins d'agitation, les autres tranquilles et
paisibles : les uns faits pour commander,
les autres pour persuader : ceux-là pour
agiter, pour troubler les cœurs, et ceux-

(1) Il y a ici une Amphibologie, pour ne rien
dire de plus. Il ne s'agit pas de la volonté en
général, opposée à l'entendement ; mais de la
volonté ou plutôt de l'intention des Grecs, lorsqu'ils ont employé ces mots. Quintilien dit que
les Latins n'ont pas de mots pour exprimer ἦθος ;
que *Mores* est trop vague, et qu'ainsi les écrivains
les plus circonspects ont mieux aimé traduire
ἦθος par cette périphrase : *affectus mites, lenes,
compositi*, que de s'attacher scrupuleusement à le
traduire mot à mot. Il falloit donc : Des écrivains
plus circonspects ont mieux aimé exprimer par une
périphrase, ce que les Grecs vouloient faire entendre
par ces mots ἦθος & πάθος, que de les traduire
mot à mot, *C*.

ci pour les adoucir et les gagner. Quelques savants ajoutent que les premiers ne sont pas de durée, et j'avoue que cela est ordinairement vrai. Mais je crois pourtant qu'il y a certains discours qui veulent de la passion depuis le commencement jusqu'à la fin. Du reste on convient que si ces premiers sont plus forts et plus impétueux, les seconds ne demandent pas moins d'art, et qu'ils sont plus d'usage. Ils embrassent un bien plus grand nombre de causes : et à certain égard, on peut dire même qu'ils les embrassent toutes. Car l'orateur ne peut rien traiter qui ne regarde l'honnête et l'utile ; ce qui est à faire ou à éviter. Or tout cela se rapporte aux mœurs.

Quelques-uns ont cru que de savoir louer, recommander, excuser, étoit proprement le partage des mœurs. Je ne disconviens pas que ces trois devoirs ne soient de leur ressort ; mais ils ne sont pas les seuls. Je dis plus, et j'aioute que les passions et les mœurs sont quelquefois de même nature, sans autre différence que celle du plus et du moins ; comme, par exemple, l'amour et l'amitié. L'amour est une passion ; l'amitié fait partie des mœurs. Quelquefois aussi elles sont opposées. Ainsi dans les péroraisons, la passion émeut les juges, et les mœurs les adoucissent.

Cependant il nous faut tâcher de développer l'idée de ce terme, d'autant plus que de lui-même il ne la fait pas concevoir assez nettement. Il me semble donc (1) que ce que l'on entend par mœurs, et ce qui est le plus conforme à la notion que nous en attendons de ceux qui se mêlent de définir ce mot, est en général un caractere de bonté, non-seulement doux et honnête, mais prévenant et humain, qui paroisse aimable et charmant à l'auditeur. Et la perfection consiste à le si bien marquer, que tout semble suivre de la nature des choses et des personnes ; en sorte que les mœurs soient peintes au naturel, et se reconnoissent dans le discours de l'orateur, comme dans un miroir qui auroit la force de nous les représenter.

Or il faut sans doute établir ce caractere de bonté entre les personnes qui, par les liaisons qu'elles ont entr'elles, sont particulierement obligées de le garder, toutes les fois qu'elles ont à souffrir les unes des autres, à pardonner, à faire satisfaction, à exhorter ou à reprendre ; afin qu'il ne

---

(1) Je crois que les commentateurs se sont trompés à cet endroit, appliquant à l'orateur en particulier, ce qui est dit en général. Et ce qui me le persuade, c'est qu'ensuite Quintilien vient aux mœurs de l'orateur, et qu'il diroit deux fois la même chose, si ma remarque n'avoit lieu.

s'y mêle jamais ni aigreur, ni colere, ni haine.

Mais autre est pourtant la conduite d'un pere avec son fils, d'un tuteur avec son pupile, d'un mari avec sa femme : autre est celle d'un vieillard envers un jeune homme qui perd le respect à son égard, et d'un homme de condition envers son inférieur qui l'insulte. Car les premiers dans les démêlés qu'ils ont entr'eux, marquent beaucoup de tendresse pour ceux mêmes dont ils se plaignent, et ne les rendent odieux que par là. Les seconds ne sont pas obligés aux mêmes égards. Ceux-ci peuvent sentir de la colere, et ceux-là sont pénétrés de déplaisir et de douleur. Ces caracteres sont à-peu-près de même nature.

Mais il y en a dont l'espece est différente : par exemple, le premier mouvement d'un enfant qui a fait une faute, c'est de demander pardon ; et celui d'un jeune homme qui commence à être maître de lui, c'est de justifier ses passions et son libertinage. Ce qui donne quelquefois lieu à l'orateur d'employer la dérision, même avec un peu de chaleur. Mais la dérision naît de bien d'autres causes, et le caractere dont je parle, produit un sentiment qui lui est plus particulier ; c'est le déguisement

sement que nous exprimons par de feintes satisfactions, par des prieres et par des paroles ambiguës, qui présentent un sens et en renferment un autre.

De-là aussi naît souvent dans l'orateur un sentiment de soumission qui est plus fort que tous ceux-là, et plus propre à exciter la haine de l'auditeur contre ceux qui, nous devant du respect, s'élevent au-dessus de nous; en ce que notre soumission est un reproche secret de leur violence et de leur emportement. Car en leur cédant, nous marquons assez combien ils sont insupportables et fâcheux. Et ces orateurs qui ne savent pas dissimuler, qui sont si libres, et si emportés dans leurs invectives, entendent mal leur intérêt. Ils ne songent pas que l'envie a plus de force que les injures; car l'envie que nous suscitons à notre adversaire, le fait haïr : mais les injures que nous lui disons, nous rendent odieux nous-mêmes.

Reste maintenant un autre caractere, qui est celui que nous devons garder avec nos amis, et qui tient presque le milieu entre les deux principaux que j'ai marqués; exigeant de nous plus que le dernier et moins que le premier.

On peut aussi fort bien entendre par mœurs, ces peintures que les déclama-

teurs font quelquefois des hommes, lorsqu'ils les représentent grossiers, avares,
timides, superstitieux, selon les sujets
qu'ils traitent. En effet, leur discours s'ac-
cordant avec ces portraits faits d'après
nature, de cette union il résulte que les
caracteres et les convenances sont ob-
servés; ce qui fait les mœurs.

(1) Enfin tout cela demande un orateur
qui soit lui-même bon et humain. Car s'il
doit donner, autant qu'il peut, ces vertus à
sa partie même; à plus forte raison doit-il
les avoir, ou faire croire qu'il les a. Par ce
moyen il se rendra infiniment utile, et la
bonne opinion que l'on aura de sa personne,
sera un préjugé pour sa cause. De fait,
tout orateur qui en plaidant paroît un méchant homme, ne peut qu'il ne plaide mal.
Car il dira des choses qui répugneront à
la justice et à la bienséance. Autrement il
auroit le caractere et les mœurs qu'il doit
avoir; or nous supposons qu'il ne les a pas.
C'est pourquoi dans les causes qui ne com-
porteront pas de grands mouvements, nôtre maniere de plaider doit être douce et
honnête, sans jamais rien dire d'impérieux,
rien même de fort élevé. Contentons-nous
de mettre dans tout ce que nous disons de
la justesse, de l'agrément et de la vraisem-

(1) Ceci confirme la note précédente.

blance. Ainsi le genre médiocre est celui de tous qui convient le mieux aux mœurs.

Il en est tout au contraire de l'autre espece de sentiments que nous nommons les passions. Marquons, en un mot, la différence des uns et des autres. Les premiers sont une imitation de la comédie, et les seconds une image de la tragédie. Cette derniere espece est, en effet, toute occupée à faire naître la haine, la crainte, la colere, l'indignation ou la pitié. Or de quels lieux on peut tirer ces grands mouvements, c'est ce qui est connu de tout le monde, et ce que j'ai expliqué en traitant de l'exorde et de la péroraison.

Je ferai seulement remarquer qu'il y a deux sortes de craintes, l'une que nous ressentons, et l'autre que nous faisons ressentir : comme deux sortes de haine et d'envie, l'une que nous prenons, l'autre que nous excitons en autrui; à quoi il se trouve plus de difficulté pour l'orateur. Car il y a des choses qui sont attroces par elles-mêmes, le parricide, le meurtre, l'empoisonnement. Mais il y en a d'autres qui ne le sont pas, et qu'il faut peindre comme si elles l'étoient.

Pour cela, tantôt nous comparerons nos maux avec d'autres qui sont fort grands, et nous ferons voir que les nôtres les surpassent. C'est ce que fait Virgile, par ces paroles qu'il met dans la bouche d'Andromaque. (En. l. 3.)

Plus heureuse cent fois et plus digne d'envie,
Toi qui sacrifiée aux mânes du vainqueur
Sous les murs d'Ilion as vu trancher ta vie,
Dont le cours n'auroit fait qu'accroître ton malheur.

Car si le sort de Polyxene fut cruel, combien celui d'Andromaque fut-il plus rigoureux ? Tantôt nous pourrons exagérer l'injure qu'on nous a faite, de maniere qu'une autre qui seroit beaucoup plus légere, paroisse néanmoins insupportable. *Si vous n'aviez fait que le frapper, pourriez-vous vous excuser et vous défendre ? vous avez fait plus, vous l'avez blessé.*

Mais cette maniere de grossir les objets sera plus amplement expliquée, lorsque nous parlerons de l'amplification. Cependant je me contente d'avoir fait observer que le but de l'orateur dans l'usage des passions, n'est pas seulement de représenter les choses atroces ou pitoyables telles qu'elles sont ; mais aussi de charger celles qui semblent mériter moins d'attention : comme, quand nous disons qu'une parole injurieuse est moins pardonnable qu'un coup, et qu'il est plus aisé de souffrir la mort que l'infamie. Car la force de l'éloquence ne consiste pas tant à pousser les juges, dans des sentiments où la nature d'une action les conduit d'elle-même, qu'à produire et à créer, pour ainsi dire, ces mêmes sentiments, lorsque le sujet les refuse, ou qu'ils semblent au-dessus de sa portée. C'est-là proprement cette véhémence du discours, (δείνωσις), qui sait égaler et même surpasser la noirceur et l'indignité des faits qu'elle expose : qualité si nécessaire à l'orateur, et dans laquelle Démosthène a excellé sur tous les autres.

Si je voulois m'en tenir simplement aux préceptes que l'on a accoutumé de donner, je pourrois mettre fin à ce chapitre ; n'ayant rien omis de tout ce que j'ai pu lire ou apprendre qui m'ait paru raisonnable. Mais j'ai dessein d'ouvrir, pour ainsi dire, le sanctuaire du lieu où nous sommes entrés, en montrant ce qu'il renferme de plus caché : connoissance que je dois, non aux maîtres, mais à mon expérience et à mes réflexions.

Autant donc que j'en puis juger, le grand secret pour toucher les juges, c'est que nous soyons touchés nous mêmes (1).

(1) Quintilien n'avoit pas oublié que Cicéron et Horace avoient dit la même chose avant lui. Mais en donnant un précepte que la nature inspire, et que tous les maîtres ont donné, il le rend neuf par la manière pathétique dont il le traite.

Car toujours envain, et quelquefois même ridiculement, imiterons - nous la tristesse, l'indignation et la colere, si nous y conformons seulement notre visage et nos paroles, sans que notre cœur y ait part. Et quelle autre raison est-ce qui fait que les personnes affligées s'écrient d'une maniere si touchante, dans les premiers transports de leur douleur ; et que nous voyons quelquefois les gens les plus grossiers parler éloquemment dans la colere, si ce n'est cette force de sentiment, et cette vérité de mœurs qui les inspire ?

Voulons-nous donc exprimer les passions avec vraisemblance ? Revêtons-nous, s'il faut ainsi dire, de l'intérieur de ceux pour qui nous parlons, et qui souffrent véritablement. Soyons animés des mêmes mouvemens, et que toujours notre discours parte d'une disposition d'esprit, telle que nous la voulons faire prendre aux juges. Pense-t-on en effet que ce juge puisse s'attrister d'une chose qu'il me verra lui raconter avec indifférence, ou qu'il se mette en fureur, lorsque moi qui l'y excite, je ne sens rien de semblable ; ou qu'il verse des larmes, quand je plaiderai devant lui avec des yeux secs ? Cela ne se peut, on n'est échauffé que par le feu, ni humecté que par ce qui est humide ; et nulle chose ne donne à une autre la couleur qu'elle n'a point elle-même. Il faut donc que ce qui doit faire impression sur les juges, en fasse premierement sur nous, et que nous soyons touchés avant que de songer à toucher les autres. Mais comment serons-nous touchés ? car ces mouvements ne sont pas en notre puissance. C'est aussi ce que je vais essayer d'expliquer.

Les Grecs se servent ici d'un terme (φαντασία) que nous ne pouvons guère rendre que par celui d'*Imagination*. Or par le moyen de cette faculté qui est en nous, les images des choses éloignées frappent notre ame, comme si ces choses mêmes étoient présentes, et que nous les eussions devant les yeux. Quiconque concevra bien ces images, réussira parfaitement à exciter les passions. Aussi dit-on quelquefois qu'un homme a beaucoup d'imagination, (ευφανταστιωτὸν), lorsqu'il représente vivement et au naturel, l'air, la voix, et l'action des personnes; et c'est ce que nous ferons aisément quand nous voudrons. Car si dans l'oisiveté de nos esprits, parmi les chimeres dont ils se repaissent quelquefois, et qui sont comme d'agréables songes que nous faisons en veillant, si dis-je, ces mêmes images nous poursuivent tellement, que nous nous croyions voyager, naviguer, donner des batailles, haranguer des peuples, avoir des richesses immenses, et en disposer à notre gré, avec autant de plaisir que si cela étoit effectif et réel ; pourquoi ne mettrions-nous pas à profit ce vice de notre imagination et ces erreurs ?

Si j'ai à parler d'un homme qui a été assassiné, ne pourrai-je point me figurer tout ce qu'il est à croire qui s'est passé en cette occasion ? Ne verrai-je point l'assassin attaquer un homme à l'improviste, lui mettre le poignard sous la gorge ; celui-ci saisi de frayeur, crier, supplier, faire de vains efforts pour se défendre, et enfin tomber percé de coups ? Ne verrai-je point son sang qui coule, la pâleur qui est sur son visage, ses yeux qui s'éteignent, sa bouche qui s'ouvre pour rendre le dernier soupir ? A quoi nous servira encore l'*évidence* ou l'*illustration* (1), qui ne semble pas tant dire une chose, que la montrer. D'où naîtront ces sentiments dans notre ame, comme si nous étions présents à la chose même. N'est-ce pas de cette force de l'imagination, que sont sorties ces belles peintures dont Virgile est tout plein? Celle, par exemple, de la mere d'Euria-

____

(1) C'est ainsi que Cicéron rend le mot grec ἐνάργεια.

lûs, qui en apprenant la mort de son fils,
(En. l. 9.)

Immobile soudain succombe à la douleur;
Tout lui tombe des mains , et l'aiguille et
l'ouvrage.

Celle du malheureux Pallas, dont on s'imagine voir le sein , (En. l. 11.)

Percé de part en part d'une large blessure.

Celle encore du cheval de ce guerrier, honteux, ce semble, de survivre à son maître, (En. l. 11.)

Que l'on voit marcher nu , sans parure et sans
armes ,
Et de ses tristes yeux verser de grosses larmes.

et tant d'autres. Le même poëte n'a-t-il pas divinement exprimé les regrets d'un homme qui meurt dans une terre étrangere, lorsqu'il dit qu'Anthor en mourant, (En. l. 10.)

Tourne les yeux au ciel, et se sent revenir
Pour sa chere Patrie un tendre souvenir.

Mais où il sera besoin d'exciter la compassion, croyons et persuadons-nous bien, que c'est à nous-mêmes que les maux dont nous parlons sont arrivés. Soyons pour un moment ceux que nous disons avoir souffert des traitements si durs, si cruels, si indignes. Ne plaidons point leur cause comme la cause d'autrui, mais entrons dans leur douleur. De la sorte, ce que nous dirions pour nous, si nous étions en pareil cas, nous le dirons pour eux-mêmes. J'ai vu souvent des comédiens, après avoir joué un rôle triste et touchant, sortir ayant encore les larmes aux yeux long-temps après qu'ils avoient quitté le masque. Si donc en récitant les écrits d'un autre, la prononciation peut intéresser jusques-là, quel effet ne produirons-nous point, nous qui devons penser comme nous parlons, pour être véritablement touchés du danger où sont nos parties?

Et non-seulement au barreau, mais même aux écoles, je veux que l'on se passionne ainsi, et que l'on regarde les sujets sur lesquels on s'exerce, comme des réalités. D'autant plus que l'on y fait moins le personnage d'avocat que celui de plaideur. Car on y parle comme un homme qui a perdu ses enfants, ou qui a fait naufrage, ou qui est en risque de perdre la vie. Or à quoi sert de jouer ces rôles, si l'on n'en prend les sentiments? Voilà ce que je n'ai pas cru devoir cacher au lecteur, et dont l'effet est si prodigieux, que moi-même, tel que je suis, ou que j'ai été (car je puis bien me citer, et je crois m'être fait quelque réputation au barreau) que moi-même, dis-je, on m'a vu souvent lorsque je plaidois, non-seulement répandre des larmes, mais changer de visage, pâlir, et ressentir une douleur peu différente de la plus vraie et de la plus sincere.

CHAPITRE III.

Du rire.

Nous avons maintenant à parler d'un sentiment tout contraire, qui en faisant rire les juges, dissipe cette tristesse et cette pitié dont ils étoient saisis, leur cause souvent d'utiles distractions, soulage aussi leur esprit, le délasse, et le ranime contre la fatigue et le dégoût des affaires.

S'il y a un talent rare et d'un usage difficile, c'est celui-là ; je n'en veux point d'autre preuve que l'exemple même des deux plus grands orateurs qu'il y ait jamais eu, et qui ont tenu tous deux l'empire de l'éloquence, l'un chez les Grecs, et l'autre chez les Romains. Car la plupart conviennent que ce talent a manqué entierement à Démosthène, et qu'il a été excessif en Cicéron. Certainement on ne peut pas dire que Démosthène l'ait négligé. Ses bons mots qui sont en très-petit nombre, et qui ne répondent nullement à la supériorité qu'il avoit en tout le reste, montrent clairement que ce genre d'esprit tourné à la plaisanterie, ne lui a pas déplu ; mais que la nature le lui avoit refusé.

Quant à Cicéron, on lui a toujours reproché qu'il affectoit trop de faire rire au barreau, comme hors du barreau. Pour moi, soit que j'en juge bien, soit que je sois un peu aveuglé par la passion que j'ai pour ce grand homme, je trouve en lui une raillerie fine et délicate, qui a je ne sais quoi d'honnête et qui sent son bien, dont j'avoue que je suis charmé. Car dans le commerce du monde et dans la conversation, il a dit mille choses très-plaisantes, et nul orateur n'a été si agréable, ni si réjouissant dans l'altercation, et dans l'interrogation des témoins. Ces allusions mêmes qu'il fait au nom de Verrès, et ces pointes que nous trouvons un peu froides, ne lui doivent pas être imputées. Il ne s'en sert qu'après les autres, et il les rapporte seulement comme un témoignage de la voix publique ; en sorte que plus elles paroissent triviales, plus il est à croire qu'elles ne sont point de son invention, et que c'étoient en effet des plaisanteries qui étoient dans la bouche du peuple.

Mais je voudrois que celui qui nous a donné le recueil de ses bons mots, soit Tyron son affranchi, soit un autre, quel qu'il soit enfin, se fût un peu moins laissé aller au plaisir de grossir le volume ; qu'il eût plutôt marqué son jugement à faire choix des choses, que son zele à les ramasser toutes. Ce livre seroit moins exposé à la critique, qui, même encore en l'état qu'il est, doit le respecter, ainsi que les divers ouvrages de ce merveilleux génie, où il est peut-être aisé de trouver quelque chose à retrancher, mais non pas à ajouter.

Or ce qui fait qu'il est si difficile de réussir en ce genre, c'est que tout mot qui tend à faire rire, a d'ordinaire je ne sais quoi de bouffon (1), et que la bouffonnerie est toujours basse ; que souvent même on l'exprime d'une maniere vicieuse exprès et à dessein ; que d'ailleurs il fait rarement honneur à celui qui le dit (2), et qu'il est presque toujours pris diversement de ceux qui l'entendent ; parce que l'on n'en juge point par une regle certaine et invariable, mais par je ne sais quel sentiment

____

(1) Le traducteur a lu *salsum*, comme dans quelques éditions, mais il faut lire *falsum :* quelque chose de faux. *C.*

(2) M. Gédoyn rapporte *honorificum* à celui qui parle, ce qui l'oblige à changer *nunquam*, en mettant rarement. Il paroît cependant que Quintilien veut dire : ne fait jamais honneur à celui qui en est le sujet.

qu'il produit en nous, dont il n'est guere possible de rendre raison. Car je ne pense pas que personne ait encore bien expliqué ce que c'est que le rire, quoique plusieurs l'aient tenté. Nous voyons qu'il est provoqué, non-seulement par une parole ou par une action, mais aussi quelquefois par le toucher; outre cela, que des objets d'especes toutes différentes l'excitent également. Car ce n'est pas seulement de choses spirituelles ou agréables que nous rions, mais de celles que la folie, que la colere, que la peur fait dire ou faire. Et la raison pourquoi il est si aisé de se méprendre en fait de plaisanterie, c'est que de la bonne à la mauvaise, le pas est glissant, et que le ridicule est tout près du rire. Cicéron en effet a fort judicieusement remarqué que le ridicule a toujours pour fondement quelque défaut ou quelque vice. Si nous savons le découvrir finement en autrui, c'est raillerie: si en voulant faire rire des défauts d'autrui, nous découvrons les nôtres, c'est sottise.

Or bien que le rire paroisse avoir quelque chose de frivole, et de plus convenable à un bouffon qu'à un orateur, je ne sais pourtant s'il y a rien dont la force soit si impérieuse, et à quoi il soit plus difficile de résister. Car souvent il éclate malgré nous, et non-seulement il force le visage et la voix à l'exprimer, mais il ébranle tout le corps par la violence de ses mouvements. D'ailleurs il fait souvent changer de face aux affaires les plus sérieuses, et il a une vertu toute particuliere pour mettre tout d'un coup fin à la haine et à la colere. Témoins ces jeunes Tarentins, qui dans la chaleur et la liberté du vin, s'étant dit confidemment tout ce qu'ils pensoient de Pyrrhus, et le lendemain se voyant trahis et obligés de rendre compte à Pyrrhus même de leur entretien, qu'ils ne pouvoient nier ni excuser, se sauverent par une plaisanterie qui leur vint fort à propos à l'esprit. Car l'un d'eux prenant la parole : « Vraiment, Seigneur, dit-il, si notre » bouteille ne nous eût manqué, nous » eussions bien fait pis. Nous vous aurions » tué ». Par cette plaisante hardiesse, l'accusation se tourna en risée, et le crime s'évanouit.

Je ne dirai pas que tout ce qui concerne le rire ne dépend aucunement de l'art ; vu que cette matiere comporte en effet quelques observations, et que les Grecs et les Latins nous en ont donné des préceptes. Mais j'ose assurer du moins qu'elle dépend encore plus·de la nature et de l'occasion. Quand je dis de la nature, ce n'est pas parce qu'il y a des personnes plus ingénieuses et plus propres les unes que les autres à faire rire; car cela même pourroit être aidé de l'art. Mais je veux dire qu'il y en a qui en raillant et en badinant, ont je ne sais quoi de si naturel, et mettent tant de graces dans leurs manieres, que les mêmes choses seroient à beaucoup près moins agréables, si elles étoient dites par d'autres. A l'égard de l'occasion et des rencontres, elles sont d'un si grand secours, que nous voyons nonseulement les gens les plus ignorants, mais même les plus grossiers, faire des reparties très-plaisantes et très-salées à quiconque se les attire. Car pour le dire en passant, ces sortes de choses réussissent toujours mieux dans la repartie.

Mais une raison qui rend encore la pratique de tout ceci fort difficile au barreau, c'est qu'on ne s'y exerce pas, et qu'il n'y a point de maîtres qui en donnent des leçons. Car à table et dans les entretiens familiers, on trouve assez de gens qui savent lancer des traits de plaisanterie, parce que cela s'apprend dans l'usage et le commerce du monde. Mais cette raillerie fine et délicate qui convient à l'orateur, est fort rare, et tout ce que l'on peut faire, c'est de l'emprunter des conversations. Cependant rien n'empêcheroit qu'aux écoles on n'inventât des sujets dans ce goût-là, et qu'on fît travailler les jeunes gens, tantôt sur des causes qui seroient semées de traits vifs et piquants, tantôt sur des endroits détachés qui en seroient susceptibles aussi, afin de leur donner insensiblement cette sorte d'esprit. Ces disputes mêmes enjouées et badines qui font l'amusement de la jeunesse, durant certains jours qui sont consacrés au plaisir et à la joie (1), auroient leur utilité, si elles étoient mêlées de quelque chose de raisonnable et de sérieux; au lieu que faute de cela, c'est simplement un passe-temps de jeunes gens qui se réjouissent.

Dans la matiere que nous traitons, on se sert ordinairement de plusieurs noms pour exprimer, ce semble, la même chose. Cependant si l'on examine tous ces noms les uns après les autres, on trouvera qu'ils ont chacun leur signification particuliere.

Ainsi par notre mot d'*Urbanité* (*Urbanitas*) il me paroît que nous entendons une politesse de discours, qui dans les termes, dans la maniere de les mettre en œuvre et de les prononcer, dans le son de la voix, enfin dans l'air dont on accom-

Il entend les Saturnales et les Bacchanales.

pagne ce que l'on dit, fait sentir un goût délicat, joint à une secrette teinture d'érudition prise dans le commerce des gens de lettres; quelque chose, en un mot, dont le contraire est la grossiereté.

Par *agrément* (*venustum*) on entend ce qui est dit avec grace et d'une maniere galante.

Nous disons dans l'usage ordinaire qu'un mot est *salé* (*salsum*) pour signifier un mot qui fait rire, et qui a en même-temps je ne sais quoi de piquant. Je dis dans l'usage ordinaire, parce que dans le vrai, quoique tout mot qui fait rire doive être salé, il n'est pas nécessaire que tout ce qui est salé fasse rire. Aussi quand Cicéron dit que tout ce que nous appellons salé, est proprement du goût Attique; ce n'est pas par la raison que de tous les peuples, celui d'Athènes étoit le plus porté à rire; et lorsque Catulle (1) en parlant d'une femme fort grande, dit que dans cette masse de chair, il n'y a pas le moindre grain de sel, il ne veut pas dire qu'il n'y ait rien de risible. Je crois donc que le sel du discours est ce qui en fait l'assaisonnement naturel, ce qui est directement opposé à *Insipide*, et qui se fait sentir secrettement à l'esprit,

_____

(1) *Nulla in tam magno est corpore mica salis.*
Catul.

comme le sel matériel au palais ; en un mot ce qui réveille l'auditeur, et qui sert à l'oraison de préservatif contre l'ennui. Et comme les viandes où le sel domine un peu, mais sans excès, ont par-là même une pointe qui pique le goût et qui fait plaisir, de même ce sel de l'esprit qui assaisonne le discours d'un orateur, excite notre attention, et nous donne, s'il faut ainsi dire, une soif de l'entendre.

Je ne pense pas que notre *Facetum* soit seulement pour les choses qui font rire. Horace n'auroit pas employé ce terme (1), comme il fait, pour exprimer le caractere de Virgile. Je crois donc qu'il signifie plutôt une élégance achevée. Et Brutus s'en est servi en ce sens, comme Cicéron le témoigne dans une de ses lettres (2) ; ce qui s'accorde parfaitement avec l'expression d'Horace.

Le mot de *Plaisanterie* (*Jocus*) comprend tout ce qui est opposé au sérieux. Promettre, feindre, intimider, tout cela est quelquefois plaisanterie.

Le terme de *Raillerie* (*Dicacitas*) est un terme générique qui s'applique à toutes

(1) . . . . *molle atque facetum*
Virgilio annuerunt gaudentes rure Camenæ.
Sat. 10. Liv. 1.

(2) *Næ illi pedes sunt faceti, ac deliciis ingredienti molles.*

ces especes. Néanmoins, à proprement parler, il me semble que ce terme signifie une parole mordante, accompagnée d'un rire malin. C'est pourquoi on dit que Démosthène a eu l'urbanité en partage, mais nullément la raillerie. Dans ce chapitre-ci, il ne s'agit que de ce qui est propre à faire rire. Aussi les Grecs l'ont-ils intitulé comme nous *du rire* (περὶ γελοίου).

Cette matiere, au reste, ainsi que tout genre d'oraison, est en premier lieu composée de choses et de mots. Quant à la pratique, elle est fort simple. Car les sujets du rire se prennent ou d'autrui ou de nous-mêmes, ou de ce qui tient le milieu entre deux. D'autrui, en bien des manieres : on blâme, on réfute, on rabbaisse, on élude, on rétorque. De nous-mêmes, quand ce que nous disons de nous est risible, par un certain air d'absurdité qu'il a d'abord. Car les mêmes choses qui seroient des sottises, si nous les laissions échapper sans y penser, se font recevoir agréablement, lorsqu'elles sont feintes et dites à dessein. De ce qui tient le milieu entre deux ; ce sont choses, qui, comme dit Cicéron, ne touchent proprement ni nous ni les autres, et qui consistent, par exemple, à tromper l'attente de l'auditeur, à prendre un mot tout autrement que l'on ne sembloit devoir faire, etc.

En second lieu, le rire naît ou des pa
roles ou des actions. Les actions qui ont
quelque ridicule, sont quelquefois toutes
graves et toutes sérieuses. Par exemple, le
consul Servilius Isauricus ayant, en s'as-
seyant, rompu la chaise curule de Célius,
alors Préteur, celui-ci en présenta une qui
étoit soutenue par des courroies. Le ridicule étoit en ce que l'on savoit que ce
consul avoit autrefois reçu les étrivieres
de son pere. Quelquefois aussi ce sont des
actions effrontées, comme l'aventure de
cette boëte que Célius donna à Clodia, et
dont Cicéron (Dans l'or. pour Cœlius.)
parle avec tant de retenue. Car celles-ci
ne conviennent, ni à l'orateur, ni a aucun homme sage.

Et ce que je dis des actions doit s'entendre aussi du geste et du visage, qui certainement contribuent à faire rire, mais
jamais tant que lorsqu'ils en semblent être
le plus éloignés. Car c'est-là l'excellence
de la plaisanterie. Mais bien que ce sérieux
donne de la grace aux choses qui se disent,
et qu'elles deviennent plus risibles et plus
réjouissantes par cela même, que celui
qui les dit ne rit point ; il y a pourtant
une maniere d'y ajuster ses yeux et son
visage, laquelle est très-agréable, quand
on peut y garder de la modération.

A l'égard des paroles qui font rire, elles sont ou libres ou enjouées, comme la plupart des choses que disoit Galba ; ou offensantes, comme certains traits qui échappoient à Junius Bassus ; ou rudes et brusques, à la maniere de Cassius Sévérus ; ou douces et polies, tel étoit le caractere de Domitius Afer. Il importe extrémement où, et dans quelle occasion on se sert des unes et des autres. A table et dans la conversation, les paroles libres sont familieres aux petites gens ; celles qui marquent seulement de la gaieté et de la bonne humeur, conviennent à tout le monde.

Mais que nos jeux soient innocents, et gardons-nous de cette manie, d'aimer mieux perdre un ami qu'un bon mot. Au barreau je conseillerois plutôt une raillerie douce et honnête ; non pourtant qu'il ne soit permis d'employer la plus dure et la plus piquante contre la partie adverse, puisque l'on peut accuser ouvertement une personne, et même demander sa tête en justice. Mais il ne s'ensuit pas qu'il faille insulter aux malheureux. Il y a toujours de l'inhumanité à le faire, soit parce qu'ils sont souvent moins criminels que malheureux, soit parce que tel qui leur insulte, est peut-être menacé lui même d'un malheur semblable.

Il faut donc premierement considérer qui est celui qui parle, de quoi il parle, dans quelle cause, devant qui, et contre qui il parle. Quant à l'orateur, il ne lui sied jamais de faire rire par des grimaces et des contorsions, comme feroit un pantomime ou un bouffon. Les plaisanteries grossieres qui régnent dans le bas comique, ne conviennent pas non plus à son caractere. Pour l'obscénité, elle doit être bannie, je ne dis pas seulement de ses expressions, mais du sens qu'elles renferment.

Qu'il respecte toujours le lieu où il parle, et qu'il sache que si l'effronterie se montre par-tout, il est quelquefois plus à propos de fermer les yeux pour ne la pas voir, que de s'y attacher pour la combattre. De plus, comme je veux qu'il égaye son discours par une raillerie fine et délicate, aussi ne veux-je point qu'il paroisse en rien l'affecter. C'est pourquoi il se gardera bien d'être plaisant toutes les fois qu'il pourroit l'être, et il saura perdre un bon mot, pour ne pas s'exposer à rien dire qui soit indigne de lui.

Mais que dans une cause où il s'agit d'exciter l'indignation ou la pitié, un orateur fasse le plaisant, soit qu'il accuse ou qu'il défende, c'est ce qui révolte également. Il y a même des juges qui sont si sérieux et si graves, pour ne pas dire de si mauvaise humeur, qu'à peine peuvent-ils souffrir que l'on songe jamais à les faire rire. Il arrive aussi quelquefois que nous croyons ne blesser que notre adversaire, et que par contre-coup nous blessons ou notre partie, ou les juges. Et l'on voit des gens tellement possédés de l'envie de faire rire, qu'ils ne sacrifieroient pas une raillerie, quand même elle devroit retomber sur eux. Témoin Longus Sulpitius qui étant fort laid, et plaidant contre un homme qui l'étoit aussi, et à qui l'on contestoit sa liberté, ne put s'empêcher de lui reprocher sa laideur, et de dire qu'il n'avoit seulement pas la figure d'un homme libre. Sur quoi Domitius Afer le regardant; *Cela est-il bien sérieux,* lui dit-il, *et le croyez-vous ainsi, que quiconque a le malheur d'être laid, ne puisse pas être libre?* Il faut prendre garde encore que ce que nous disons en ce genre, ne soit trop hardi, ou insolent, ou hors de place et de saison, ou enfin recherché et prémédité; car de rire aux dépens des malheureux, j'ai déjà dit ce que j'en pensois.

J'ajoute qu'il y a des magistrats d'un tel poids, et dont le caractere imprime tant de respect, que de s'émanciper avec eux est une chose odieuse, et qui ne fait jamais

mais d'honneur à un avocat. Pour nos amis, je le répete, ils nous doivent être sacrés. Mais un conseil qui regarde tout le monde en général, c'est de ne jamais s'attaquer à gens qu'il est dangereux d'offenser, de crainte qu'il ne s'ensuive, ou des inimitiés mortelles, ou une humiliante satisfaction. Evitons aussi ces railleries malignes et piquantes qui blessent toute une nation, tout un corps, ou qui choquent le goût et la profession d'un grand nombre de personnes. Un honnête homme sait rire et plaisanter avec décence. Pas un mot ne lui échappe qui puisse intéresser son honneur et sa dignité. C'est mettre la qualité de plaisant à trop haut prix, que de la vouloir acquérir aux dépens de la probité;

De dire maintenant plus en detail d'où se tirent les choses qui excitent le rire, et dans quels lieux il les faut chercher, c'est ce qui n'est pas si aisé. Si nous voulons parcourir toutes les especes, ce ne sera jamais fait, et nous prendrons bien de la peine inutilement. En effet, les lieux qui fournissent à la raillerie et aux bons mots, sont en aussi grand nombre que ceux d'où nous tirons ce que nous appellons des pensées, et ce sont tous les mêmes. Car l'un et l'autre dépendent également de l'invention et de l'élocution. Sous celle-ci je comprends, non-seulement les mots, mais les figures.

Je dirai donc seulement en général, que ce que nous entendons ici par le rire, naît, ou des défauts corporels de celui dont nous nous mocquons, ou des défauts de son esprit, desquels on juge par ses paroles et par ses actions; ou de choses qui sont hors de sa personne, et qui ont pourtant rapport à lui. Car toute la censure qui se peut faire des hommes est renfermée dans ces trois chefs. Et cette censure est sérieuse ou plaisante, selon qu'elle est touchée gravement, ou d'une maniere légere et badine. Or on tourne ces défauts en ridicule, tantôt en les montrant à découvert, tantôt par un conte et un récit agréable que l'on en fait; souvent aussi par un seul trait qui les marque.

Mais il arrive rarement que l'on ait occasion de les exposer aux yeux de l'auditeur d'une maniere aussi sensible que fit autrefois C. Julius. Il avoit affaire à Helmius Mancia qui l'étourdissoit par son bruit et ses clameurs. A la fin lassé, *Si vous n'y prenez garde*, lui dit-il, *je ferai voir qui vous êtes.* Celui-ci l'en ayant défié, il montra du doigt une enseigne de boutique qui étoit l'écu de Marius, sur lequel on avoit peint un Gaulois de figure hideuse, et l'on trouva qu'effectivement c'étoit la ressemblance d'Helmius.

Les récits donnent sur-tout un beau champ à l'éloquence et à l'adresse de l'orateur, parce qu'il y feint telles circonstances qu'il lui plaît. Il n'y a qu'à se souvenir de celui que fait Cicéron de Cépasius et de Fabritius dans son oraison pour Cluentius ; et de la maniere dont M. Célius raconte la dispute que Lélius et son Collegue eurent ensemble, causée par l'impatience qu'ils avoient l'un et l'autre de se rendre à leur département.

Mais ces récits demandent beaucoup de graces et de gentillesse, particulierement dans ce que l'orateur y met du sien. Voici, par exemple, comme Cicéron tourne la fuite de Fabritius. « Ce grand
» orateur (il parle de Cépasius, qui
» avoit entrepris la défense de Fabritius) ;
» ce grand orateur croyant dire des mer-
» veilles, et s'applaudissant de l'heu-
» reux effort qu'il avoit fait pour trouver
» ces paroles, *Regardez, Messieurs, ce*
» *que c'est que la fortune des hommes,*
» *regardez les divers accidents auxquels ils*
» *sont exposés, regardez la vieillesse du*
» *malheureux Fabritius.* Après avoir bien
» répété ce *regardez*, qu'il trouvoit sans
» doute fort beau, il s'avisa de regarder

» lui-même ; mais Fabritius n'y étoit
» plus, et tenant sa cause pour perdue,
» il s'étoit retiré de l'audience, sans que
» personne s'en fût apperçu, etc. » Voilà
ce que j'appelle orner un récit ; car de tout
cela il n'y avoit rien de vrai, sinon que
Fabritius étoit sorti de l'audience.

De même l'endroit que j'ai cité de Célius est agréable d'un bout à l'autre, mais
sur-tout la fin. « De quelle maniera il avoit
» passé, si c'étoit sur un vaisseau ou sur
» une barque de pêcheur, c'est ce que
» personne ne pouvoit dire. Les Siciliens
» qui sont naturellement plaisants, di-
» soient qu'il avoit trouvé-là, à point
» nommé, un Dauphin qui l'avoit porté
» sur son dos comme un autre Arion ».

Cicéron croit que la gentillesse sert proprement à raconter, et la raillerie ou la
dicacité, comme il l'appelle, à donner du
ridicule par des traits vifs qui semblent
échapper. Quoi qu'il en soit, il faut
avouer que Domitius Afer s'entendoit
admirablement bien à faire ces sortes
de récits. Ses oraisons en sont pleines.
Mais il ne s'entendoit pas moins bien
à dire de bons mots, comme on le voit
par le recueil de ceux que nous avons
de lui.

Il faut rapporter encore à ce genre une

maniere dont parle Cicéron, et qui né consiste, ni dans ces gentillesses, ni dans aucun trait de raillerie, mais dans une action de quelque durée, propre à faire sentir le ridicule d'une personne. Par exemple, Brutus, dans l'accusation de Cn. Plancus, qui avoit L. Crassus pour avocat, commit deux lecteurs pour lire deux pieces, par lesquelles il paroissoit que Crassus s'étoit manifestement contredit, en disant sur l'affaire de la province Narbonnoise tout le contraire de ce qu'il avoit dit au sujet de la loi Servilia. Que fit Crassus? Il commit à son tour trois personnes pour lire le commencement de trois dialogues de Brutus le pere, par où l'on voyoit que l'un avoit été composé à Piverne, l'autre à Albano, et le troisieme à Tivoli. Sur quoi Crassus demandoit qu'étoient devenues ces riches possessions. Or Brutus avoit tout vendu ou aliéné ; et ces sortes de gens étant en mépris parmi nous, Brutus se trouva par-là tourné en ridicule et couvert de confusion.

Il y a aussi des apologues et des histoires qui viennent quelquefois au sujet, et qui se racontent avec beaucoup de graces. Mais il faut avouer que les traits de raillerie et les bons mots ont je ne sais quoi de plus court et de plus vif. On s'en sert également, soit pour attaquer, soit pour se défendre. Car il ne se dit rien de la part de l'aggresseur qui ne puisse avoir lieu dans la réplique. Cependant il y a des traits qui semblent plutôt faits pour la repartie, et que la colere décoche aussi fort souvent. Il y en a d'autres qui viennent plus naturellement dans l'altercation ou dans un interrogatoire.

J'ai déjà dit que les bons mots se tirent d'une infinité de lieux. Mais je dois avertir ici que ces lieux ne conviennent pas tous à l'orateur. Ainsi quant à l'équivoque, je ne puis approuver ces mots ambigus, dont l'obscurité captieuse tend un piége à l'esprit, et qui se souffriroient au plus dans une Atellane (1); ni ces grossieretés si ordinaires au gens de la lie du peuple, qui d'une équivoque font une injure; ni même ces sortes de plaisanteries qui portent sur un mot à double sens, telles qu'il en a échappé quelquefois à Cicéron, je dis dans la conversation et non pas en

(1) Les Atellanes étoient une espece de comédie pleine de bons mots et de railleries, mais de ces railleries où l'esprit a le plaisir de deviner. D'ailleurs si honnêtes que par une exception qui leur est fort glorieuse, c'étoient les seules chez les Romains que l'on pût jouer sans devenir infâme. Elles furent appellées ainsi du nom de la ville d'*Atella*, où elles prirent naissance.

plaidant, comme je l'ai déjà remarqué. Par exemple, lorsque voyant un homme qu'on disoit être fils d'un cuisinier, et qui demandoit à quelqu'un son suffrage pour une charge qu'il briguoit. *Je vous donnerai le mien aussi*, lui dit-il, *et j'y mettrai toute la sauce* (1).

Ce n'est pas que je condamne tous les mots à double entente ; mais rarement ils réussissent, à moins qu'ils ne soient soutenus par les choses mêmes. C'est pourquoi je ne reconnois plus Cicéron, quand voulant se moquer de Servilius Isauricus, qui avoit le visage tout gâté de petite vérole, il lui dit : *Je ne comprends pas comment votre pere, qui étoit l'homme du monde le plus uni, a pu nous laisser un fils si inégal.* Et au contraire il équivoque fort heureusement [lorsqu'il dit que l'accusateur de Milon, pour prouver qu'il avoit tendu des embuches à Clodius, lui ayant objecté qu'il s'étoit retiré à Boville avant la neuvieme heure, pour attendre que Clodius sortît de sa maison de campagne. C.] Milon, interrogé à quelle heure Clodius avoit été tué, répondit,

____

(1) *Ego quoque tibi jure favebo.* Le mot est encore plus plaisant dans le Latin, à cause de la double équivoque, qu'il n'est pas possible de rendre en notre langue.

P 4

un peu tard. Il ne faut que ce mot-là seul pour montrer que le genre de raillerie dont nous parlons n'est pas entierement à rejetter.

Au reste, un terme équivoque signifie, non-seulement plusieurs choses, mais quelquefois aussi de toutes contraires à celles qu'il semble signifier (1). Ainsi Néron, parlant d'un esclave qu'il avoit et qui étoit un voleur, disoit que c'étoit celui de tous ses domestiques à qui on pouvoit le plus se fier, et qu'il n'avoit jamais eu rien de fermé ni de caché pour lui. Cette ambiguité va même quelquefois jusqu'à l'énigme ; telle est la raillerie que fait Cicéron de la mere de Plétorius. [Telle est la raillerie que fait Cicéron de la mere de Plétorius, accusateur de Fonteius. Il dit qu'elle avoit tenu école pendant sa vie, et qu'après sa mort, elle avoit eu des maîtres (*magistros, ou des directeurs de sa succession, qui avoit été mise en décret*). Or on disoit que pendant sa vie, elle avoit fait de sa maison un rendez-vous de débauche. Quand elle fut morte, ses biens

(2) Cicéron, au second livre de l'orateur, dit : *Neronianum vetus in furace servo, nulli apud se plus fidei haberi, nihil ei neque occlusum, neque obsignatum esse.* J'ai rapporté ce passage, afin que l'on ne prenne pas le Néron, dont il est ici parlé, pour l'Empereur Néron.

furent mis en décret, et vendus à l'encan. Il faut pourtant avouer que *ludus*, école, est pris ici dans un sens métaphorique, et qu'il y a une équivoque dans le mot *magistri*, maîtres. L'espece de trope, appellée Métalepse (1), peut aussi servir à l'usage des bons mots. C'est ainsi que Fabius Maximus, voulant reprocher à Auguste qu'il faisoit de trop petits présens à ses amis, appelloit *héminaires* (demi-septiers) les congiaires (les libéralités) de cet Empereur. Car congiaire étant un mot commun pour signifier les libéralités faites en public, et une certaine mesure (contenant six septiers), Fabius employoit le nom d'une petite mesure (hémine, demi-septier) pour marquer combien les présents d'Auguste étoient petits. *C.*]

Il y a une maniere de qualifier les choses, qui les rabaisse et les rend ridicules en même-temps. Mais pour l'ordinaire, cela est aussi froid que les allusions qu'on fait aux noms des personnes, en y ajoutant [en supprimant. *C.*], ou en changeant quelques lettres pour leur faire sig-

____

(1) Métalepse, trope qui par une gradation de plusieurs métonymies ou synecdoques, nous mene à la véritable signification du mot ; *Aristas*, les épis, pour les moissons ; les moissons pour les étés ; les étés pour les années, selon Servius. *C.*

nifier quelque chose. Car je vois qu'un certain Acisculus fut nommé Pacisculus, apparemment à cause d'un faux (1) contrat qu'il avoit fait; qu'un autre qui avoit nom Placidus fut appellé Acidus, parce qu'il avoit l'humeur aigre; et que l'on disoit Tollius au lieu de Tullius, parce que ce Tullius avoit été surpris dérobant quelque chose. Mais encore une fois ces plaisanteries-là sont mauvaises, si elles ne roulent pintôt sur les choses que sur les noms. Domitius Afer en savoit bien faire la différence. Car voyant un orateur qui se donnoit un mouvement extraordinaire en plaidant, qui alloit et venoit dans la tribune, qui jettoit ses bras à droite et à gauche, tantôt abaissoit sa robe et tantôt la relevoit; il dit assez plaisamment qu'il ne pouvoit pas dire si cet homme-là plaidoit une affaire, mais qu'il voyoit bien qu'il étoit fort affairé. En effet, ce terme d'affairé est plaisant par lui-même, et renferme un ridicule.

Une aspiration que l'on ôte ou que l'on ajoute à un nom [la réunion de deux mots. *C.*] donnent souvent lieu à une plaisanterie, à la vérité froide et triviale d'ordinaire, mais qui quelquefois aussi ne laisse pas de passer. Et il en est de même

______
(1) Pourquoi faux? Quintilien ne le dit pas. *C.*

en général de tous les sens que l'on s'amuse à tirer des noms propres. Cicéron a dit sur Verrès beaucoup de choses qui n'avoient pas d'autre fondement. Mais du moins il les rapporte comme venant d'autrui, et non comme ses propres pensées. Par exemple, quand il dit que le seul nom de Verrès devoit bien faire juger que cet homme étoit né pour tout balayer (1), tout ramasser; qu'il feroit plus de mal à Hercule que le sanglier d'Érymanthe ne lui en avoit jamais fait; que Sacerdos ne méritoit pas de porter un tel nom, puisqu'il avoit laissé après lui un si dangereux animal.

Cependant le hazard fait quelquefois que ces allusions sont assez heureuses; comme ce que dit Cicéron dans l'oraison pour Cécina, en parlant contre un témoin qui se nommoit Phormion, *Vous voyez, Messieurs, que ce Phormion n'est ni moins noir, ni moins présomptueux que celui de Térence.*

Mais certainement ces jeux d'esprit ont plus de sel et plus de grace, lorsqu'ils sont pris dans la nature des choses, comme,

(1) *Verrere* signifie balayer. *Verrès* est un mot latin qui signifie un Verrat. Dela ces allusions. Le prédécesseur de Verrès en Sicile s'appelloit Sacerdos, et comme *Sacerdos* signifie un sacrificateur, Cicéron joue sur le mot.

par exemple, dans la ressemblance d'une personne avec quelque vilain objet Il paroît même que cette maniere étoit assez du goût des anciens. Car je trouve qu'il y a eu un (1) Lentulus qu'ils appelloient par dérision Lentulus Spinther, et un (2) Scipion qu'ils avoient surnommé Sérapion. Non-seulement ces similitudes ou comparaisons se tirent des hommes, mais encore des bêtes et même des choses inanimées (1). Junius étoit un petit homme noir, sec et tout courbé, Publius Blessus disoit que c'étoit un crochet de fer ; et ce genre de raillerie est fort à la mode aujourd'hui.

Tantôt la comparaison est toute simple, et tantôt elle tient de la parabole. Par exemple, Auguste voyant un soldat qui lui donnoit un placet en tremblant : *Hé quoi ! mon ami,* lui dit-il, *il semble que tu présentes une piece de monnoie à un éléphant.*

(1) Parce qu'il ressembloit à un bouffon qui portoit ce nom.

(2) C'étoit le nom d'un vil esclave auquel il ressembloit.

(1) Il y a ici deux lignes qui renferment une plaisanterie qu'il nous est difficile de sentir : *Ut nobis pueris Junius Bassus homo imprimis dicax, asinus albus vocabatur.* Comme dans notre jeunesse, Junius Bassus, homme très-facétieux, étoit appellé *Asinus Albus. C.*

Il y a des choses qui sont vraisemblables, et dont tout le plaisant consiste dans cette vraisemblance. Vatinius avoit un procès criminel, et s'essuyoit le visage avec un mouchoir blanc à l'audience. Calvus, qui étoit son accusateur, lui reprocha que cela ne convenoit point à la posture modeste et humiliée dans laquelle il devoit paroître : *Et je mange aussi du pain blanc*, lui dit Vatinius.

Le rapport d'une chose avec une autre donne aussi quelquefois lieu à des applications, ou si l'on veut, à des fictions fort ingénieuses et fort agréables. Par exemple, au triomphe de César les villes qu'il avoit prises étoient représentées en ivoire, et portées avec beaucoup de pompe. Quelques jours après on accorda les honneurs du triomphe à Fabius Maximus, et les villes qu'il avoit conquises n'étoient qu'en bois. Chrysippe dit que c'étoient les étuis de celles de César. Un gladiateur en poursuivoit un autre et ne le frappoit point. Pédon dit : *Vous verrez qu'il le veut prendre vif*. La comparaison se joint très-bien avec l'équivoque, comme dans ce mot de Galba à un homme qui jouoit à la paume négligemment et par maniere d'acquit : *A voir comme tu cours après, on te pren-*

droit pour une créature de César (1). Car ici le terme de *courir après* est équivoque, et la nonchalance étoit égale de part et d'autre. Je ne m'étendrai pas plus au long sur cet article. Il suffit qu'on entende ce que je veux dire. On remarquera seulement que tous ces genres de plaisanterie sont souvent mêlés ensemble, et que le meilleur est ordinairement celui qui est le plus composé.

Après le lieu des semblables suit le lieu des dissemblables, qui se traite de la même manière. En voici un exemple. Auguste voyant un chevalier romain qui, en prenant le divertissement des spectacles, buvoit et mangeoit, lui envoya dire que pour lui, quand il vouloit dîner, il alloit à son logis : *C'est qu'il ne craint pas de perdre sa place*, répondit le chevalier.

Le lieu des contraires nous fournit plus d'une espece de bons mots, comme on verra par les exemples que j'en vas rapporter. Auguste ayant ignominieusement cassé un jeune officier, comme celui-ci tâchoit de le fléchir, et lui disoit : mais, Seigneur, que pourrai-je dire à mon pere ?

____

(1) C'est que les créatures de César, sans se donner beaucoup de mouvement, etoient sûres de réussir dans la poursuite des charges.

Mon ami, lui répondit Auguste, *vous direz à votre pere que j'ai eu le malheur de vous déplaire.* Un ami de Galba le prioit de lui prêter son manteau. *Je ne puis*, lui dit Galba, *je garde aujourd'hui ma chambre.* C'est qu'en effet il y pleuvoit de tous côtés. Un homme que je ne nommerai pas par respect pour lui, disoit à un autre : *Vous êtes plus paillard qu'un eunuque.* Dans tous ces exemples l'auditeur est trompé, et trompé par une raison tirée des contraires. [Et ce qui est tiré de la même source, quoique différent de tout ce qui précede, c'est ce que dit M. Vestinius. On lui annonçoit la mort de...... il répondit : Eh bien! il cessera de sentir mauvais. *C.*] (1).

Je serois infini si je voulois ramasser tous les bons mots des anciens, et mon livre deviendroit un recueil semblable à ceux que l'on en a faits. Comme ce n'est pas mon intention, je dirai seulement ici qu'il en est de même des autres lieux qui servent aux arguments. Ainsi Auguste employa la définition, lorsque voyant deux pantomimes qui gesticuloient l'un après l'autre à l'envi, il dit qu'il lui sembloit

____

(1) Le texte paroît ici corrompu. Il y en a qui lisent *pluere*, pleuvoir, au lieu de *putere*, sentir mauvais; et par *renunciatum esset*, ils entendent : apprenant qu'il n'avoit point été nommé à quelque charge. *C.*

voir en l'un un homme qui vouloit dan-
ser, et en l'autre un homme qui l'interrompt. Galba employa la division, lorsqu'il répondit à quelqu'un qui lui demandoit son manteau : *S'il ne pleut pas, vous
n'en avez que faire ; s'il pleut, je m'en servirai.* Enfin, tout ce qu'il y a de lieux,
genre, espece, différences, propriétés,
conjugués, adjoints, antécédents, conséquents, [contraires. *C.*] cause, effets,
comparaison du plus au moins, du moins
au plus, d'égal à égal, tous ces lieux sont
sans cesse ouverts aux bons mots et à la
raillerie.

Il n'y a point de figure du discours qui
n'y soit aussi fort propre. Est-ce que l'hyperbole n'exprime pas une infinité de choses très-plaisantes? Par exemple, ce que
dit quelque part Cicéron de Memmius,
*Qu'en passant sous l'arc de triomphe de
Fabius, il s'étoit cogné la tête à la voûte,*
parce que cet homme étoit fort grand. Et
ce que disoit Oppius de la famille des
Lentulus, *Que c'étoit une race de lentilles,*
parce qu'ils étoient tous petits, et leurs
enfants encore plus petits [quelquefois on
réunit les deux especes d'hyperbole (celle
qui augmente et celle qui diminue. *C.*].
Pour l'ironie, elle fait presqu'un genre de
raillerie à part, je dis même lorsqu'elle

semble approcher le plus de la vérité. Par exemple, celle dont Afer se servit si à propos contre Didius Gallus qui, après avoir brigué un gouvernement avec beaucoup de chaleur, et l'ayant obtenu, se plaignoit comme si on l'eût contraint de l'accepter : *Courage*, lui dit Afer, *faites quelque chose pour l'amour de la République.* Celle encore dont usa Cicéron lorsqu'on lui annonça la mort de Vatinius, de laquelle pourtant on disoit qu'il n'y avoit point de nouvelle certaine. *Je jouirai cependant, dit-il, par provision.* Le même, pour faire entendre que Célius accusoit mieux qu'il défendoit, avoit coutume de dire par allégorie, que ce Célius avoit la main droite fort bonne, mais la gauche fort mauvaise (1).

Les figures de pensées ne sont pas moins faites pour la raillerie ; et quelques-uns même distinguent les différentes sortes de bons mots par la différence de ces figures. Car on interroge, on affirme, on doute, on menace, on souhaite, on dit certaines choses comme inspirées par la

____

(1) Il y a ensuite : *Emphasi Livius dixit ferro cotem Accium Navium incidisse ;* c'est par emphase que Tite-Live a dit que l'augure Accius Navius avoit coupé un caillou avec un fer (un rasoir). Mais ce passage n'est pas clair, et le texte paroît corrompu. *C.*

pitié, et certaines autres comme dictées par la colere; et tout cela devient plaisanterie quand la feinte y a part. Il est vrai que sans le secours de ces figures, on peut aisément relever une sottise; car elle est toujours ridicule par elle-même. Mais de la relever agréablement, et d'en faire une raillerie ingénieuse, cela dépend de ce que nous y ajoutons, et du tour que nous y donnons. Par exemple, Tityus Maximus demanda sottement à Carpathius, qui sortoit du théâtre, s'il avoit vu la piece. Carpathius rendit sa question encore plus sotte en lui répondant : *Non, j'ai joué à la paume dans l'orchestre.*

La réfutation se traite aussi quelquefois en riant. Car elle consiste à nier, à reprendre, à défendre, à éluder, à mépriser ou à rabaisser ce qui s'est dit; et tout cela est susceptible de raillerie (1). On reprend une personne, tantôt ouvertement, par exemple, Vibius Curius se faisant beaucoup plus jeune qu'il n'étoit : *Je vois bien*, dit Cicéron, *que vous n'étiez*

(1) On lit ensuite : *Ridicule negavit Mannius Curius. Nam cum ejus accusator in sipario* (sur le voile qui couvroit le théâtre) *omnibus locis, aut nudum eum in nervo, aut ab amicis redemptum ex aleâ pinxisset : Ergo ego, inquit, nunquam vici.* Cuper croit, avec raison, que ce passage est aussi corrompu. *C.*

pas né lorsque nous déclamions ensemble.
Tantôt en acquiesçant malignement à ce
qu'elle dit. Fabia disoit qu'elle avoit trente
ans. *Je le crois,* répondit Cicéron, *car il y
en a bien vingt que je vous l'entends dire.*
Tantôt en blâmant ce qui s'est dit à son
désavantage, et en substituant à la place
quelque chose encore de plus piquant.
Domitia se plaignoit que Junius Bassus
avoit porté l'invective jusqu'à dire qu'elle
vendoit ses vieux souliers. *J'ai tort,* reprit
Junius, *je devois seulement dire que vous
avez coutume d'en acheter de vieux.*

On se défend de même par une plaisanterie. Auguste reprochoit à un chevalier romain qu'il avoit mangé son patrimoine : *Je l'ai cru à moi,* répondit le
chevalier.

Il y a plusieurs manieres de rabaisser ce
que dit une personne [tantôt c'est pour
empêcher qu'on ne pardonne. *C.*]; tantôt
c'est la vanité que l'on confond : par exemple, Pomponius se vantoit à César d'avoir
reçu une blessure au visage en combattant
pour lui dans la sédition que Sulpitius avoit
excitée : *Mon ami,* lui dit César, *une autre
fois quand tu fuiras, ne regarde pas derriere
toi.* Tantôt c'est un reproche qu'on détruit d'un seul mot. Quelques gens trou-
voient à redire que Cicéron sexagénaire

épousât une jeune fille, (c'étoit Popilia) : *Demain elle sera femme*, dit Cicéron. [Quelques-uns appellent *conséquent*, ce genre de bons mots.] Ce mot me fait souvenir d'un autre que je rapporterai ici, seulement parce qu'il est dans le même genre. Curion étant vieux, toutes les fois qu'il plaidoit, commençoit par faire des excuses de son grand âge; et Cicéron disoit à ce sujet, *que l'exorde devenoit tous les jours plus facile pour Curion.* [On voit en effet que ces choses paroissent en être une suite naturelle et inséparable.] Tantôt enfin, c'est un effet qu'une personne, pour se flatter, attribue à une cause, et que nous attribuons malicieusement à une autre. Par exemple, Vatinius qui étoit fort gouteux, voulant faire croire qu'il commençoit à se mieux porter, disoit qu'il faisoit déjà deux mille pas en se promenant : *C'est que les jours sont plus longs*, reprit Cicéron. Des ambassadeurs vinrent dire à Auguste, qu'une palme étoit crue sur son autel en leur pays : *Rien ne fait mieux voir combien vous êtes soigneux d'y faire des sacrifices*, leur répondit Auguste. Cassius Sévérus rejetta le crime sur autrui par le moyen d'un bon mot. Car le préteur s'en prenant à lui de ce que ses amis avoient fait insulte à Lucius Varus, épicurien, et grand ami de César : *Je ne connois point ces gens-là, dit-il, et vous verrez que ce sont des Stoïciens.*

On repousse une raillerie par une autre raillerie en plusieurs façons, et la plus agréable est celle qui joue sur le même mot. Suillius disoit à Trachalus, *Si cela est, vous allez en exil ; mais si cela n'est pas*, dit Trachalus, *j'en suis revenu.* On reprochoit à Cassius Sévérus que Proculéius lui avoit défendu sa maison. Il éluda en répondant : *A moi ? est-ce que j'y vas ?* On élude aussi une plaisanterie par une autre plaisanterie, et un mensonge par un autre mensonge. Les Gaulois avoient fait présent à Auguste d'un collier d'or qui pesoit cent livres. Dolabella lui dit en riant, mais aussi pour voir ce qui en seroit : *Mon Général, accordez-moi les honneurs du collier* (1) ; *J'aime mieux vous donner la conronne* (2), lui dit Auguste. Quelqu'un disoit

____

(1) Pour récompenser la valeur des officiers de cavalerie qui avoient fait leur devoir à la guerre, on leur donnoit un collier. C'étoit un collier d'or pour les étrangers, et un collier d'argent pour les Romains.

(1) C'étoit une couronne de feuilles de chêne que l'on donnoit à ceux qui avoient sauvé un citoyen romain dans un combat. Cela étoit fort honorable, mais peu utile, et c'est ce qui fait le bon mot d'Auguste.

en présence de Galba, qu'il avoit eu en
Sicile une lamproie longue de cinq pieds
pour cinq sous : *Cela n'est pas étonnant,*
reprit Galba, *car elles sont si grandes en ce
pays-là, que les pêcheurs s'en servent au
lieu de cordages.*

Nous feignons quelquefois de passer
condamnation sur une chose qu'on nous
reproche, et cela tourne à notre avantage,
et n'est pas sans grace. L'exemple fera
entendre ce que je veux dire. Afer plaidoit
contre un affranchi de Claudius César.
Un ami de cet affranchi et de même
étoffe que lui, s'écria : Hé quoi, toujours
contre les affranchis de César ! *Toujours,*
reprit Afer, *et je n'en suis pas plus avancé.*
C'est une maniere qui revient à celle-ci,
que de ne pas relever une parole injurieuse, lorsqu'elle est manifestement fausse,
et qu'elle donne lieu à une agréable répar-
tie. L'orateur Philippe disoit à Catulus,
Qu'as-tu donc à aboyer ? Ce que j'ai,
reprit Catulus, *je vois un voleur ?*

De faire rire à ses propres dépens,
comme j'ai déjà dit, c'est-ce qui n'appartient qu'à un boufon, et ce que l'on ne
pardonne guère à un orateur. On le peut
faire en autant de manieres qu'il y en a de
plaisanter sur autrui. Quoique ce défaut
soit assez commun, je n'en dirai rien da-

vantage. Mais un vice qui n'est pas moins indigne d'un honnête homme, encore qu'il fasse rire, c'est de dire des choses basses et honteuses, ou qui marquent de l'emportement, comme je sais qu'il est arrivé à quelqu'un de ma connoissance, qui, offensé de ce qu'un homme qui étoit fort au-dessous de lui, perdoit le respect qu'il lui devoit : *Je te donnerai un soufflet*, lui dit-il, *et je t'appellerai en justice, pour voir dire que tu as la tête plus dure qu'un âne.* Car on ne sait si ceux qui étoient présents devoient rire ou s'indigner.

Il reste encore un genre de raillerie qui consiste à surprendre, en donnant aux paroles d'autrui un sens tout différent de celui qu'elles doivent avoir. Ces mots auxquels on ne s'attend point sont très-plaisants, et l'on peut même s'en servir pour attaquer. Tel est celui-ci que rapporte Cicéron : *C'est un homme à qui il ne manque rien que du bien et de la vertu.* Ou cet autre de Domitius Afer : *C'est l'homme du monde qui, pour plaider une cause, est le plus proprement vêtu.* Ou bien en allant au-devant de la pensée de quelqu'un, comme fit Cicéron au sujet de la mort de Vatinius, qu'on lui avoit dite faussement. Il rencontra son affranchi et lui demanda, *Tout va-t-il bien ?* fort bien , dit l'affranchi. *Il est donc mort* , reprit Cicéron.

Mais rien ne donne tant matiere à la plaisanterie que de savoir feindre et dissimuler. Il semble d'abord que ce soit la même chose. Il y a pourtant cette différence, que la feinte consiste à témoigner un sentiment ou une pensée que l'on n'a pas; et la dissimulation à faire semblant de ne pas connoître le sentiment ou la pensée d'un autre. Par exemple, Afer entendant parler sans cesse de Celsina dans un procès, comprit que c'étoit une femme qui avoit beaucoup de crédit. Mais feignant de la prendre pour un homme, *Qui est donc celui dont ils nous parlent tant* , dit - il ? Un témoin qu'on appelloit Sextus Annalis, ayant chargé par sa déposition une personne que Cicéron défendoit ; comme l'accusateur pressoit Cicéron de répondre, et lui disoit, Hé bien ! qu'avez-vous à dire de Sextus Annalis ? Cicéron fit semblant d'être trompé par l'ambiguité des termes latins, et de croire que c'étoit des annales d'Ennius que l'accusateur vouloit parler ; sur quoi il se mit à réciter quelques vers du sixieme livre. Et à dire le vrai, la maniere équivoque dont on s'explique, aide fort à ces méprises volontaires : ainsi Cécilius étant consulté par un homme qui lui disoit, lisoit (1), *Je veux partager mon vaisseau, vous le perdrez*, lui dit-il.

On détourne encore son esprit de la pensée d'une personne, en regardant les choses du côté par où elles n'ont rien que l'indifférent, et qui n'est pas le côté par lequel il semble qu'on les doive regarder. C'est ce que fit celui qui, interrogé sur ce qu'il pensoit d'un homme que l'on avoit surpris en adultère, répondit que c'étoit un lourdaud. Une autre maniere assez semblable, est celle où l'on laisse deviner sa pensée. Tel est cet exemple que rapporte Cicéron. Un homme pleuroit sa femme qui s'étoit pendue à un figuier : quelqu'un lui dit : *Je vous prie, donnez-m'en une greffe.* Car on entend ce que cela veut dire.

Et certainement tout l'art d'être plaisant ne consiste qu'à dire des choses qui sont vraies et justes, mais dans un autre sens que celui qu'elles présentent naturellement à l'esprit. Ce qui se fait en déguisant la pensée d'autrui, ou la nôtre propre, ou bien en disant une chose qui ne peut pas être. En déguisant la pensée d'autrui, comme dans cette réponse de Juba à un passant qui se plaignoit que son cheval l'avoit éclaboussé, *Mon ami, est-ce que tu me crois*

____

(1) *Il vouloit dire, je veux prendre un associé.*

Tome II. Q

un hippocentaure (1)? La nôtre propre, comme dans ces paroles de Cassius à un soldat qui alloit au combat sans épée : *Camarade, tu es bien fort à coups de poing.* Et dans ce mot de Galba, qui dans un repas s'étant apperçu qu'on servoit des soles dont le dessous étoit mangé : *Dépêchons*, dit-il, *on excroque notre soupé par-dessous la table.* En disant une chose qui ne peut pas être, comme dans la réponse de Cicéron à cet orateur, qui se donnoit pour jeune et ne l'étoit pas.

Il y a de la feinte et de l'ironie tout-à-la-fois dans une réponse de César à un témoin qui se plaignoit que l'accusé l'avoit blessé à un endroit que l'on ne nomme point. Il étoit aisé de le tourner en ridicule, sur ce que l'accusé avoit particulierement fait choix de cette partie de son corps, Mais César aima mieux lui dire : *Tu avois un casque et une cuirasse, où voulois-tu qu'il te blessât ?* Cependant de toutes les feintes la meilleure est celle que nous employons contre une personne qui veut elle-même feindre avec nous. Domitius Afer avoit fait son testament depuis long-temps (2) et un homme de guerre qui

(1) Monstre fabuleux que l'on feint avoir été demi homme et demi-cheval.

(2) Cet endroit est si obscur, et peut-être si corrompu, que j'ai cru ne devoir pas tant prendre garde aux mots qu'à la pensée de l'auteur.

s'étoit lié d'amitié depuis peu avec lui, espérant que s'il faisoit un autre testament, il lui donneroit quelque chose, lui en présenta un par lequel il partageoit son bien entre ses amis. Surquoi il le consultoit si son officier seroit content, et s'il n'auroit pas sujet de se plaindre d'avoir été oublié, *Laissez votre testament comme il est*, lui répondit Afer, *votre officier est trop généreux, et cette pensée l'offense.*

Mais de toutes les plaisanteries, les plus agréables sont celles qui offensent le moins, et qui sont les plus aisées à digérer, comme, par exemple celle-ci. Afer ayant plaidé pour un homme qui ne l'étoit seulement pas venu remercier, et qui un jour au barreau évitoit ses yeux avec beaucoup de soin : *Allez lui dire que je ne le vois pas,* dit-il à un de ses gens. Son maître-d'hôtel ne lui rendoit pas bon compte de l'argent qu'il lui avoit donné pour la dépense de sa maison, et avec cela il avoit l'insolence de lui dire qu'il ne mangeoit pas seulement du pain, et ne buvoit que de l'eau : *Mangez tout votre saoul, et comptez mieux,* lui dit Afer. [On appelle ces plaisanteries ὑπαγωγὰς, tromperies.] Une raillerie qui épargne son homme a aussi beaucoup d'agrément et de douceur. Quelqu'un demandoit à Afer son suffrage pour une charge qu'il briguoit, et lui disoit : *J'ai toujours été serviteur de votre maison* ; Afer, au lieu de le nier, comme il le pouvoit avec raison, aima mieux répondre d'un ton ironique, *Je le crois, et cela est vrai.*

Il y a quelquefois des occasions où l'on parle contre soi-même d'une maniere qui fait rire, et qui réussit ; comme il y en a où ce qui ne seroit pas bon à dire d'une personne absente, se dit fort bien d'elle en sa présence. Par exemple, un soldat importunoit Auguste pour une chose qu'il ne pouvoit pas raisonnablement lui accorder ; et Martian venoit en même temps dans le dessein de lui faire une priere aussi déraisonnable : Auguste qui s'en défia dit au soldat : « Mon camarade, je ne ferai pas » plus ce que tu me demandes, que ce que » va me demander Martian ».

Des vers bien placés ont encore beaucoup de grace, sur-tout si l'application qu'on en fait en est un peu enveloppée, comme dans celui-ci,

Pour un si grand danger, il falloit un Ulisse :

que Cicéron appliqua à Accius, homme fin et artificieux, qui lui étoit suspect dans une cause. Tantôt on rapporte ces vers comme ils sont, et l'applicarion en est si aisée, qu'Ovide a fait un poëme entier contre les mauvais poëtes, en n'employant que des vers du poëme de Macer [composé de quatrains. *C.*] Tantôt on y change quelque mot ; ainsi au lieu de dire, *dont tout le bien est la sagesse*, Cicéron disoit, *dont l'héritage est la sagesse*, en parlant d'un homme que l'on avoit toujours regardé comme un homme sans esprit, tant qu'il avoit été sans bien ; et que l'on consultoit par préférence aux autres, depuis une riche succession qui lui étoit venue. Tantôt à l'imitation de certains vers qui sont connus de tout le monde, on en fait où l'on garde la même mesure et la même cadence, qui est ce que nous appellons *parodie*. Enfin les proverbes, quand on s'en sert à propos, ont aussi leur agrément. Un homme connu par sa méchanceté étoit tombé dans l'eau, et prioit un passant de l'en tirer : *A d'autres, mon ami, je te connois*, lui répondit le passant.

Il y a un air d'érudition à prendre des traits de raillerie dans l'histoire ou dans la fable. Cicéron interrogeoit un témoin dans le procès de Verrès ; et comme ce témoin disoit beaucoup de choses qui chargeoient Verrès, je n'entends pas ces énigmes-là, dit Hortensius : *A quoi sert donc le Sphinx qui est chez vous*, reprit Cicéron ? C'est qu'en effet Verrès lui avoit donné un Sphinx d'airain qui étoit d'un fort grand prix.

A l'égard de certaines réponses qui semblent avoir je ne sais quoi de niais, elles ne diffèrent de celles qui sont véritablement sottes et niaises, que parce qu'elles affectent de le paroître. On se moquoit d'un homme de ce qu'ayant à faire emplette d'un chandelier de table, il l'avoit pris trop bas, *Il servira pour dîner*, dit-il. Et parmi ces réponses, celles qui semblent le plus hors de propos, sont justement les meilleures. On demandoit à un esclave de Dolabella, si on pouvoit l'acheter en sûreté, et si son maître ne le réclameroit pas. *Sa maison est vendue* (1), répondit-il (2). Une parole injurieuse trouve quelquefois sa place et réjouit l'auditeur par la surprise qu'elle lui cause. L'accusateur d'Hispon disoit qu'il l'avoit accusé deux fois en justice; *Et deux fois tu as menti*, lui dit Hispon. Un lieutenant général demandoit à Fulvius, si le testament qu'il

(1) C'est-à-dire, *il ne possede plus rien au monde, il n'a ni maison ni gens.*

(2) On trouve ici une phrase sur le sens duquel on n'est pas d'accord : *Deprehensi interim pudorem suum ridiculo aliquo explicant : ut qui testem, dicentem se a reo vulneratum, interrogaverat, an cicatrices haberet : cum ille ingentem in femore ostendisset, latus, inquit, oportuit. C.*

produisoit étoit signé : *Et la signature n'en est pas contrefaite*, répondit Fulvius, parce que cet officier passoit lui-même pour un homme de mauvaise foi.

Voilà quelles sont les sources les plus ordinaires de la plaisanterie, autant que j'en puis juger par tout ce que l'expérience et les maîtres m'en ont appris. Mais il faut se souvenir de ce que j'ai déjà dit plusieurs fois, qu'il y a autant de façons de dire une chose en riant, qu'il y en a de la dire sérieusement ; et que la personne, le temps, le lieu, le hasard enfin, dont la variété est infinie, donnent mille occasions à l'un comme à l'autre. Aussi, bien loin d'épuiser la matière, je ne l'ai touchée qu'autant qu'il falloit pour ne la pas omettre. Et quant à la pratique ou à la maniere de railler, ce que j'en ai dit est aussi fort peu de chose, mais absolument nécessaire.

Domitius Marsus, qui a traité en écrivain fort exact, de ce que nous appellons *urbanité*, ajoute beaucoup de choses qui, non-seulement sont différentes de celles dont je viens de parler, mais qui conviennent à quelque genre de discours que ce soit, même au plus sérieux : lesquelles étant dites avec élégance, font plaisir à l'esprit par les graces qui les accompag-

Q 4

nent. Or ces choses, selon lui, appartiennent à l'*urbanité*, et cependant ne font pas rire.

Car ce n'est pas du rire qu'il a écrit, mais de l'*urbanité*, perfection qu'il attribue singulierement à notre ville, et qu'il prétend n'avoir été connue des Romains que tard; depuis que pour dire Rome, on a dit simplement et par excellence, *la Ville*; le terme d'*urbanité* venant du mot latin qui signifie *Ville* (1). Et voici comme il la définit : *L'urbanité est une certaine qualité renfermée dans la précision et la briéveté des paroles, également propre à plaire et à toucher, et dont on se sert, soit en attaquant, soit en se défendant, selon que le demande chaque personne et chaque chose.* C'est lui donner tous les avantages qui peuvent convenir à l'oraison [sinon que dans l'urbanité ces avantages sont accompagnés d'une plus grande briéveté. *C.*] Car de la sorte, elle comprend les personnes et les choses. Or la perfection de l'éloquence ne consiste qu'à dire ce qu'il faut touchant les unes et les autres.

Mais je ne sais pas pourquoi il renferme cette qualité dans la briéveté et la précision. Cependant peu après il distingue une autre sorte d'*urbanité* qui est par-

____

(1) *Urbanitas ab Urbe.*

ticuliere aux récits, et qu'il définit en ces termes, suivant, comme il croit, le sentiment de Caton : *Celui-là*, dit-il, *aura l'urbanité en partage, qui dira souvent de bons mots, qui fera des reparties agréables, et qui, soit dans la conversation, soit à table, soit dans les cercles et les compagnies, soit enfin dans les discours publics et les harangues, saura dire à propos des choses plaisantes et qui réjouissent l'auditeur. Et la matiere du rire sera tout ce que l'orateur dira en ce genre.* Si nous recevons ces définitions, toute parole bien dite et qui aura cet air d'urbanité sera un bon mot.

Après cela il ne faut pas s'étonner si cet auteur distingue trois sortes de bons mots, les uns sérieux, les autres plaisants, les autres qui tiennent le milieu entre ces deux; puisque cette division convient généralement à tout ce qui est bien dit. Mais je crois, pour moi, qu'il y a des plaisanteries que l'urbanité ne permet pas même de rapporter. Car, à mon sens, cette urbanité consiste en ce que les choses que nous disons soient telles qu'on n'y puisse remarquer rien de choquant, rien de grossier ou de plat, rien d'étranger, ou qui sente la province, ni dans la pensée, ni dans les termes, ni dans la prononciation, ni dans le geste ; de maniere qu'il la faut moins chercher dans un bon mot que dans tout l'air du discours, s'il est permis de parler ainsi, comme chez les Grecs l'atticisme est une certaine délicatesse qui sent l'esprit et le goût particulier d'Athénes.

Cependant, pour ne pas rapporter le jugement de ce savant homme seulement à demi, j'ajouterai qu'il distingue encore trois sortes de choses sérieuses qui ont ce caractere d'urbanité : les unes honorables, les autres injurieuses, et les troisiemes qu'il appelle moyennes. Pour exemple des premieres, il cite ce que Cicéron dit à César dans l'oraison pour Ligarius : *Vous, César, qui n'oubliez rien, si ce n'est les injures.* Pour exemple des secondes, ce qu'il écrit à Atticus au sujet de César et de Pompée : *Je vois bien qui je dois fuir, mais je ne vois pas qui je dois suivre.* Et pour exemple des troisiemes, qu'il met au rang des apophtegmes, il cite encore ces paroles de Cicéron : *Que la mort ne sauroit jamais être dure et fâcheuse pour un homme de courage ; ni prématurée pour un homme consulaire ; ni malheureuse pour un homme sage.* J'avoue que toutes ces choses sont parfaitement bien dites ; mais pourquoi il leur attribue particulierement ce caractere d'urbanité, c'est ce que je ne vois pas.

Que si, contre mon sentiment, on le cherche dans un beau mot, plutôt que dans tout l'air du discours, je crois que rien ne le méritera mieux que certains traits qui, sans faire rire, sont néanmoins dans le genre de ceux qui font rire. Par exemple, celui ci, *Que Pollion étoit un homme de toutes les heures ;* pour dire qu'il étoit également propre aux plaisirs, aux sciences et aux affaires. Et ce qui a été dit d'un savant qui parloit de tout admirablement bien sur-le-champ : qu'il avoit toute *la richesse de son esprit en argent comptant.* Et ce mot de Pompée que rapporte Marsus, et qui fut dit à Cicéron lorsqu'il témoignoit se défier de son parti. *Passez dans le camp de César, et vous me craindrez.* Car ce mot eût paru plaisant, si un autre que Pompée l'eût dit, ou si lui-même l'avoit dit dans un autre esprit et dans une autre occasion. L'on peut ajouter encore ce que Cicéron écrivoit à Cérélia en lui rendant compte pourquoi il souffroit si patiemment la domination de César : *Il faut avoir le cœur de Caton ou l'estomac de Cicéron.* Car ce mot d'*estomac* tient un peu de la plaisanterie.

Voilà ce que j'ai cru devoir faire remarquer. Si mes réflexions ne sont pas justes, du moins ne tromperont-elles pas le lecteur, qui a la liberté de suivre celui des deux sentiments qui lui paroîtra le meilleur.

CHAPITRE IV.

De l'altercation.

IL semble que je ne devrois traiter ce chapitre qu'après avoir fini tout ce qui regarde un discours que l'on prononce de suite. Car si nous suivons l'ordre des choses, l'altercation n'a lieu qu'après les autres. Cependant comme elle consiste uniquement dans l'invention ; qu'elle ne peut avoir besoin de la disposition ; que les ornements de l'éloquence (1) lui sont peu nécessaires ; et que la mémoire et la prononciation ne lui sont pas même d'un fort grand secours, je crois qu'elle ne sera pas mal placée ici.

D'ailleurs, avant que de passer à la seconde partie des cinq que je viens de nommer, il est bon de ne pas laisser derriere nous un article qui dépend absolument de la premiere. Si les autres écrivains ont négligé d'en parler, c'est qu'ils ont cru qu'il suffisoit d'être parfaitement instruit dans

____

(1) Il falloit dire : de l'élocution ou de l'expression. *C.*

les autres points, pour ne pas ignorer de quelle manière il faut se conduire en celui-ci. Il ne s'agit, en effet, que d'attaquer ou de soutenir, de faire une objection à propos, ou de la réfuter; et l'un et l'autre ont été suffisamment enseignés dans cet ouvrage; parce que tout ce qui sert à établir nos preuves dans une plaidoierie continuelle et suivie, ne sauroit manquer d'avoir la même utilité dans ce dernier genre d'action qui est court, interrompu et coupé. Les choses qui s'y disent ne sont pas d'une autre nature; mais elles s'y traitent autrement, à savoir, par demandes et par réponses : manière que j'ai aussi expliquée assez au long dans le chapitre des témoins.

Mais d'un autre côté, quand je fais réflexion que je veux donner à mon ouvrage toute l'étendue qu'il doit avoir, et que l'orateur ne peut être parfait, s'il ne réussit dans l'altercation comme dans tout le reste; je crois que nous ne ferons pas mal d'employer quelque temps à examiner un point, qui en plusieurs occasions contribue infiniment à nous faire avoir l'avantage. Car il est vrai que dans les affaires dont la question roule sur la qualité du fait, ou sur sa définition; dans celles mêmes où l'on est d'accord du fait; dans celles encore où le fait est inféré des conjectures par le moyen des preuves artificielles, on ne se sert que d'un genre de discours suivi et non interrompu, où par conséquent l'altercation n'a point de part. Mais dans les causes où l'on emploie des preuves naturelles (1), soit qu'elles y entrent seules, ou qu'elles soient mêlées avec celles de l'art, (et ces sortes de causes se présentent souvent), non-seulement la contestation a lieu, mais elle est fort échauffée ; et c'est-là qu'il faut dire que la victoire ne se remporte qu'à la pointe de l'épée.

C'est alors, en effet, que l'orateur doit incessamment rappeller ses principaux moyens, les bien remettre en la mémoire des juges, exécuter tout ce qu'il a promis durant le cours de son action, et détruire toutes les faussetés que son adversaire a eu la témérité d'avancer. En un mot, un juge n'est nulle part plus attentif qu'en cet endroit. Et ce n'est pas sans raison que quelques-uns, même avec des talents médiocres, se sont acquis la réputation de bons avocats, par l'avantage de la dispute.

Cependant plusieurs, contents d'avoir

(1) Il falloit mettre : des preuves indépendantes de l'art, comme le traducteur lui-même a fort bien traduit, liv. 5, chap. 1. Aristote et Quintilien distinguent les preuves ἄτεχνοι, *probationes inartificiales*, des preuves ἔντεχνοι, *artificiales*. C.

prêté un ambitieux ministere à leurs parties, sortent aussi-tôt de l'audience, suivis
d'une foule de flatteurs qui les comblent de
louanges ; tandis que lâches déserteurs,
ils laissent à de moindres avocats, et souvent même à de petits praticiens, le soin
de soutenir un choc fort rude et fort douteux. C'est pourquoi nous voyons qu'ordinairement dans les causes privées, les
uns sont nommés pour l'action principale,
et les autres pour l'éclaircissement des
preuves. Pour moi, je crois que s'il faut
partager ces emplois, le dernier est in-
contestablement le plus nécessaire ; et j'ai
honte de dire, mais il est pourtant vrai,
que ces praticiens sont plus utiles aux parties que ces grands avocats. Du moins,
cet abus respecte encore les jugements
publics, ou l'huissier appelle tout haut le
principal acteur comme les autres, afin
qu'il ait à répondre aux difficultés, et à se
charger de la contestation.

Or pour y réussir, il faut sur-tout un
esprit prompt et facile, beaucoup de présence et de fermeté de jugement. Car il
ne s'agit pas de penser, mais de parler,
de répliquer sur-le-champ, et d'avoir,
s'il faut ainsi dire, la main toujours prête
pour soutenir, ou pour parer le coup que
l'on nous porte. Ainsi, bien que l'orateur

ne puisse satisfaire à pas un de ses devoirs, s'il ne possede parfaitement sa cause, il semble pourtant que celui - ci demande une connoissance encore plus exacte des personnes, des temps, des lieux, des dates, et des pieces ; sans quoi fort souvent nous sommes réduits à nous taire, ou à prêter honteusement l'oreille à ceux qui nous suggerent des réponses, et qui le font d'ordinaire par pure envie de parler : d'où il arrive que nous avons quelquefois sujet de rougir de notre sotte crédulité. [Et cette sottise ne se manifeste pas seulement par ces paroles que nous suggerent les souffleurs. *C.*] Il y a même des personnes qui prennent à tâche de nous mettre en colere, et qui témoignent n'être jamais satisfaits de ce que nous disons ; à dessein de faire croire aux juges que nous évitons la difficulté, et qu'il y a dans la cause un mal caché que nous n'osons approfondir.

C'est pourquoi j'estime que le sang-froid est une qualité très-nécessaire à qui veut avoir l'avantage dans la dispute. Car nulle passion n'est si ennemie de la raison que la colere ; nulle autre n'est capable de nous jetter si loin hors de notre sujet. C'est elle qui nous fait dire des injures basses et grossieres, qui nous en attire de la part des autres, et qui par-là excite l'indignation des juges. Il vaut donc mieux avoir de la modération, et quelquefois même de la patience. Car il ne faut pas toujours se faire un devoir de réfuter toutes les objections; il y en a qu'il faut négliger ou tourner en ridicule. Et la plaisanterie n'est jamais plus de saison; elle inspire aux juges une secrette haine contre notre adversaire, et le couvre de confusion.

Mais si quelqu'un ose troubler la dispute, c'est alors qu'il faut montrer qui nous sommes. Car il y a des audacieux qui prennent plaisir à nous étourdir par leurs clameurs, qui nous coupent la parole, et qui remplissent l'audience de bruit et de tumulte. Comme je ne conseille à personne de les imiter, je veux aussi que l'on sache leur résister avec force, et réprimer leur audace. Pour cela on s'adressera souvent aux juges, sur-tout à ceux qui président, et on les priera d'interposer leur autorité, afin que chacun ait la liberté de parler à son tour. Vouloir se piquer de douceur et d'honnêteté en ces rencontres, qu'on ne s'y trompe pas, c'est foiblesse, c'est imbécillité.

Une autre qualité qui est d'un grand secours dans la dispute, c'est la subtilité d'esprit, qui certainement ne vient point de l'art, il faut l'avouer; car la nature ne reçoit point d'enseignement. Cependant on peut l'aider ; et si quelque chose en est capable ici, c'est d'avoir toujours devant les yeux le point dont il est question, et que nous avons à prouver. Un orateur qui ira ainsi droit au but, et qui ne perdra jamais son dessein de vue, ne fera point une querelle de la contestation. Il ne consumera point en injures et en invectives, des moments précieux qu'il doit ménager pour sa cause. Et si l'adverse partie n'en fait pas de même, il en tirera avantage. Rarement serons-nous pris au dépourvu, si nous avons le soin de méditer à loisir, et de prévoir les difficultés qu'on nous peut faire.

Les maîtres ont pourtant accoutumé de conseiller une ruse, qui est de ne faire qu'effleurer certaines preuves dans le plaidoyer, afin de les produire soudain dans l'altercation, et d'en accabler l'adversaire : ce qu'ils comparent à ces sorties que font les assiégés dans une place de guerre, ou à une embuscade d'où une troupe sort tout-à-coup pour fondre sur l'ennemi, à l'heure qu'il y pense le moins. Mais cela n'est bon à pratiquer que lorsque ces preuves sont de telle nature, qu'on n'y peut répondre sur-le-champ, et qu'avec un peu de temps on le pourroit. Car pour celles qui sont véritablement bonnes et solides, il faut les saisir d'abord et les employer tout le plutôt que l'on peut, afin de les rebattre plus long-temps et plus souvent.

Je ne crois pas qu'il soit besoin de recommander à l'orateur de ne point rendre la dispute aigre ou pointilleuse, comme il arrive parmi les femmes et parmi la canaille. Ces criailleries sont, à la vérité, fort incommodes à la partie adverse; mais elles sont encore plus insupportables aux juges. C'est mal entendre aussi ses véritables intérêts, que de s'opiniâtrer long-temps contre la raison et contre l'impossibilité de vaincre. Car où on ne peut s'empêcher d'être vaincu, le plus avantageux est de céder; parce que s'il y a plusieurs points contestés, la bonne-foi que nous marquerons en nous relâchant sur l'un d'eux, nous accréditera pour les autres. Que s'il n'y a qu'un seul point, et que nous l'abandonnions, l'honnête pudeur qui paroîtra en nous, portera du moins les juges à nous être moins rigoureux. En effet, de défendre avec opiniâtreté sa faute, sur-tout quand on la connoît, c'est une seconde faute qui est pire que la premiere.

Mais dans le fort de la dispute, il y a beaucoup d'adresse et de conduite à leurer l'adversaire, et à lui faire concevoir de fausses espérances, sur quoi il triomphe comme s'il avoit cause gagnée. C'est pour-quoi nous feindrons habilement de n'a-voir pas certaines pieces; car il ne man-quera pas de les demander avec importu-nité; il les traitera lui-même de pieces décisives, croyant qu'elles nous manquent effectivement, et sera bien étonné lors-que, contre son attente, nous viendrons à les produire; outre que par-là elles ac-querront une autorité encore plus grande. Nous pourrons aussi lui accorder quel-ques-unes de ses demandes, afin que cela lui serve comme d'appas, qu'il s'en amuse, et ne songe point à d'autres choses qui seroient d'une plus grande conséquence. Quelquefois nous lui proposerons deux partis, entre lesquels il ne puisse faire qu'un mauvais choix; ce qui réussit bien mieux dans l'altercation que dans le plai-doyer; parce que dans celui-ci nous ré-pondons nous-mêmes, et que là nous te-nons notre adversaire par sa propre con-fession.

Il est sur-tout d'un habile homme de voir quelles sont les choses qui font im-pression sur les juges, et quelles sont celles qu'ils ne goûtent pas. Nous le connoîtrons souvent à leur visage, à une parole, ou à un geste qu'ils laisseront échapper. Alors ce sera à nous d'insister sur les raisons qu'ils approuvent, et d'abandonner adroitement celles qui ne leur plaisent pas. C'est ainsi qu'en usent les médecins; car ils cessent ou continuent de donner leurs remedes, selon qu'ils voient que la nature les refuse ou les agrée. Mais si nous avons trop de peine à nous débarrasser d'une question, ce qu'il nous restera à faire, sera de tâcher de donner le change, de passer à une autre question, et d'y attirer, s'il est possible, toute l'attention des juges. Car aux occasions où nous ne pouvons bien répondre, quel expédient peut-il y avoir, que de jetter notre adversaire dans le même embarras? C'est pourquoi, comme j'ai dit ailleurs, il faut souvent faire diversion. Que l'on consulte le chapitre des témoins. Il ne diffère de celui-ci que par la qualité des personnes. Là c'est un combat de l'orateur avec des témoins, et ici c'est un combat de l'orateur avec d'autres orateurs.

Mais il est bien plus aisé de s'exercer à ce dernier; car nous pouvons, et cela est même très-utile, nous pouvons avec un ami, compagnon des mêmes études, prendre un sujet de controverse, soit feint, soit réel, et soutenir le pour et le contre, comme dans l'altercation. Enfin je ne veux pas même, que l'orateur ignore dans quel ordre il doit proposer chaque preuve. Il en usera donc à cet égard de la même maniere qu'aux arguments, dont nous avons dit qu'il falloit choisir les plus forts, pour les distribuer au commencement et à la fin, parce que les uns disposent les juges à nous croire, et que les autres les déterminent à prononcer en notre faveur.

CHAPITRE V.

Du jugement et du dessein.

Après avoir parlé de la contestation, et en avoir dit tout ce que mes foibles lumieres m'ont pu suggérer, j'aurois incontinent passé à la disposition, qui suit naturellement dans l'ordre des choses, si ce n'étoit que quelques-uns placent le jugement immédiatement après l'invention; et qu'ils trouveroient étrange que je n'en traitasse pas ici; quoiqu'à mon avis ce sujet soit tellement mêlé et confondu dans toutes les parties de cet ouvrage, qu'il est inséparable des pensées et même des mots qui le composent; outre qu'à dire vrai, je ne pense pas que cette qualité s'acquierre plus que le goût et que l'odorat. Ainsi tout ce que nous pouvons ici, c'est de montrer sur chaque chose ce qu'il faut faire, et ce qu'il faut éviter, afin que ces observations servent de regle au jugement. Car pour les préceptes que l'on donne, entr'autres de ne point tenter de prouver l'impossible; d'éviter les arguments qui nous sont contraires, ou qui sont communs aux deux parties; de n'user jamais d'aucune expression qui soit obscure ou vicieuse, tout cela est si évident, qu'il le faut rapporter aux gens qui n'ont pas besoin d'enseignement pour faire leurs fonctions.

A l'égard du dessein, je crois qu'il difere peu du jugement, si ce n'est en ce que celui-ci sert dans les choses qui se manifestent elles-mêmes, et celui-là dans celles qui sont cachées ou douteuses, ou qui n'existent pas même encore; que celui-ci est le plus souvent certain, et que celui-là est un raisonnement tiré de loin, qui d'ordinaire pese plusieurs choses et les compare ensemble, renfermant en soi l'action d'inventer et de juger tout à la fois. Encore ne peut-on guère s'arrêter a ces notions générales. Car souvent le dessein se détermine par une circonstance imprévue qui se rencontre dans le temps que nous devons plaider une affaire. En effet, ce n'est pas sans beaucoup de dessein que Cicéron aima mieux abréger en plaidant contre Verrès, que de risquer à voir tomber le jugement de cette cause dans l'année (1) qu'Hortensius devoit être consul.

Certainement on peut dire que le dessein tient le premier rang dans toutes les actions du barreau. C'est lui qui regle ce qu'il faut dire et ce qu'il faut taire ; s'il est plus à propos de nier le fait ou de le défendre ; en quel cas l'exorde est nécessaire, et quelle sorte convient le mieux ; si la narration peut nous être utile, et quel tour il lui faut donner ; lequel des deux est le plus avantageux de prendre d'abord pour fondement, la rigueur du droit, ou la simple équité ; l'ordre qu'il faut garder dans un plaidoyer ; quelles couleurs il sied mieux d'employer ; si l'on doit parler avec fermeté ou avec douceur, ou même d'une maniere humble et soumise, etc. Mais aussi nous avons donné des préceptes sur

______

(1) Cicéron accusoit Verrès, et Hortensius le défendoit. Il étoit donc d'une extrême conséquence à Cicéron, que cette fameuse cause ne traînât pas jusqu'au temps qu'Hortensius devoit être consul.

toutes

outes ces choses, à mesure que l'occasion en est présentée, et nous continüerons ans la suite. Cependant je vais rapporter uelques exemples qui feront sentir ce que e veux dire au défaut de l'art, dont on ne eut tirer ici que fort peu de lumieres.

On loue le dessein de Démosthène (1), n ce que cet orateur ayant à conseiller la uerre aux Athéniens, à qui elle avoit nal réussi jusqu'alors, il entreprit de leur nontrer qu'ils n'avoient encore rien fait ui fût conduit avec prudence. Par-là il putoit ce mauvais succès à leur négli- ence qu'ils pouvoient aisément réparer. Au contraire, s'il leur eût dit qu'ils n'a- oient manqué en rien, ils n'eussent pû aisonnablement concevoir de meilleures spérances pour l'avenir. Le même orateur raignant de choquer le peuple d'Athènes, 'il lui reprochoit sa nonchalance et sa acheté, prit le parti de détourner le dis- ours sur la gloire de ses ancêtres (2), ui pour affermir leur liberté avoient gou- erné la république avec un courage que ien n'avoit été capable d'ébranler. C'étoit ii dire des choses qu'il écoutoit avec plai- ir, et il étoit naturel, qu'approuvant une

(1) Olynt. 2.
(2) Olynt. 3.

Tome II.   R

conduite si louable, il fût touché de repentir d'en avoir tenu une toute opposée.

Quant à Cicéron, son oraison pour Cluentius vaut seule une infinité d'exemples. Car quel dessein admirerons-nous le plus en lui? ou de l'exposition qu'il fait d'abord pour ôter toute créance à une mere qui parloit contre son fils, et dont le témoignage étoit extrêmement à redouter; ou de ce qu'il tourne contre la partie adverse le soupçon qu'on avoit que Cluentius eût corrompu les juges, plutôt que de nier le fait, à cause de l'infamie publique et notoire de ce jugement, comme il s'en explique lui-même : ou de ce que dans une affaire fort odieuse, en dernier lieu il s'autorisoit de la loi, genre de défense qui eût fort déplu aux juges, s'il l'eût employé d'abord, et sans toutes ces précautions; ou de ce qu'enfin il proteste lui-même que s'il s'en sert, c'est contre le gré de Cluentius.

Que dirai-je de son oraison pour Milon? Le dessein n'en est-il pas admirable depuis le commencement jusqu'à la fin? Lorsqu'il ne raconte le fait qu'après avoir détruit tous les préjugés qu'on avoit conçus contre Milon ; lorsqu'il fait retomber sur Clodius toute la haine et la noirceur un assassinat prémédité, bien qu'en effet leur combat ne fût qu'une rencontre; lorsqu'il loue cette action comme avantageuse à la république, et que néanmoins il ne laisse pas croire que Milon ait jamais eu volonté de la commettre; lorsqu'il ne met dans la bouche de Milon, ni prieres, ni rien d'indigne d'un homme de courage, mais qu'il emploie tout cela lui-même et comme de lui.

Je ne finirois point, si je voulois rapporter tous ces endroits et une infinité d'autres : comme il renverse l'autorité du témoignage de Cotta; comme il se met au même cas que Ligarius, et rend la cause de celui-ci, et la sienne propre, toutes pareilles; comme il sauve Cornélius par la noble hardiesse de confesser tout. Je me contente donc d'ajouter ici que, non-seulement dans l'art de parler, mais dans toutes les actions de la vie, rien n'est plus nécessaire que le jugement et le dessein; qu'en vain sans cette base, enseigne-t-on les sciences et les arts; que le jugement fait plus sans les préceptes, que les préceptes ne font sans le jugement; qu'enfin c'est à lui qu'il appartient d'accommoder le discours au temps, au lieu et aux personnes. Mais parce que cette matiere est fort étendue, et qu'elle tient à l'élocution, elle trouvera encore sa place, quand nous en serons à la manière de parler de chaque chose avec convenance.

Fin du second Volume.